国家社科基金
后期资助项目

古希腊演说研究

Studies of Ancient Greek Oratory

蒋 保 著

图书在版编目(CIP)数据

古希腊演说研究 / 蒋保著. —北京:中央编译出版社,2020.8
ISBN 978-7-5117-2930-9

Ⅰ. ①古… Ⅱ. ①蒋… Ⅲ. ①演讲-研究-古希腊 Ⅳ. ①H019

中国版本图书馆 CIP 数据核字(2020)第 095638 号

古希腊演说研究

出 版 人:葛海彦
出版统筹:贾宇琰
责任编辑:苗永姝
责任印制:刘 慧
出版发行:中央编译出版社
地　　址:北京西城区车公庄大街乙 5 号鸿儒大厦 B 座(100044)
电　　话:(010)52612345(总编室)　　(010)52612335(编辑室)
　　　　　(010)52612316(发行部)　　(010)52612346(馆配部)
传　　真:(010)66515838
经　　销:全国新华书店
印　　刷:北京中兴印刷有限公司
开　　本:710 毫米×1000 毫米　1/16
字　　数:238 千字
印　　张:15
版　　次:2020 年 8 月第 1 版
印　　次:2020 年 8 月第 1 次印刷
定　　价:75.00 元

网　　址:www.cctphome.com　　　邮　　箱:cctp@ cctphome.com
新浪微博:@ 中央编译出版社　　　微　　信:中央编译出版社(ID: cctphome)
淘宝店铺:中央编译出版社直销店(http://shop108367160.taobao.com)　(010)55626985

本社常年法律顾问:北京市吴栾赵阎律师事务所律师　闫军　梁勤
凡有印装质量问题,本社负责调换,电话:(010)55626985

国家社科基金后期资助项目
出版说明

　　后期资助项目是国家社科基金设立的一类重要项目，旨在鼓励广大社科研究者潜心治学，支持基础研究多出优秀成果。它是经过严格评审，从接近完成的科研成果中遴选立项的。为扩大后期资助项目的影响，更好地推动学术发展，促进成果转化，全国哲学社会科学工作办公室按照"统一设计、统一标识、统一版式、形成系列"的总体要求，组织出版国家社科基金后期资助项目成果。

全国哲学社会科学工作办公室

序

亚里士多德的著作 Ῥητορική（Rhētorikē）通常译为《修辞学》，但它实际上是难以用中文准确表达的一个概念。这在于，在汉语传统中，修辞学是指言语修饰的艺术。陈望道《修辞学发凡》云，修辞学乃"文辞和语辞的修饰方式"①。然而在古希腊的传统中，ῥητορική 一词出于 ῥήτωρ（"公共演说家"），指演说的技艺或艺术，并不包括书面的文辞修饰，译为"演说学"也许更为贴切。另一方面，汉语传统中修辞学的目的和古希腊传统中演说学的目的大不相同。陈望道又云："修辞原是达意传情的手段。主要为着意和情，修辞不过是调整语辞使达意传情能够适切的一种努力。"②亚里士多德则说，"演说学"乃"任一特定情形下看到可能的说服方式之能力"（Rhetoric, 1355b26 – 27）。简而言之，演说学乃说服的艺术。

和汉语传统中的修辞学相较，亚里士多德的《演说学》属于一个殊为不同的传统，一个将演说术置于教育的核心、对演说的技艺进行研究的传统。亚氏的著作固然是这一研究传统中的里程碑，但在他之前，这一传统已然十分深厚。公元前 5 世纪上半期，西西里的科拉克斯（Corax）及其弟子提西阿斯（Tisias）即已开始教授演说之术。亚里士多德对前者的术艺有所批评（Rhetoric, 1402a17），柏拉图则提到后者撰写过讨论演说术的著述（Phaedrus, 167a）。之后在公元前 5 世纪后半期兴起的所谓智者派，实际上是以教授演说术为主的职业教师，自不待言，他们对演说术多有研究。柏拉图提到，其中的特拉苏马科斯（Thrasymachus）和某个特奥多罗斯（Theodorus）也撰写过演说术专论。智者派的代表人物、意大利南部莱昂提尼城邦的高尔吉亚是一位声名远扬的演说

---

① 陈望道：《修辞学发凡》，上海：上海教育出版社1997年版，第 2 页。
② 陈望道：《修辞学发凡》，上海：上海教育出版社1997年版，第 3 页。

术教师。公元前390年左右，雅典演说术教育家伊索克拉底开办演说术学校，吸引了大批弟子，足以和柏拉图稍后开办的"学园"匹敌。他曾撰写一部《演说技艺》，惜仅残篇存世。又有一位阿那克西美尼斯（Anaximenes）撰写了一部《致亚历山大之演说术》。亚里士多德之后，一位佚名的拉丁作家在公元前80年代撰写了《致赫伦尼乌斯之演说术》（*Rhetorica ad Herennium*），其内容模仿希腊化时期希腊文的演说术专论，显然是为罗马贵族子弟学习演说术提供指南。之后不久，西塞罗撰写了一系列讨论演说术的著述——《论发现》（*De Inventione*）、《论演说家》（*De Oratore*）和《布鲁图斯》（*Brutus*）。在之后，又有公元1世纪著名的演说术教师昆提良所著十二卷《演说家的教育》（*Institutio Oratoria*），详细讨论如何从儿童时代起培养演说家，使其真正成为"善于演说的好人"（vir bonus dicendi peritus）。

这一演说术教育和研究的深厚传统在古代文明中是十分独特的现象。它说明，在古代希腊（和罗马）文明中，演说处于一个核心地位。更有甚者，从公元前5世纪的演说术教师到亚里士多德，再到西塞罗和昆提良，他们研究和传授的是公共演说，即面向大众演说的技艺，而非面向少数王公贵族的说辞。亚里士多德将演说分为三类，分别为商议性演说、诉讼演说和展示性演说。商议性演说指在城邦公民大会上的演说，诉讼演说指城邦法庭上的控辩演说，而展示性演说指在诸如节日等隆重场合的演说。这三者均为公共演说，而且都和城邦生活密不可分。希腊城邦的一个显著特征是公民政治，即凡全权公民均有权利参与城邦政治生活，其方式主要是通过公民大会参与城邦大事的讨论、商议乃至决策。在实行民主政治的城邦如雅典，为数众多的公民还参与人民法庭的审判。亚里士多德云，城邦乃"特定政体之下的公民共同体"。这一论断深刻揭示了公民参与城邦生活的特征。在更深层次上，希腊城邦之所以能够建立公民政治的制度，是因为希腊人基本的生活方式崇尚公共生活与集体活动，这是希腊历史的"长时段"因素。举凡神明祭祀与城邦事务的决策，都以集体活动的方式展开，向比较广泛的社会群体开放。因此公开的口头交流亦即讨论和辩论就成了城邦政治生活中达成决策的根本路径。演说的重要性由此而来。对于希腊城邦的基本特征和演说的重要性，韦尔南曾作过精辟的论述：

城邦体制首先意味着演说优越于所有其他权力手段，居于特别的位置。演说成了卓越的政治工具，国家中全部权威的关键，指挥和支配他人的手段。希腊人将演说的这种力量塑造成裴托神（Peithô），意即说服的力量……演说不再是仪式性言语、精确的套语，而是公开的辩论、讨论、争论。它有一个前提，就是演说的对象是公众，后者如同最终裁决的法官，对在他们面前陈情的双方进行举手表决。纯粹用人的选择来衡量两个演说的说服力，确保了其中一位演说者战胜其对手。

国家需要决定的所有普遍关心的问题，以及界定为主权（archè）领域的所有问题，现在均服从演说的技艺，必须在充分辩论之后予以决定。因此这些问题须用话语表述出来，形成针锋相对的论证、争论的模式。也因此，在政治和logos（言语）之间存在密切的联系，相互作用的纽带。政治的技艺在根本上变成了语言的处理，而logos从一开始就通过其政治作用而意识到自身，意识到其规则和有效性。①

唯其如此，演说的技艺不仅成为政治家必备的能力，而且是公民成为政治家的主要途径，在民主政治的城邦甚至是唯一的途径。这在于，在民主政治之下，城邦并不设置掌握实际决策权的官职，城邦事务的决策权掌握在公民大会手中，城邦一应大事均在公民大会上进行讨论和辩论之后，由公民大会举手投票进行决策。真正起到领导作用的政治家不是现代社会中那些手中握有决策权的职业行政官员，而是那些能够在公民大会上提出并阐述政治主张、说服公民大会投票采纳其主张的公民。他们以个人身份而非官方身份活跃在城邦政治舞台的中央，这在历史上是较为罕见的，但他们无一例外都具有高超的演说技巧，通常受过良好的演说训练，无怪乎希腊文中表示公共演说家的词语ῥήτωρ同时也是"政治家"的代名词。

罗马共和政治呈现出和希腊城邦政治相同的特征。西塞罗说，共和国（Res Publica）即"人民的事务"。同样，罗马城邦的事务也须经过公开的辩论和讨论，由集体决定。因此毫不奇怪，罗马人承继了希腊人教

---

① Jean-Pierre Vernant, *Les origines de la pensée grecque*, en Jean-Pierre Vernant, *Œuvres: Religions, rationalités, politique*, Paris: Éditions du Seuil, 2007, pp. 188–189.

授和研究演说术的传统,并且甚至到公开的政治讨论业已基本消失的帝国时期,演说术仍然是教育的基本内容。近代以降,西方社会重又将政治事务纳入公共领域进行讨论和辩论,古典演说传统再次得到发扬。

由此看来,研究古希腊和罗马演说的传统是理解希腊城邦社会的一个关键,实际上也是理解现代西方政治传统的一把钥匙。蒋保随我读研究生始,即以古代希腊的演说作为主要研究方向,于2005年完成博士论文《演说术与雅典民主政治》,现在又在此基础上进一步拓展,完成《古希腊演说研究》一书,无疑将我国学者对希腊演说传统的研究又推进了一大步。更为重要的是,本书必定有助于我们更为深刻地理解希腊城邦社会。因此,它的出版是一件惠及学林的事。

是为序。

黄　洋
2020 年 4 月

目 录

绪 论 ··· 1

第一章 古希腊社会的口述传统与荷马社会的演说 ················ 21
    第一节 古希腊社会的口述传统 ······································· 21
    第二节 荷马社会的演说 ·· 28
    小 结 ·· 35

第二章 古希腊修辞学的诞生与智者运动 ······························ 37
    第一节 修辞学的诞生 ··· 38
    第二节 智者运动 ·· 46
    小 结 ·· 54

第三章 雅典民主政治与古希腊演说的繁荣 ·························· 56
    第一节 雅典公民大会的组织模式 ·································· 56
    第二节 雅典公民法庭的组织模式 ·································· 65
    第三节 雅典民主政治的运作 ··· 72
    小 结 ·· 80

第四章 演说与古希腊城邦政治决策 ···································· 82
    第一节 政治演说与古希腊城邦公民大会的决策 ············· 83
    第二节 诉讼演说与古希腊城邦公民法庭的审判 ············· 96
    第三节 从演说看古希腊城邦政治决策中的情感因素 ······ 109
    第四节 从演说看古希腊城邦政治中政治领袖与民众的关系 ··· 118
    小 结 ·· 135

第五章　演说与古希腊战争激励 ·············· 141
　　第一节　古希腊战争演说的学术争论 ·············· 141
　　第二节　古希腊战争演说类型 ·············· 151
　　第三节　古希腊战争演说功能 ·············· 162
　　小　　结 ·············· 168

第六章　演说与古希腊公民教育 ·············· 171
　　第一节　演说与古希腊城邦公民主流意识形态教育 ·············· 171
　　第二节　演说与古希腊城邦公民伦理、情感和族群认同教育 ··· 178
　　第三节　伊索克拉底与古希腊演说教育 ·············· 188
　　小　　结 ·············· 191

余　论　古希腊演说与中国先秦时期演说之异同 ·············· 195

参考文献 ·············· 204

古希腊人名、地名中英文对照 ·············· 217

后　记 ·············· 227

绪　论

一、演说、演说术和修辞学

演说最普遍的定义是："演说是一种说服的力量"。劳伦特·帕尔诺特（Laurent Pernot）指出："正是演说带来的说服，而不是行动、金钱、药物、信任或者权力。"① 因此，这一定义表明演说家是指那些能够发表演说去说服听众的人。演说术就是达到这一目的的方法，或称之为演说技能，即亚里士多德所谓的"一种能在任何一个问题上找出可能的说服方式的功能"②。修辞学则是指系统研究演说和演说术的一门学问或者学科。它被用于指一个更加宽泛的现象，包括演说、演说词、散文风格、比喻语言、表演、教育实践（pedagogical practices）、话语或者说服等。③ 因此，修辞学是一门关于演说的学问，是关于说服技艺的学问，是关于使用语言的学问，是关于人类交流的学问。在词源学上，演说一词的英文 oratory 和 rhetoric 分别来源于拉丁语 oratoria 和希腊语 rhetorike，它们可以兼指演说、演说术或修辞学。这也就是说，在英文里，一般不对演说、演说术或修辞学加以区分，统称为 oratory 或者 rhetoric。④ 但是中文里演说、演说术和修辞学的概念彼此差异较大。所以在谈到中西修辞学时，高辛勇说："问题的复杂性还在于：被定为与西方 rhetoric 对等的

---

① See "Introduction" in Laurent Pernot, *Rhetoric in Antiquity*, translated by W. E. Higgins, Washington D. C.: The Catholic University of America Press, 2005.
② 〔古希腊〕亚里士多德：《修辞学》，罗念生译，北京：生活·读书·新知三联书店 1991 年版，第 24 页。
③ Edward Schiappa & Jim Hamm, "Rhetorical Questions", in Ian Worthington (ed.), *A Companion to Greek Rhetoric*, Malden: Blackwell Publishing Ltd, 2007, p. 4.
④ 参见〔加拿大〕高辛勇：《修辞学与文学阅读》，北京：北京大学出版社 1997 年版，第 117—118 页。Judy Pearsall (ed.), *The New Oxford Dictionary of English*, Oxford: Clarendon Press, 1998, p. 1304, p. 1591.

'修辞'一词,本来是汉语中固有的传统术语,它有自己的历史和定义——它能够,也已经产生了自己的学科和研究对象的范围。"① 综上,如果演说是指一种说服的方式,那么演说术就是关于演说的技能或技巧,修辞学则是专门研究演说和演说技巧的一门学问或者学科。

二、古希腊演说研究述评

在《希腊的劝服艺术》(*The Art of Persuasion in Greece*)一书中,英国著名古典学家乔治·肯尼迪(George A. Kennedy)评论道:"除非我们能够理解希腊人的独特之处,否则我们永远不会理解希腊人。"② 在肯尼迪看来,演说就是古希腊人的独特之处。其实古希腊人也同样把演说视为自身文明的独特之处。古希腊著名演说家、教育家伊索克拉底说:"我们的能力大多数与动物没有什么差别。事实上在灵敏、力量和其他能力方面,我们还落后于很多动物。但是因为我们生有一种相互劝说和自我展示自己愿望的能力,我们不仅远离野兽一样的生活,而且还聚集到一起建立城市,设立法律,发明艺术,言语帮助我们获得我们发明设计的所有东西。因为是言语设定了关于正义和非正义、荣誉和耻辱的法律,因此如果没有这些,我们不可能一起生活。我们用言语拒绝邪恶的东西,颂扬好的东西,我们用言语教育无知的人,告知聪明的人。我们把说话的能力恰当地看作是智力的最好标识。真实的、合法的和正义的言语是一种善的、值得信任的灵魂的反映。我们用言语争执对抗,去探寻我们未知的东西。在公共议事上,我们一样使用说服个人时的论辩。我们称演说家为能够在一群人面前讲话的人,称圣人为他们当中说话最好的人。如果我必须对这一主题进行总结的话,我们会发现没有语言就没有智慧,语言是一切行动和思想的统帅,那些拥有最伟大智慧的人最会使用它。"③ 在这里,伊索克拉底显然把演说视为古希腊人的特性。翻开古希腊的历史,我们不难发现,从荷马时代开始,一直到古典时代结束,演说是古希腊世界最为常见和普遍的现象,演说教育是古希腊公民,尤其

---

① 〔加拿大〕高辛勇:《修辞学与文学阅读》,北京:北京大学出版社 1997 年版,第 157 页。

② George A. Kennedy, *The Art of Persuasion in Greece*, Princeton: Princeton University Press, 1963, p. 3.

③ Isocrates, *Antidosis* 253. 本书所引古典文献,除特别注明外,均据哈佛大学出版社洛布古典丛书(Loeb Classical Library)的英译本。注释时遵从古典学惯例,注原书之卷节号或行数。

是贵族青年最重要的一门教育。无论是在城邦政治的决策机构公民大会上，还是审判机构公民法庭上，抑或在城邦或全希腊的节庆活动、公共葬礼上，政治领袖字斟句酌的精彩演说都是一道独具特色的风景线。无论是古希腊智者创办的修辞学校，还是在古希腊著名演说家伊索克拉底创办的学校中，演说教育都构成最为核心的教育内容。粗略统计，古希腊流传下来且真正发表过的演说就有150篇，其中仅德摩斯提尼一人就留下了60篇。而且可以肯定的是，这些流传下来的演说词还仅仅是极少的一部分而已。因此，这足以说明演说在古希腊城邦社会生活中的重要作用，其中又以雅典城邦最为突出。可以说，演说是古希腊尤其是雅典民主政治生活中的普遍现象，是古希腊城邦政治，尤其是雅典民主政治得以顺利、正常运作所不可或缺的手段之一。正如古希腊著名的演说家德摩斯提尼说："民主政治是一种发表演说的体制。"[1] 历史的发展似乎也在某种程度上验证了德摩斯提尼的论断。演说的技巧或者艺术即演说术也被广泛运用于城邦社会政治生活之中，成为古希腊贵族精英和政治领袖必须掌握的一门技艺和领导才能，并在雅典迅速发展起来。

在西方古典学研究中，长期以来，古希腊演说的研究一直为学者们所关注，是他们研究的热点课题。然而遗憾的是，学者们在研究中往往将古希腊演说置于语言学或修辞学领域进行分析探讨。因此学者的研究主要还是秉承亚里士多德《修辞学》（*The Art of Rhetoric*）的传统，把它作为一种散文文体风格来研究，探讨如何进行演说，说服他人。例如乔治·肯尼迪的《希腊的劝服艺术》主要探讨的是演说特征、早期演说术理论和阿提卡的演说家。[2] 老一代的古典学权威学者吉尔伯特·默雷（Gilbert Murray）在《古希腊文学史》（*A History of Ancient Greek Literature*）一书中把古希腊的演说家作为散文体作家进行考察。[3]

自英国著名的古典学家芬利（M. I. Finley）于1962年在《过去与现在》（*Past and Present*）上发表一篇题为《雅典平民领袖》（Athenian Demagogue）的文章，将演说作为考察、分析雅典平民领袖即政治领袖的

---

[1] Demosthenes 19. 184.
[2] R. Johnson, "The Art of Persuasion in Greece", in *Classical Philology*, Vol. 59, No. 4 (Oct., 1964), pp. 302–304.
[3] 参见〔英〕吉尔伯特·默雷：《古希腊文学史》，孙席珍、蒋炳贤、郭智石译，上海：上海译文出版社1988年版。

一个重要因素之后,西方学者开始慢慢地将演说和雅典民主政治的研究结合起来,通过对演说在雅典民主政治生活中作用的考察来分析民主政治,从而为古希腊演说的研究开辟了一条新的道路。于是古希腊演说的研究随后成为古典学研究的热点,并在 20 世纪八九十年代达到高潮,出版和发表了一些相关的专著和论文。

综合起来,学术界有关古希腊演说的研究主要涉及以下几个方面的内容:

1. 古希腊演说与城邦政治领袖的研究

多年来,学者们主要围绕演说对政治领袖的重要性以及政治领袖如何利用演说展开分析和研究。基本上,学者们充分肯定了演说对于政治领袖的重要性,指出它是政治领袖从事政治活动必须掌握的一门技艺。譬如,芬利即将演说作为考察、分析雅典平民领袖即政治领袖的一个重要因素。他指出,雅典的政治领袖就是演说家,这是因为在面临激烈竞争和在政治决策时间极为短暂等巨大压力的情况下,演说是雅典政治领袖用于说服民众、发挥领袖作用的普遍方式,因而演说是政治领袖必须掌握的一门技艺。正是在这层意义上,平民领袖不仅仅是指那些"误导民众的人",雅典所有的政治领袖都可以称为平民领袖。因此,平民领袖是雅典民主政治这一体制所必需的,而雅典民主政治之所以取得如此辉煌的成就,其原因也主要归功于平民领袖的领导。[①] 的确,在雅典民主政治中,政治领袖就是演说家,而演说对政治领袖具有决定性的重要意义。然而,政治领袖是如何演说的呢?芬利对这一问题没有给予充分的展开,政治领袖的演说才能并非其文章所讨论的核心。但是,芬利将演说作为考察雅典政治领袖的一个重要因素确实具有开拓性的意义。

1987 年,P. 哈丁(P. Harding)在《凤凰》杂志(*Phoenix*)第 41 期上发表了《演说术与 4 世纪雅典的政治》("Rhetoric and Politics in Four-century Athens")一文,沿着芬利的思路,进一步分析了演说与政治领袖的关系。哈丁指出,演说是民主体制一个重要特征,政治领袖对演说的运用事实上是政治领袖对民众统治权的一种认可。因此,研究演说是研究古代政治领袖的基础。他以德摩斯提尼和埃斯基涅斯为案例具体分析了政治领袖如何在演说中充分利用历史事件、攻击对手的出身等

[①] M. I. Finley, "Athenian Demagogue", in *Past and Present*, Vol. 21, No. 2 (1962), pp. 3–24.

各种不同的演说技巧来说服民众。① 可以说,对雅典政治领袖演说才能的研究在 2000 年出版、由伊恩·沃汀顿(Ian Worthington)主编的《德摩斯提尼:政治领袖和演说家》(*Demosthenes: Statesman and Orator*)一书中得到了集中的体现。此书是众多学者关于德摩斯提尼研究的论文集,从不同角度对德摩斯提尼的演说技能及其效用给予深入细致的考察和研究。尽管学者们对德摩斯提尼褒贬不一,但是演说无疑成为其涉足政坛、与对手竞争进而达到政治生涯巅峰的一门重要技艺。② 比如,通过对德摩斯提尼和埃斯基涅斯的演说进行比较研究,约翰·巴克勒(John Buckler)指出:在演说中,"半真半假的陈述、虚伪的谎言或者恶意的人身攻击都是相当有用的。诸如现代法庭上的理想化的真实的证据在他们的演说中常常相当缺乏;相反,由于他们的主要目的是在既定的时间里说服听众,故而贬低敌手观点就十分重要,这正如宣扬自己知识的正确性和诚实的特性十分重要一样"③。因此,演说对于政治领袖具有重要的意义,是他们在公民大会和公民法庭上战胜对手的重要武器。

显然,上述研究过多地集中于政治领袖的演说技能的研究,反而忽视了对政治领袖发表演说的对象——民众的考察和分析。虽然哈丁指出政治领袖对演说技巧的运用就是对民众权力的一种认可,但是他并没有对民众与政治领袖之间的关系进一步展开,这一直到乔西亚·欧贝尔(Josia Ober)的《雅典民主政治中的民众与精英:演说、意识形态与民众的权力》(*Mass and Elite in Democratic Athens: Rhetoric, Ideology and the Power of the People*)一书问世之后。乔西亚·欧贝尔以演说为切入点,集中论述了雅典民主政治中民众与精英之间的权力关系,进而探讨雅典民主政治得以持久稳定的原因。他认为雅典民主政治的运作主要是在于民众与精英之间存在一种持续不断的对话,正是这种对话使得雅典民众相信集体智慧和力量要比个人的伟大。更为重要的是城邦意识形态主导权是掌握在民众而不是精英手中,于是他们就成为不发表演说的民众的代言人,屈从于"民众的意识形态的霸权"。所以,欧贝尔在结论中指

---

① P. Harding, "Rhetoric and Politics in Fourth-Century Athens", in *Phoenix* 41 (1987), pp. 25 – 39.
② Ian Worthington (ed.), *Demosthenes: Statesman and Orator*, London: Routledge, 2000.
③ John Buckler, "Demosthenes and Aeschines", in Ian Worthington (ed.) *Demosthenes: Statesman and Orator*, London: Routledge, 2000, p. 114.

出,雅典没有统治精英,没有政党,没有追随者。民主政治的决策反映了民众是作为一个整体,现代意义上的机构权力在雅典是没有意义的,因为民众统治一切。①

从某种意义上说,欧贝尔的研究吸收了芬利关于雅典民主政治意识形态研究的观点。对于雅典民主政治的成功和表现出的惊人的稳定,芬利认为,这归因于其民主政治的体制。这一体制要求公民不仅仅参与,而且还要有一种公民责任感。所以,要理解雅典公民的政治行为,我们必须理解意识形态,因为民众的行为只有通过意识形态才会变得有意义。② 欧贝尔正是沿着这一思路探讨雅典民主政治的稳定和繁荣。但是,欧贝尔对精英是如何屈从于民众意识形态的霸权这一问题没能给予令人较为信服的解释,何况他也没有给予"民众意识形态霸权"这一概念一个明确的解释。

2. 古希腊演说与城邦法律诉讼的研究

将演说与雅典法律诉讼结合起来,探讨和分析演说对雅典法律诉讼的影响及诉讼演说的后果是学者们关注的又一个热点。在雅典公民法庭上,陪审员根据诉讼人的演说陈词进行判决是不可否认的事实,而陪审员由不懂法律的民众抽签选举产生也是雅典司法的一大特色。那么,雅典人到底是如何判案的呢?针对雅典法律的模糊性和陪审员的非专业性的特点,斯蒂芬·约翰斯通(Steven Johnstone)认为,雅典的法律本质上就是一种修辞,陪审员对案件的判决与其说是根据法律,还不如说是根据他们对法律和社会习俗的理解,根据诉讼人的现场演说陈述。因此,诉讼人在公民法庭上对修辞语言和演说技巧的运用对个人和社会都产生重大影响。具有重要意义的是,诉讼演说不断塑造和强化了雅典民主政治,即公民群体内的平等和公民群体之外的等级。③ 同斯蒂芬·约翰斯通的观点相似,通过对"诬告者"(sykophant)过渡滥用法律的探讨和分析,麦特修·克里斯特(Matthew R. Christ)认为"诬告者"在诉讼辩

---

① Josiah Ober, *Mass and Elite in Democratic Athens: Rhetoric, Ideology and the Power of the People*, Princeton: Princeton University Press, 1989.
② M. I. Finley, *Politics in the Ancient World*, Cambridge: Cambridge University Press, 1983, pp. 122 – 141.
③ Steven Johnstone, *Disputes and Democracy: The Consequences of Litigation in Ancient Athens*, Austin: University of Texas Press, 1999.

论中对演说技巧的运用对公民法庭陪审员判案有着至关重要的影响,而用于描述雅典好打官司的这一社会阶层的术语 sykophant 正说明了演说对法律诉讼的影响。①

但是,在雅典法律诉讼中,公民法庭上的陪审员真的完全是在雄辩的演说家的控制之下,而很少关注雅典的法律条文吗?与斯蒂芬·约翰斯通和麦特修·克里斯特强调演说在雅典诉讼中的作用不同的是,爱德华·哈里斯(Edward M. Harris)则认为,雅典法庭上的陪审员可能偶尔受到情感影响,没有履行其法律职责。但是这些少数案例被认为是非常规的偏离,不能被认为是法庭惯常行为。事实上,陪审员通常尊重法律,而演说主要是被诉讼人用于有争议的或者可适用的法律条文不很明确的案例之中。② 但是问题的关键之处就在于:诚如斯蒂芬·托德(Stephen Todd)所言,雅典大多数法律对法律术语并没有明确的定义;相反,它们只是简单规定如果有人犯罪,受害者应该寻求法律补偿。因此,法律并没有提供陪审员用于解决争执的规则和界限。③ 大卫·科恩(David Cohen)也注意到相关法律定义的缺乏,他认为在民主的雅典,案件判决不是根据相关法律的定义而是基于被赋予判决任务的普通民众的共识。④ 如此看来,雅典法律的模糊性确实为诉讼人通过演说说服、影响陪审员的判案提供了机会和方便。因此,诉讼人的演说影响公民法庭陪审员的判决乃是不可否认的事实。否则的话,阿里斯托芬喜剧《云》(*Clouds*)中的主人公斯特拉西阿得斯也不会极力要求儿子到苏格拉底开办的"思想所"去学习论辩的技能。但是,掌握雄辩演说技能的公民真的就可以在法庭上任意左右陪审员吗?如果可以的话,那么为什么德摩斯提尼也会在诉讼中败诉呢?德摩斯提尼的政敌埃斯基涅斯不是在演说中说,他曾亲自看见某些雄辩的人在法庭上败诉,而一些说话笨拙的人在法庭上胜诉的吗?⑤ 因此,诉讼人的演说对公民法庭陪审员判案的影响问题还

---

① Matthew R. Christ, *The Litigious Athenian*, Baltimore & London: The John Hopkins University Press, 1998.

② Edward M. Harris, "Law and Oratory", in Ian Worthington (ed.), *Persuasion: Greek Rhetoric in Action*, London: Routledge, 1994.

③ Stephen Todd, *The Shape of Athenian Law*, Oxford: Oxford University Press, 1993, pp. 61 – 62.

④ David Cohen, *Law, Violence, and Community in Classical Athens*, Cambridge: Cambridge University Press, 1995, p. 178.

⑤ Aeschines 1.92.

需要进一步的分析和研究。

3. 古希腊演说与战争激励

现代西方古典学界对古希腊战争演说的争论源于修辞学家与历史学家记述之间的差异。一方面，亚里士多德在《修辞学》中把古希腊演说划分为政治演说、诉讼演说和典礼演说三类，没有提及战争演说；另一方面，希罗多德、修昔底德、色诺芬在著作中重点涉及政治演说、典礼演说和战争演说。两者之间的差异引起学者的关注和研究。1993年丹麦著名古典学家摩根斯·赫尔曼·汉森（Mogens Herman Hansen）在古典学杂志《历史》（Historia）上发表一篇题为《古代历史著作中的战争演说：事实还是虚构？》（"The Battle Exhortation in Ancient Historiography: Fact or Fiction?"）文章，通过对古希腊罗马历史文本中的演说词系统地分析研究，指出尽管历史文本中有将军对军队发表的演说，但是，"这些战争演说是历史著作中的一种类型而非修辞学著作中的类型。它仅以文学形式著称，因此有很好的理由怀疑它作为一种战前发表的真正的演说类型的存在"①。所以，"古代历史著作中的战争激励是一种文学作品，并非历史学家对事实上已发表演说的记述"②。显然，汉森明确否定了历史著作中战争演说的真实性。不仅如此，汉森还认为战争演说是修昔底德的发明。他说："在希罗多德的《历史》中，我们还没有发现任何真正意义上的战争演说。应该是修昔底德开创了这种风格，然后被后来的历史学家采用，而且变得越来越修辞。"③ 西奥多·博格斯（Theodore Burgess）和伊丽莎白·凯特尔（Elizabeth Keitel）也持有类似的观点。

但是汉森对古希腊战争演说的观点受到其他古典学者的质疑和挑战。1994年普利切特（W. K. Pritchett）在出版的《古希腊历史论文集》（Essays in Greek History）一书第二章集中阐述了古希腊战争中的将军演说这一问题，指出古希腊战争演说不仅存在，而且还十分常见。他说："敌对双方的将军正在对士兵演说，这清楚地说明古希腊战争中的战争演

---

① Mogens Herman Hansen: "The Battle Exhortation in Ancient Historiography: Fact or Fiction?", in *Historia: Zeitschrift für Alte Geschichte*, Bd. 42, H. 2 (1993), pp. 165 – 166.

② Mogens Herman Hansen: "The Battle Exhortation in Ancient Historiography: Fact or Fiction?", in *Historia: Zeitschrift für Alte Geschichte*, Bd. 42, H. 2 (1993), p. 172.

③ Mogens Herman Hansen: "The Battle Exhortation in Ancient Historiography: Fact or Fiction?", in *Historia: Zeitschrift für Alte Geschichte*, Bd. 42, H. 2 (1993), p. 173.

说是一个常见现象。"① "战前发表的演说不仅是实实在在发表过的,而且还不是简短的格言警句。"② H. F. 哈丁(H. F. Harding)也同样承认战争演说的存在。他指出:"在希腊和罗马时代,演说是所有政治生活的基础。在战争中,演说不仅仅是一种交流的方式,而且更重要的它还是一种鼓舞士气的手段。"③ 埃尔哈特(C. T. H. R. Ehrhardt)认为将军战前对士兵发表战争演说是战前一项程序,是战争例常工作的一部分。④ 约翰·布利斯(John R. E. Bliese)也指出:"至少,众多数量的战争演说词体现了一种广泛存在的观念,即这种战争激励适宜、重要且有效。"⑤ 爱德华·安森(Edward Anson)也指出,战争演说确实发生过,战前演说也是一种常见的事情。⑥ 或许曾经在美国海军陆战队服过役并且做到官职上校的凯斯·叶琳(Keith Yellin)撰写《战争演说》(*Battle Exhortation: The Rhetoric of Combat Leadership*)一书的研究成果更具有说服力。他将战争与修辞学结合起来,把演说视为战争中将军十分重要的一门领导技艺。他说:"我知道,事实上,战士经常在战前变得优柔寡断。一种反应是恐惧、逃跑或者躲避,或者表现很差;另一种反应是面对威胁,而且理性迎战。将军的语言激励可能会产生后一种反应。"⑦ 托马斯·本森(Thomas Benson)在修辞学研究丛书前言中评价叶琳说,他对战争演说这一永恒主题具有敏锐的观察力,对它们的发展,对形成战争激励演说及其反映的战争真实场景等的再创造可谓是栩栩如生,最接近事实,而且令人信服。⑧

---

① W. K. Pritchett, *Essays in Greek History*, Amsterdam: Brill, 1994, p. 65.

② W. K. Pritchett, *Ancient Greek Battle Speeches and A Palfrey*, Amsterdam: J. C. Gieben Publisher, 2002, p. 24.

③ H. F. Harding, *The Speeches of Thucydides*, Lawrence: Coronado Press, 1973, p. 177.

④ C. T. H. R. Ehrhardt, "Speeches before Battle?", in *Historia: Zeitschrift für Alte Geschichte*, Bd. 44, H. 1 (1st Qtr., 1995), p. 121.

⑤ John R. E. Bliese, "Rhetoric Goes to War: The Doctrine of Ancient and Medieval Military Manuals", in *Rhetoric Society Quarterly* 24 (1994): 105 – 130.

⑥ Edward Anson, "The General's Pre-Battle Exhortation in Graeco-Roman Warfare", in *Greece & Rome*, Vol. 57 (Oct. 2010), pp. 304 – 318.

⑦ Keith Yellin, *Battle Exhortation: The Rhetoric of Combat Leadership*, Columbia: the University of South Carolina Press, 2013.

⑧ Thomas Benson, "Series Editor's Preface", in Keith Yellin, *Battle Exhortation: The Rhetoric of Combat Leadership*, Columbia: the University of South Carolina Press, 2013.

4. 古希腊演说与公民教育的研究

一般而言，在任何时代、任何国家，不论其统治方式如何，占统治地位的意识形态是政权统治得以合法存在的基本前提，是保持政权凝聚力的关键所在。因此，为了保证政权统治的稳固，统治阶级的意识形态始终需要不断地向民众灌输、强化和巩固，需要对民众进行宣传教育。比如，在雅典民主政治统治下，民主政治显然就是城邦占统治地位的意识形态，至少为绝大多数政治领袖和民众信奉和遵从。但是，在缺乏现代大众传媒的情况下，雅典城邦如何对公民进行民主政治意识形态的灌输、强化、巩固和教育呢？演说就像雅典悲喜剧一样，成为一种大众媒介，它与城邦意识形态的灌输、强化和巩固有着密切的关系。早在1973年，瓦尔考特（P. Walcot）即撰文《葬礼演说：一种价值观念的研究》（"The Funeral Speech, a Study of Values"），指出雅典的葬礼演说向民众展示的是雅典辉煌的一面，它强调的是雅典民主精神，或者说是民主政治的一种价值观念，而不是民主政治的具体形式。显然，瓦尔考特将雅典的葬礼演说视为民主政治意识形态或民主政治的价值观念宣传的工具和手段。因此他说，伯里克利的葬礼演说可以与林肯（Abraham Lincoln）的葛底斯堡演说（Gettysburg Address）相提并论。① 十多年后，瓦尔考特对雅典葬礼演说的研究引起了法国古典学家尼戈·罗侯（Nicole Loraux）的注意，她对雅典的葬礼演说进行了深入细致的分析和研究。她以流传下来的修昔底德、高尔吉亚、吕西阿斯、柏拉图、德摩斯提尼和许佩理德斯的6篇葬礼演说为研究对象，分析指出：在雅典没有系统化民主政治理论的情况下，葬礼演说是一种民主政治话语的形式。政治领袖在演说中是颂扬城邦精神和民主政治，而不是哀悼死去的将士。因此，葬礼演说在公元前5—前4世纪当然已经具有城邦中一种不断上升的意识形态的功能。每一次葬礼演说，演说家都在"建构"雅典。② 可以说，罗侯的研究是具有启发性的：通过对雅典葬礼演说的研究，她发现了其中一个共同的模式，即葬礼演说的意识形态功能。但是，在雅典民主政治生活中，除了一年一度的葬礼演说之外，还有其他各种形式的政治演说和

---

① P. Walcot, "The Funeral Speech, a Study of Values", in *Greece & Rome*, 2nd Ser., Vol. 20, No. 2 (Oct., 1973), pp. 111 – 121.

② Nicole Loraus, *The Invention of Athens: The Funeral Oration in the Classical City*, translated by Alan Sheridan, Massachusetts: Massachusetts: Harvard University Press, 1986.

诉讼演说等,它们是否也具有民主政治意识形态的功能吗?哈维·余尼斯(Harvey Yunis)所著的《驯服民主:古代雅典政治演说术范例》(*Taming Democracy: Models of political Rhetoric in Classical Athens*)为我们提供了研究的思路。

哈维·余尼斯以修昔底德、柏拉图和德摩斯提尼的演说为考察对象,分析指出政治演说不仅是调解政治冲突的一种方法,而且还是教育公民、建立公共领域中的理性原则和塑造城邦统一共同体的一种有效的政治话语方式。这正是他所谓的"驯服民主"之意。① 因此,在哈维·余尼斯看来,政治演说同葬礼演说一样,都具有教育民众、建构民主政治意识形态的功能。那么诉讼演说是否也具有类似的功能呢?还有,如果说作为民主政治体制内合法的话语权力和宣传方式,古希腊演说主要是政治领袖用于对民主政治意识形态的宣传和建构,起到教育民众、启发民智的作用,那么反民主的意识形态是通过何种方式在雅典传播,又是以何种方式来教育民众的呢?这又能在很大程度上说明演说与古希腊城邦意识形态的宣传和建构之间的关系。

多年来,探讨古希腊演说与城邦政治领袖、法律诉讼、公民教育和战争的关系是西方古典学领域研究的热点。其实,雅典民主政治体制下演说的繁荣很早就为国内学者注意。比如,近代学者王易在《修辞学通诠》中说:"在希腊,当雅典民主之时,政争甚烈,辩士群起,各竞辞峰,以收民望。效用既著,语术之研究以起,然其初仅用于辩论演说而已。"② 现代文学家周作人先生也有类似的论述。他说:"辩士专攻的学问便是辩论术,考究怎么说话的方法,现在还存留一种功课,叫作修辞学者,就是它的具体而微的遗迹了。这种学问在雅典民主时代特别发达,因为他在那时政治上很有实用,最重要的两点是在法庭里,两造曲直所由分,全得需要辩论,其次是在议会里,一场演说苟能抓得人心,立即大见成功。"③ 当代翻译家王焕生先生在《古希腊罗马散文概论》一文中指出,雅典公民大会上的自由发言、议事会里的激烈争论和法庭上控告

---

① Harvey Yunis, *Taming Democracy: Models of Political Rhetoric in Classical Athens*, London: Cornell University Press, 1996.
② 王易:《修辞学通诠》,上海:神州国光社1930年版,第8页。
③ 周作人:《关于卢奇安》,见钟叔河编:《知堂书话》(下),长沙:岳麓书社1986年版,第1548页。

和辩护之间的尖锐抗辩，为演说的发表提供了良好的条件和广阔的天地。① 但是囿于各种主客观因素，过去国内学者没有对其进行深入的分析和研究。近十年来，古希腊演说研究开始为在国内学者所关注，相关成果也相继问世，并在学界产生一定的影响。《历史研究》2006 年第 6 期集中刊发了晏绍祥的《演说家与希腊城邦政治》和蒋保的《演说与雅典民主政治》两篇关于古希腊演说研究的文章。晏绍祥认为演说家是整个希腊城邦政治生活的一种普遍现象和需要。② 蒋保指出演说是雅典民主政治生活中的一种特有现象。③ 2007 年杨巨平、王志超在《世界历史》发表一篇题为《试论演说家与雅典民主政治的互动》的文章，认为演说家与雅典民主政治之间的良性互动在努力维护公民权利的同时，客观上也在消解着体制本身。④ 在《世界历史》2009 年第 3 期发表的一篇题为《表演文化与雅典民主政治——以政治演说为考察对象》的文章中，李尚君将古希腊演说作为一种表演文化来进行研究，指出政治演说的表演性与雅典民主政治的运作之间存在着内在的必然联系，它体现了雅典公民的一种认知。⑤ 此外，李尚君对德摩斯提尼的演说修辞、何珵对伊索克拉底的《泛希腊集会辞》(Panegyricus) 与泛希腊主义等古希腊演说家或者演说词的个案研究体现出国内学者的相关研究更加趋向于微观，越来越深入。⑥ 总之国内一些年轻学者开始致力于古希腊演说研究，并取得了一定的成绩。

三、研究意义

就笔者所占有的资料而言⑦，国内外学者对古希腊演说的研究即如

---

① 参见王焕生：《古希腊罗马散文概论》，见罗念生编译：《希腊罗马散文选》，长沙：湖南人民出版社 1983 年版，第 6—7 页。
② 参见晏绍祥：《演说家与希腊城邦政治》，载《历史研究》2006 年第 6 期，第 151—166 页。
③ 参见蒋保：《演说与雅典民主政治》，载《历史研究》2006 年第 6 期，第 138—150 页。
④ 参见杨巨平、王志超：《试论演说家与雅典民主政治的互动》，载《世界历史》2007 年第 4 期，第 24—32 页。
⑤ 参见李尚君：《表演文化与雅典民主政治——以政治演说为考察对象》，载《世界历史》2009 年第 5 期，第 95—102 页。
⑥ 参见李尚君：《德摩斯提尼的修辞策略与雅典民主政治角色的塑造》，载《历史研究》2011 年第 4 期，第 123—135 页。何珵：《伊索克拉底的〈泛希腊集会辞〉与泛希腊主义》，载《世界历史》2015 年第 2 期，第 126—138 页。
⑦ 众所周知，在国内从事世界古代史研究工作最大的困难就是资料的相对贫困。在撰写此篇论文的过程中，尽管笔者尽可能收集国内外学者相关的研究成果，但是鉴于客观条件的限制，笔者所收集到的应该是众多研究成果中的一小部分而已，犹如"沧海一粟"。

上述。总的来说，国外学者的研究成果较为显著，且研究趋向于细化，涉及古希腊演说的方方面面，而且其视角独特，观点新颖，可以给读者以启发，深化对古希腊城邦政治尤其是雅典民主政治的认识。相比较而言，国内学者的研究起步较晚，取得的成果相对也较单薄。总体而言，目前国内外学者的研究主要存在以下三个方面不足：

第一，缺乏整体、宏观的研究视角和综合的研究方法。多年来，国内外学者对古希腊演说的研究不断地趋于细化，分别探讨了演说与雅典政治领袖、法律诉讼以及意识形态等诸多问题，但是缺少对古希腊演说整体的综合的把握。比如尼戈·罗侯的《雅典的建构：古代城邦的葬礼演说》研究的是雅典葬礼演说中演说者如何运用演说进行城邦意识形态的建构，斯蒂芬·约翰斯通的《辩论与民主：古代雅典诉讼的影响》讨论的是演说对雅典司法诉讼的影响以及诉讼演说对民主政治的影响，而哈维·余尼斯的《驯服民主：古代雅典政治演说术范例》重点分析政治演说不仅是调解政治冲突的一种方法，而且还是教育公民、建立公共领域中的理性原则和将城邦塑造成为一个统一共同体的一种有效的政治话语方式。西方学者的研究缺少了一种整体的视角和综合的方法，从而没有形成对古希腊演说的一个总体的认识。其实，上述三位学者的研究正好相互补充、验证，说明在雅典民主政治中，演说是宣传和建构民主政治意识形态的重要手段和方式。

第二，尽管学者的研究视角独特，观点新颖，并可以给读者以启发，但是，他们有的观点缺乏说服力，难以令人信服。比如，乔西亚·欧贝尔的观点虽然新颖独特，其关于雅典公民的精英与民众的二分法也固然可取，但是他的民众掌握意识形态的霸权以及精英的权力屈从于民众意识形态霸权的观点似乎值得商榷，而他对于民众意识形态这一主要的概念也没有给予明确的界定。试问：既然演说权力即话语权力是掌握在精英手中，那么民众又是如何能够控制意识形态的霸权的呢？难道真是如其所言精英只不过是不发表演说的民众的代言人吗？如果真的如此，那么伯里克利何以能够自由地控制民众并且一再逆民众的意愿而行事呢？再退一步说，即便精英屈从于民众意识形态的霸权，那么民众自己又如何呢？我们究竟如何看待雅典民主政治呢？是真正的"主权在民"，还是精英的统治，抑或是民众与精英共治或者说他们共同分享民主政治的权力呢？

第三，国内外学者关于古希腊演说的研究主要就是集中在雅典城邦的演说，没能将其置于当时整个古典文明世界中进行考察、比较。其实，对于同时代中国先秦时期演说的发达未能引起学者的重视。而对于古希腊与中国先秦时期演说的比较不仅有助于理解中国先秦时期的文明，也有助于理解古希腊演说文明和人类古典时期的文明。

毋庸置疑，对古希腊演说的研究不仅可以帮助我们了解演说在古希腊城邦政治尤其是雅典民主政治生活中的作用及其限度，而且还有助于理解雅典民主政治中政治领袖与民众的关系，从而加深对雅典民主政治和古希腊城邦政治的理解。对古希腊与中国先秦时期演说的比较不仅有助于理解古希腊演说的独特性，而且还有助于理解东西方古典文明的共性和差异。因此，古希腊演说的研究具有重要学术价值和理论意义。

然而古希腊文明一直被视为西方文明的源头，西方文明无不受其泽被。鉴于西方文明与古希腊文明的亲缘关系，我们说，对古希腊演说的研究可以帮助我们认识、理解美英等今天西方国家中的演说传统，这对于正处于改革开放时期的中国来说也不无裨益。显然，只有在对外来文明有了比较准确的认识之后，我们才能作出较为正确的判断，知道哪些是要引进、吸收和借鉴的，哪些要拒之于国门之外。周作人先生在北京大学的一次演讲中说："近年来大家喜欢说什么东方文化与西方文化，我不知两者是不是根本上这么些差异，也不知道西方文化是不是用简单的三两句话就包括得下的，但我总以为只根据英美一两国现状而立论的未免有点笼统，普通称之为文明之源的希腊我想似乎不能不予以一瞥。"①因此古希腊演说的研究还具有重大的现实意义。笔者愿意尝试在此方面作一些有益的探讨。

四、研究方法与框架结构

古希腊演说的研究是一个交叉的课题，涉及历史学、语言学、传播学、修辞学、政治学等相关学科，因而对于它的研究较为复杂且具有一定难度。在掌握相关古典文献和了解国内外相关研究成果的情况下，笔者尝试着以整体的视角，用历史学实证的研究方法，结合语言学、修辞学、政治学和传播学等学科相关的理论对古希腊演说作一个宏观的研究

---

① 周作人：《北大的支路》，见《苦竹杂记》，石家庄：河北教育出版社2002年版，第216页。

和分析。愿这一尝试能够为国内外学术界尤其是国内学术界关于古希腊演说的研究作一点贡献。

瑞士学者奥马尔·施沃兹（Omar Swartz）说："要探讨雅典民主政治，我们不能撇开雅典的演说。"① 同样，要研究古希腊城邦政治、战争、外交、认同、教育等一系列问题，我们也不能撇开古希腊演说。正是循着这一思路，本书以古希腊演说为研究对象。通过考察、分析古希腊演说兴起的背景、演说在古希腊城邦政治生活、战争生活和教育生活中的作用，尤其是在雅典城邦民主政治生活中的作用，最后对古希腊与中国先秦时期演说作一比较。本书的结构安排如下：

第一章为古希腊社会的口述传统与荷马社会的演说，指出古希腊社会的口述传统为基于口头表演的演说的繁荣和发展提供一个良好的环境和氛围；荷马时代业已存在的贵族演说实践为古希腊演说的繁荣和发展提供了丰富的演说经验。

第二章为古希腊修辞学的诞生与智者运动，指出公元前5世纪中期古希腊修辞学——一门研究演说技巧的学问——的产生为雅典演说的繁荣和发展提供理论基础，使得演说家对演说的训练和对演说术的掌握有章可循；古希腊智者的出现迎合了这种需求，他们研究修辞学，在雅典传授演说的技巧，从而推动了古希腊演说的发展。

第三章为雅典民主政治与古希腊演说的繁荣，旨在通过对民主政治机构构成、运作特点及其在雅典城邦的长期统治为古希腊演说的繁荣奠定了坚实的基础，从根本上促进了古希腊演说在雅典城邦走向繁荣，并随着古希腊城邦政治尤其是雅典民主政治的衰亡而走向没落。

第四章为演说与古希腊城邦政治决策，重点分析、讨论演说在古希腊城邦政治机构公民大会和公民法庭等决策中的作用。换句话说就是古希腊政治领袖如何通过发表演说来影响公民大会的决策和公民法庭的判决，指出：城邦政治领袖的演说不仅可以影响公民大会的决策和公民法庭的判决，而且是政治领袖领导民众行使民主政治权力最直接和有效的方式。演说这一模式也决定古希腊城邦体制下政治领袖与普通民众关系中各自的地位和角色，即政治领袖的建议和说服，普通民众的投票和决策。这对理解古希腊城邦政治，尤其是雅典民主政治起着至关重要的

---

① Omar Swartz, *The Rise of Rhetoric and Its Intersections with Contemporary Critical Thought*, Colorado: Westview Press, 1998, p. 32.

作用。

第五章为演说与古希腊战争激励，重点分析、讨论演说在古希腊战争中的作用，即战争演说的功用，指出战争演说在古希腊战争中极为常见和普遍，演说技能与指挥打仗一样，是古希腊将领必须具备的技能。在战争中，将领发表演说主要用于激励士兵，鼓舞士气，同时这对激励将领自己和塑造自身英勇形象和领袖气质也具有重要作用。

第六章为演说与古希腊公民教育，重点分析、讨论古希腊演说的教育功能，指出古希腊城邦在没有正式的官方学校教育机构的情况下，除了私人教育之外，城邦公共生活承担了公民的教育，而演说就在城邦伦理道德、法制观念、族群认同和社会规范等方面起着对公民教育的作用。这正是伯里克利说雅典是全希腊的学校的原因和目的之所在。

余论部分，重点分析了古希腊与中国先秦时期演说之异同。在肯定古希腊与中国先秦时期都有演说的前提下，既指出两者的差异，同时又重点强调指出两者之间的共性。

五、古希腊演说相关史料

古希腊演说的史料相对丰富一些，修昔底德的《伯罗奔尼撒战争史》（*History of the Peloponnesian War*）和流传下来的150篇古希腊演说词是最核心也是最基本的文献资料。下面笔者对其略作评介。

《伯罗奔尼撒战争史》主要记载公元前431年至前404年以斯巴达与雅典为中心的希腊城邦之间的一场旷日持久的战争。① 由于修昔底德是伯罗奔尼撒战争（the Peloponnesian War）的参与者和见证人，所以《伯罗奔尼撒战争史》是第一手资料，具有重要的史料价值。其中约占全书近四分之一篇幅的演说词是该书的一大特色，而雅典政治领袖在公民大会、公共葬礼和士兵集会上的演说又占有很大部分。那么该如何评价和使用这些演说词呢？柯林武德（Robin George Collingwood）对修昔底德著

---

① 修昔底德的《伯罗奔尼撒战争史》是一部未完之作，只写到公元前411年秋天的塞诺西马战役（Battle of Cynossema）之后就中断了。在此之后，有许多人续写这部著作，如雅典的色诺芬、小亚细亚希腊城邦开俄斯的塞奥庞普斯和库迈的埃弗鲁斯，其中色诺芬的《希腊史》（*Hellenica*）就是对修昔底德作品的续作。

作中的演说词提出了尖锐的批评,他说:"请看他那演说词。习惯已经把我们的感受性弄得麻木了;但是让我们自问一下:一个具有真正的历史头脑的正直的人,能允许自己使用那样一套程式吗?首先,来考虑一下他的文风,从历史上说,使所有那些非常之不同的人物都用同一种方式在讲话,这难道不是粗暴吗?……第二,再考虑一下他们的内容。无论他们的文风是多么地非历史的,但是他们的实质都是历史的,我们能这样说吗?……他'尽可能紧紧地'保持实际上所说过的话的总的意义,但他有多么紧呢?……在我看来,这些演说似乎本质上并不是历史学而是修昔底德对演说人行动的评论,是修昔底德对演说人的动机和意图的重建。"① 其实柯林武德的评价未免过于苛刻。根据美国历史学家 J. W. 汤普森(J. W. Thompson)的记述,托马斯·霍布斯(Thomas Hobbes)认为修昔底德的著作达到了历史写作才能的顶点。② 那么到底该如何客观、公正地评价这些演说词?这些演说词到底有无史料价值可言或者说有多大的史料价值?让我们还是首先从修昔底德在《伯罗奔尼撒战争史》中的一段论述分析起。他说:"在这部历史著作中,我利用了一些现成的演说词,有些是正在战争开始之前发表的;有些是在战争中发表的。我亲自听到的演说词中的确实词句,我很难记得了,从各种来源告诉我的人也觉得有同样的困难;所以我的方法是这样的:一方面尽量保持实际上所用词句的一般意义;同时使演说者说出我认为每个场合所需要他们说出的话语来。"③ 从修昔底德的这段文字中,我们至少可以推断出:第一,书中的演说词有一部分是真实的,而且是发表过的。因此其价值自不必细说。第二,书中另一部分演说词虽然不是原话,是修昔底德的创造,但是演说确实是发表过的,而且修昔底德在创作时也尽量保持演说者的原意。所以伍德曼(A. J. Woodman)评价说:"修昔底德深受智者高尔吉亚的影响。他和智者一样认为,在某种程度上,一篇演说词是可以被历史学家重述的,而行为却不可以。因为演说者和历史学家都拥有共同的语言媒介:鉴于历史学家可以凭借记忆记住一篇演说词,

---

① 〔英〕柯林武德:《历史的观念》,张文杰、何兆武译,北京:商务印书馆1997年版,第64页。
② 参见〔美〕J. W. 汤普森:《历史著作史》第一分册(上),谢德风译,李活校,北京:商务印书馆1998年版,第40页。
③ 〔古希腊〕修昔底德:《伯罗奔尼撒战争史》,谢德风译,北京:商务印书馆1960年版,第17页。

或者一篇演说词的手稿,那么他当然能够在他的著作中准确地再现演说词。"① 即便修昔底德能够保持演说家的原意,但是还有一部分是修昔底德根据场合需要自己单独创造出来的。那么这部分演说词有无价值可言呢?其实,只要看看修昔底德的写作态度,我们就无法对其书中演说词的价值给予否定。在第一卷序言中修昔底德是这样表述自己的写作态度的。他写道:"我所描述的故事,不是我亲自看见的,就是我从那些亲自看见这些事情的人那里听到后,经过我仔细考核过了的。就是这样,真理还是不容易发现,不同的目击者对于同一个事件,有不同的说法,由于他们或者偏袒这一边,或者偏袒那一边,或者由于记忆的不完全。"② 其实历史著作的真实性并不在于主体的表现方式,而主要是在于主体的写作态度,即他是否持有"信史"的态度。再退一步说,即便不能准确地再现,修昔底德记载的演说词至少反映出当时雅典民主政治生活的方式。因此,不论是当时已经发表过的演说词,还是修昔底德是凭着自己的记忆记载的,抑或是其根据演说者的演说场合而适时地建构的,我们说,修昔底德所记载的这些演说词是研究古希腊演说核心史料之一,具有重要的史料价值。

一方面,演说词在一定程度上反映了古希腊城邦尤其是雅典城邦社会生活的一个侧面——演说的盛行,为研究古希腊演说提供了宝贵的资料。书中精美的演说词也成为后世演说词创作的典范。不仅如此,它还能从另一个侧面反映了古希腊历史学与演说之间的渊源关系,并且证明了美国学者 J. W. 汤普森关于演说是希腊史学源泉之一的观点。③

另一方面,演说词是研究修昔底德史学的重要材料来源。从史学表现方法上看,演说词是修昔底德借以表达自己观点、主张和看法的重要手段。因而要研究修昔底德的史学,了解他的历史观、历史方法和史学思想,演说词是重要的史料。比如,他通过伯里克利之口说:"人是第一

---

① A. J. Woodman, *Rhetoric in Classical History: Four Studies*, London: Croom Helm Ltd, 1988, p. 14.

② 〔古希腊〕修昔底德:《伯罗奔尼撒战争史》,谢德风译,北京:商务印书馆1960年版,第17页。

③ 参见〔美〕J. W. 汤普森:《历史著作史》上卷第一分册,谢德风译,北京:商务印书馆1988年版,第27页。

重要的，其他一切都是人劳动的成果。"① 借尼西阿斯之口说："建立城市的是人，而不是那些没有人的城墙和船舰。"② 这些都说明了修昔底德受古希腊理性思想的影响颇深，基本形成了他的人本史观。可以说修昔底德是西方历史上最早表述"人是历史创作者"思想的历史学家。再者，如果说希罗多德通过一部《历史》成功地塑造了非希腊人的"他者"形象，强化了希波战争时期希腊人的族群认同，那么修昔底德在《伯罗奔尼撒战争史》对斯巴达人"他者"形象的塑造则强化了雅典人族群认同等等。当然，演说词中还渗透着修昔底德本人的政治说教，尤其是其中涉及有关战争与和平、正义与公平等政治和道德问题。比如关于密提林的辩论演说、远征西西里的辩论演说、科林斯对雅典的控告演说以及伯里克利在阵亡将士的国葬典礼上的演说等都蕴含着修昔底德本人对民主和正义的褒扬。

因此，无论如何我们都无法低估修昔底德《伯罗奔尼撒战争史》中演说词的史料价值，它是我们研究古典时期希腊城邦政治、军事和演说文化的重要史料。

当然，作为研究古希腊演说的史料，古希腊流传下了150篇演说词应当是最为直接的史料，它们大多是公元前5世纪后期和公元前4世纪雅典政治领袖在公民大会、公民法庭和公共葬礼等公共场合发表过的演说，或者是其代为雅典诉讼人撰写的诉讼演说词，如安提丰演说词、吕西阿斯演说词、安多基德斯演说词、伊索克拉底演说词、伊萨乌斯演说词、德摩斯提尼演说词和埃斯基涅斯演说词等。在这150篇演说词中，德摩斯提尼的演说词60篇，占三分之一强。根据现代学者的考证，德摩斯提尼的第46、49、50、52、53、59篇诉讼演说词可能是阿波罗多洛斯所为，第10、11、13篇政治演说词可能是后人伪造，而第7、17篇是真的政治演说，前一篇可能是强烈反马其顿的海吉斯普斯所为，后一篇不是海吉斯普斯就是许佩理德斯——喀罗尼亚战后反马其顿派最激进的领导——所发表的演说。第60篇是公元前338年喀罗尼亚战后为阵亡将士

---

① 〔古希腊〕修昔底德：《伯罗奔尼撒战争史》，谢德风译，北京：商务印书馆1960年版，第103页。
② 〔古希腊〕修昔底德：《伯罗奔尼撒战争史》，谢德风译，北京：商务印书馆1960年版，第556页。

发表的葬礼演说,被认为是古代人的伪造。① 因此除去这 12 篇外,保存下来的德摩斯提尼演说词至少还有 48 篇是真实的,其中 12 篇是德摩斯提尼在公民大会上发表过的演说,36 篇是德摩斯提尼或者他的当事人在法庭上发表过的演说。可以说这些演说词既是德摩斯提尼政治生活的缩影,同时又是演说作为雅典民主社会的显著特征和普遍现象的重要见证。其实,即便是那些借德摩斯提尼名的演说词也可以反映雅典当时的政治生活,因而对研究古希腊演说同样重要。总之,尽管这些流传下来的古希腊演说词有的未必是演说家当时演说的原话,但是应该说是最接近的。② 它们不仅是古希腊城邦政治生活的真实写照,而且通过对这些演说词的研究和分析,我们可以从中看出古希腊城邦尤其是雅典城邦的政治领袖是如何发表演说影响民众。因此,与修昔底德《伯罗奔尼撒战争史》中的演说词相比,这些政治领袖的演说词就显得更加重要,它们为了解和研究政治领袖在公民大会、公民法庭或者公共葬礼上所使用的语言提供了最直接的第一手资料。

当然,本文在撰写的过程还会涉及古希腊其他一些相关的基本资料,如荷马的《伊利亚特》(*Iliad*)和《奥德赛》(*Odyssey*)、赫西阿德的《工作与时日》(*Works and Days*)、色诺芬的《希腊史》(*Hellenica*)、普鲁塔克的《希腊罗马名人传》(*The Parallel Lives of Grecians and Romans*)、柏拉图的《普罗塔戈拉》(*Protagoras*)、《高尔吉亚》(*Gorgias*)和《费德诺》(*Phaedrus*)等对话集以及阿里斯托芬的《云》等喜剧作品,笔者对此不再赘述。

---

① 参见 Ian Worthington, "Introduction: Demosthenes, Then and Now"; R. D. Milns, "The Public Speeches of Demosthenes", in Ian Worthington (ed.), *Demosthenes: Statesman and Orator*, New York: Routledge, 2000, p. 1, 205。

② 米尔斯(R. D. Milns)认为雅典演说家当时所出版的演说词应该是经过修订,以便得到他人的认可。因此,虽然它们未必是演说的原话,但是应该是最接近的。参见 R. D. Milns, "The Public Speeches of Demosthenes", in Ian Worthington (ed.), *Demosthenes: Statesman and Orator*, London: Routledge, 2000, p. 207。

第一章　古希腊社会的口述传统与荷马社会的演说

> 即便是在文字重新发明之后，至少在前几个世纪，希腊仍然是个口述社会。在很大程度上，交流依然以口述为主，是口头思维的结果。
>
> ——克力斯朵夫·约翰斯通

第一节　古希腊社会的口述传统

英国学者罗萨林·托马斯（Rosalind Thomas）说："在字母文字传到希腊三个世纪之后，古希腊人可以留有大量的文学作品，城邦也不同程度地使用铭文甚至档案，所以给人的第一印象便是古典希腊显然是一个广泛依赖文字的社会。简言之，希腊可以被认为是一个'文字社会'。毕竟，西方社会对古希腊文明的继承正是通过相关的文字档案。然而，事实上，古典希腊在很多方面仍然是一个书面文字记录屈居于口头表述之后的社会，因为听或说要比写或者读（指阅读）普遍得多，这远远超乎我们的想象。"① 乔治·肯尼迪也有类似的评论，他说："希腊社会是建立在口头表达的基础之上。尽管文字在公元前5—前4世纪的雅典相当普遍，但不论是在石头上，还是在铜板、黏土、木块、方蜡或者纸草上，读书、写字依然十分困难和不同寻常。古代文明的内在机制和它的首要表述方式仍然是口头的。例如，政治体制的运作是通过公民与公民和公民与地方官员之间，以及地方官员与他们的行政助手之间直接的语言交

---

① Rosalind Thomas, *Literacy and Orality in Ancient Greece*, Cambridge: Cambridge University Press, 1992, p. 3.

流来进行。尽管书写用于记录选票、法律和解决方案,但是也不可能达到重要地位。政治煽动常常是通过言语完成。司法体制同样是口头的:首先向地方官员口头控诉,后者举行听证会。然后诉讼人在由公民组成的陪审团面前公开申辩。没有档案文件,即便有书面商业合同,但是这也是当事人双方面对面谈判达成。当时没有报纸、杂志、手抄本和宣传册,信息是通过口头传播完成。娱乐的方式也是朗读。……所有文学作品的创作目的是朗读给观众听,即便是读给自己听,希腊人都会大声朗读。"① 诚然,在文字没有产生之前,口头表述是人类社会传递思想和信息的一种主要方式。但在文字产生很长一段时间之后,一个社会可能仍然是以口头表述为主,古希腊即是。口述传统是古希腊社会的一个显著特征。

在荷马时代,希腊社会完全是一种口头文化,没有字母,没有任何书面语言,口头表述在日常社会生活中占据极其重要的地位。比如,口头吟诵的史诗可以被视为传播古希腊社会文化和历史最初、最根本的形式,行游诗人(rhapsode)是史诗主要的传播者。他们周游整个希腊,为报酬和竞赛进行吟诵史诗的表演,传递着古希腊前文字社会创立的历史、宗教、习俗和文化传统。荷马史诗《奥德赛》中记载了行游诗人吟唱特洛伊战争(Trojan War)中英雄们业绩的场面:当奥德修斯流落到费埃克斯人王国的时候,国王阿尔基诺奥斯设宴款待:

> 在他们满足了饮酒吃肉的欲望之后,
> 缪斯便鼓动歌人演唱英雄们的业绩,
> 演唱那光辉的业绩已传扬广阔的天宇,
> 奥德修斯和佩琉斯之子阿基琉斯的争吵,
> 他们怎样在祭神的丰盛宴席上起争执,
> 言词激烈,民众的首领阿伽门农心欢喜,
> 看见阿开奥斯人中的杰出英雄起纷争。②

因此,荷马时代行游诗人口头吟唱史诗是希腊社会文化和历史传承

---

① George A. Kennedy, *The Art of Persuasion in Greece*, Princeton: Princeton University Press, 1963, pp. 3 – 4.
② 〔古希腊〕荷马:《奥德赛》,王焕生译,北京:人民文学出版社1997年版,第147页。

的一种主要方式。其实荷马史诗就是通过行游诗人口头吟唱代代相传下来，直至雅典僭主庇西特拉图统治时期才得以被编订成书。所以奥马尔·斯沃兹评价道："通过提供学习荷马的作品，行游诗人向人们提供了学习文化的途径。在荷马作品中，人们习得做希腊人的正确方法。行游诗人是重要的引路人，他们掌握并传递希腊社会的文化知识，一代而至一代。"① 无疑，在荷马时代，也就是从迈锡尼文明（Mycenaean Civilization）的衰落和消亡一直到公元前8世纪中期古希腊语音字母来临的期间，希腊世界属于典型的口述社会，行游诗人无疑在此文化传递的过程中扮演重要的角色。

其实，诚如罗萨林·托马斯和乔治·肯尼迪所言，尽管文字在公元前5—前4世纪的雅典相当普遍，但是希腊在很多方面仍然是一个书面文字记录屈居于口头表述之后的社会。克里斯托弗·约翰斯通（Christopher Lyle Johnstone）也有类似的表述，他说："即便是在文字重新发明之后，至少在前几个世纪，希腊仍然是个口述社会，交流在很大程度上依然以口述为主，是口头思维的结果。"② 据现代学者研究，早期希腊的文本主要是为口头交流提供记忆上的帮助，而不是供读者阅读，传播信息。③ 事实也确实如此。

首先，古希腊文学发展体现了其口述社会的特征。在文学创作上，与荷马时代的史诗一样，古风时代的抒情诗也主要是用于口头吟诵和传唱，而且还配有竖琴、排箫或者长笛伴奏。因此，口头的吟诵依然是抒情诗的主要特征。比如西摩尼得斯是希腊著名的抒情诗人，他写了许多千古传诵的短诗，以纪念希波战争期间牺牲的希腊勇士。但是正如西摩尼得斯所说的"诗是会说话的图画，图画是沉默的诗"一样，古希腊的抒情诗主要是用于吟唱表演，他们是把吟唱表演而不是书面文字看作是传播其不朽名声的工具。品达是古希腊又一位著名的抒情诗人，据说他

---

① Omar Swartz, *The Rise of Rhetoric and Its Intersections with Contemporary Critical Thought*, Colorado: Westview Press, 1998, p. 24.

② Christopher Lyle Johnstone, "The Origins of the Rhetoric in Archaic Greece", in Christopher Lyle Johnstone (ed.), *Theory, Text, Context: Issues in Greek Rhetoric and Oratory*, Albany: State University of New York Press, 1996. p. 4. 另见 Rosalind Thomas, *Literacy and Orality in Ancient Greece*, Cambridge: Cambridge University Press, 1992, p. 3。

③ Rosalind Thomas, *Literacy and Orality in Ancient Greece*, Cambridge: Cambridge University Press, 1992, p. 62.

常常在奥林匹亚竞技会上即兴赋诗吟唱颂扬胜利者及其城邦。当年，这些颂歌都是在竖琴、排箫或者长笛的伴奏下，由歌咏队载歌载舞表演，曾激发过成千上万希腊听众的热情。与史诗和抒情诗一样，古希腊的悲剧和喜剧亦用于口头表演，供希腊人在剧院观看，而不是出版供他们阅读，这一点不容置疑。换言之，希腊人是通过在剧院观看诗人和演员的演出，而不是通过阅读诗人的剧本来欣赏悲剧和喜剧。值得一提的是，当像希罗多德《历史》那样的鸿篇巨制也是被用来大声朗诵的时候，或许我们不会对希腊社会的口述特征表示怀疑。根据卢奇安的记述，希罗多德曾在奥林匹亚集会上当众背诵过自己的作品。① 据说修昔底德在童年时代听到希罗多德在奥林匹亚集会上朗诵他的《历史》时，感动流涕。希罗多德看见这个情况时，曾向修昔底德的父亲称赞其求知的欲望。② 因此，即便是在文字产生之后，在很长一段时间内，古希腊文学的发展在很大程度上体现了其口述社会的特征。更为重要的是，很多古希腊文学作品在被文字书写下来之前就已经流传很长时间了。③

其次，希腊的教育也体现了其口述社会的特征。在希腊，城邦不承担公民的教育，故而也就没有独立的教育机构和完整且较为固定的教育内容。因此，除了私人学校教育之外，公民的教育主要有两个途径：一方面是延续荷马时代的传统，老年人凭借自己阅历和经验，在"劝告和言语"上对青年人进行教育。这正如荷马史诗中涅斯托尔所说："我依然要和乘车的战士生活在一起，在劝告和言语上对他们进行教育，这是老年人的权利。"④ 另一方面则是通过参加城邦的公共生活，如公民大会、公民法庭、狄奥尼索斯戏剧节或者奥林匹亚竞技会等来获取相关的教育和知识。这正如伯里克利在阵亡将士的国葬典礼上所言："我们的城市是全希腊的学校。"⑤ 其实，当伯里克利称雅典为全希腊的学校时，他所指的既非雅典的教育家，也非它的教育制度，而是它的整

---

① Lucian, *Herodotus* 1–2.
② 参见〔古希腊〕修昔底德：《伯罗奔尼撒战争史》译者序言，谢德风译，北京：商务印书馆1960年版，第10页。
③ George A. Kennedy, *The Art of Persuasion in Greece*, Princeton: Princeton University Press, 1963, p. 4.
④〔古希腊〕荷马：《伊利亚特》，罗念生、王焕生译，北京：人民文学出版社1997年版，第99页。
⑤〔古希腊〕修昔底德：《伯罗奔尼撒战争史》，谢德风译，北京：商务印书馆1960年版，第133页。

个生活方式。① 的确，希腊城邦普通公民正是通过参加公共生活如公民大会、公民法庭、剧院、市政广场和军营等来获得教育。② 阿里斯托芬的喜剧《公民大会妇女》（*Ecclesiazusae*）中的一段对话则间接地反映了这一现象。第一位妇女问普拉克萨戈拉："你是在哪儿学会如此健谈的本领？"她回答道："当所有人都涌向雅典时，我和丈夫就坐在普奈克斯山上，在那里聆听演说。"③ 在以智者为代表的私人教育中，他们的教育方式主要是以口头对话和交谈的方式进行，无论是普罗塔戈拉、高尔吉亚，还是苏格拉底都无一例外。柏拉图在《普罗塔戈拉》中就描述了智者的教学场面。而且十分有趣的是，智者的教学内容主要也是以训练口头说服能力为主的演说技能。正如学者所指出的一样，如果抽去了演说术，智者的教学内容也就没有了。更为重要的是，从此以后，以演说为核心内容的修辞学教育成为古希腊罗马教育的核心内容，并得以一直延续下去，成为今天西方大学教育的一个核心内容。学者研究指出，"使西方人与众不同的是他与古代世界的连续不断的吸收和无缝对接。修辞学和演说，这一古代文化中的核心就是这一遗产的重要一部分。"④ 因此，古希腊社会的教育也呈现出口述社会的特征。

再次，古希腊城邦的政治生活也同样体现了其口述社会的特征。以雅典为例，其政治生活是建立在典型的口头运作基础之上。伯里克利在阵亡将士国葬典礼上说："我们雅典人自己决定我们的政策，或者把决议提交适当的讨论；因为我们认为言论和行动间是没有矛盾的；最坏的是没有适当地讨论其后果，就冒失开始行动。"⑤ 伯里克利的演说道出了雅典政治生活的口头特征，即雅典的政治生活是基于口头运作。具体而言，

---

① Carnes Lord, "Aristotle and the Ideal of Liberal Education", in Josiah Ober & Charles Hedrick (eds.), *Demokratia*: *A Conversation on Democracies*, *Ancient and Modern*, Princeton: Princeton University Press, 1996, pp. 275–276.

② 参见 Barry S. Strauss, "The Athenian Trireme: School of Democracy", in Josiah Ober & Charles Hedrick (eds.), *Demokratia*: *A Conversation on Democracies*, *Ancient and Modern*, Princeton: Princeton University Press, 1996, p. 322。

③ Aristophanes, *Ecclesiazusae* 241–245.

④ Harry Caplan, Richard Leo Enos, Mark James, Harold Barrett, Lois Agnew, Edward P. J. Corbett, "The Classical Tradition: Rhetoric and Oratory", in *Rhetoric Society Quarterly*, Vol. 27, No. 2 (Spring, 1997), pp. 7–38.

⑤ 〔古希腊〕修昔底德：《伯罗奔尼撒战争史》，谢德风译，北京：商务印书馆1960年版，第132页。

在公民大会上，公民对政治领袖提议的表决是在他们亲自聆听政治领袖的发言和辩论之后当场即刻表决，这就是伯里克利所谓的"适当讨论"。在司法体制方面，在案件提交公民法庭审理判决之前，起诉人首先向地方官员进行口头控诉，地方官员举行听证会。然后在公民法庭上，陪审员对案件的审判也是在他们聆听当事人双方陈述和辩论之后再当场投票裁决。而且根据学者的研究，尽管至少从公元前5世纪开始雅典就有档案记录，但是当文字记录在古风时代用于法律时，"习惯法"（unwritten law）继续受到尊重而且具有一定地位，这种情况一直延续到公元前5世纪晚近的时候。只是从公元前4世纪前半期开始文件和书写证据与口头证据在公民法庭上才具有同等的价值。① 换句话说，在此之前，证人的口头证据一直是陪审员审理案件的主要依据。伯里克利在葬礼演说中明确指出口头法律即未成文的习惯法与成文法具有同等重要的地位。他说："我们服从法律本身，特别是那些保护被压迫者的法律，那些虽未写成文字、但是违反了就算是公认的耻辱的法律。"② 另外，即使是雅典城邦公共铭文记录的公民大会通过的法律也附有补充说明，即：它们的形式是口头法令的形式，因为它应在公民大会上宣读。罗萨林·托马斯说："鉴于希腊人大声朗读的习惯，任何朗读铭文的人都会把他的声音赋予石碑（物体），就像石碑在说。"③ 当然，诉讼人在公民法庭上援引法律条文一般都由秘书大声宣读。饶有趣味的是，公布于市政广场等场所的雅典法律条文等主要是被人大声朗读，以便让其他人都能够了解法律的内容。

芬利指出，"希腊主要是一个口头表述而非书面文字的世界。城邦公共事务的信息主要是通过传令官、布告栏、街谈巷语、口头汇报以及政府机构内部的讨论等方式来传播。"④ 的确，在希腊城邦的政治生活中，通过使节口头传递信息是最常见和普遍的形式。希波战争期间，得知波斯大军准备登陆马拉松的时候，雅典人派遣一位名叫披迪披戴斯的使者

---

① Rosalind Thomas, "Literacy and the City-state in Archaic and Classical Greece", in Alan K. Bowman & Greg Woolf, *Literacy and Power in the Ancient World*, Cambridge: Cambridge University Press, 1994, p. 34.

② 〔古希腊〕修昔底德：《伯罗奔尼撒战争史》，谢德风译，北京：商务印书馆1960年版，第130页。

③ Rosalind Thomas, *Literacy and Orality in Ancient Greece*, Cambridge: Cambridge University Press, 1992, p. 64.

④ M. I. Finley, *Democracy Ancient and Modern*, London: The Hogarth Press, 1985, pp. 17–18.

日夜兼程前往斯巴达求援。第二天到达斯巴达后，披迪披戴斯向斯巴达的国王进行口头汇报说："拉凯戴孟人啊，雅典人请求你们给他们帮助而不要看着希腊的一个最古老的城邦陷到异邦人的奴役之下。因为现在甚至连埃列特里亚都已经受到了奴役，而由于失掉一座名城，希腊就变得更加软弱了。"① 伯罗奔尼撒战争期间，各城邦之间的信息往来主要就是通过使节的口头传达。比如，伯罗奔尼撒战争前夕，斯巴达派遣由拉姆斐亚斯、密利西佩斯和阿哲桑达组成的使团前往雅典发出最后通牒。② 因此，古代希腊城邦的政治生活也体现出其口述社会的特征。

最后，古希腊哲学家苏格拉底毕生以谈话和辩论的方式进行教学，与弟子一道探究哲学，而没有著书立说。苏格拉底的弟子柏拉图攻击书写文字并试图在写作中以对话的形式重建口头对话和辩论氛围。这些均表明：在希腊社会，即便是受过良好教育的人也重视人类口头表述的方式。苏格拉底，这位古希腊历史上最伟大的哲学家，毕生以探究人类的善和正义为己任。然而其探究学问的一个突出的方式就是通过与他人的谈话和辩论来引导出知识。正如苏格拉底在《申辩》（*Apology*）中所说的，为了探求谁是最具有智慧的人，他访遍了雅典的政治领袖、诗人喜剧家、抒情诗人和其他各种人，与他们进行谈话、辩论。③ 所以，苏格拉底一生都没有著书立说，他的思想主要记录在其弟子柏拉图的对话录中。柏拉图可以说部分地继承了苏格拉底的传统，在《费德诺》中，他攻击书写文字不是真正的教育方式。他说："这一发明（指字母文字）将会导致人类记忆力的下降，因为有了文字之后他们将不会训练自己的记忆力。同时，他们对书写文字的信任将减少对记忆力的使用。因此你们教授给学生的只是知识的表象，不是真正的知识。"④ 然而具有讽刺意味的是，柏拉图一边攻击书写文字，一边却用文字在书写创作，记录老师苏格拉底和自己的思想。我们说，尽管柏拉图的著作是以对话体的方式来撰写，试图在著作中营造口头对话和辩论的氛围，但是他毕竟还是服膺于书写文字。因此，从柏拉图对书写文字的批判到其利用对话体的

---

① 〔古希腊〕希罗多德：《历史》，王以铸译，北京：商务印书馆1959年版，第446页。
② 参见〔古希腊〕修昔底德：《伯罗奔尼撒战争史》，谢德风译，北京：商务印书馆1960年版，第98页。
③ 参见〔古希腊〕柏拉图：《申辩》，《柏拉图对话集——苏格拉底的最后日子》，余灵灵、罗灵平译，上海：上海三联书店1997年版，第37—39页。
④ Plato, *Phaedrus* 140.

方式来著书立说的这一矛盾现象,我们可以看出柏拉图是希腊世界由口述社会向文字社会过渡的集中体现。

从某种意义上说,古希腊的口述传统和对口头表述的重视与讲求和注重口头表达技巧的演说不谋而合,从而为古希腊演说的发展和繁荣提供了一个基本的土壤和环境。换句话说,古希腊演说是古希腊口述社会传统发展的产物,而荷马时代的演说实践为古希腊演说的进一步发展提供了必要的经验积累。

第二节 荷马社会的演说

在荷马时代,演说已经被赋予极高的价值和重要的意义。作为英雄,阿基琉斯、奥德修斯他们不仅要成为"会做事情的行动者",而且还要是"会发议论的演说家"。这也就是说,作为英雄的一个主要特征,语言和议事的技艺反复被与战争能力相提并论。[1] 福尼克斯说是自己让阿基琉斯成为一个"会发议论的演说家,会做事情的行动者"[2]。涅斯托尔称赞阿伽门农和阿基琉斯在议事和战争方面都超过其他达纳俄斯人。[3] 一个普通士兵称赞奥德修斯既能够提出好的建议,又能指挥士兵作战。[4] 因此,在盲诗人荷马的笔下,无论是"不死的诸神",还是"有死的凡人"即英雄,个个都是"与众不同的、非凡的演说家"。在诸神当中,无论是众神之王宙斯,还是众神之母赫拉,抑或是智慧之神雅典娜,他们都是与众不同的演说家。在英雄当中,老人涅斯托尔无疑是凡人中最伟大的演说家,荷马说他是"皮洛斯人中声音清晰的演说家,从他的舌头上吐出的语音比蜜更甜"[5],而"墨涅拉奥斯发言流畅,简洁又清楚,

---

[1] Hanna M. Roisman, "Right Rhetoric in Homer", in Ian Worthington (ed.), *A Companion to Greek Rhetoric*, Oxford: Blackwell Publishing, 2007, pp. 429–446.

[2] 〔古希腊〕荷马:《伊利亚特》,罗念生、王焕生译,北京:人民文学出版社1997年版,第448页。

[3] 参见〔古希腊〕荷马:《伊利亚特》,罗念生、王焕生译,北京:人民文学出版社1997年版,第12页。

[4] 参见〔古希腊〕荷马:《伊利亚特》,罗念生、王焕生译,北京:人民文学出版社1997年版,第39页。

[5] 〔古希腊〕荷马:《伊利亚特》,罗念生、王焕生译,北京:人民文学出版社1997年版,第12页。

他不是好长篇演说和说话无边无际的人"①,"但是在奥德修斯从胸中发出洪亮的声音时,他的言辞像冬日的雪花纷纷飘下"②。即便是希腊联军的统帅阿伽门农或者战争英雄阿基琉斯也被描述为能够发表演说的人,史诗一开始就描写两人在全军大会上关于战争问题的演说辩论和争执。因此,从史诗中对诸神和英雄的演说才能的描述和重视程度可以看出,荷马时代,演说不仅业已存在,而且至少在贵族生活中就占有重要的地位,而演说的才能也似乎成为诸神或者英雄所具有的一种内在的气质和修养和必备的素质。

具体而言,荷马时代的演说主要用于平时的民众集会和战时的士兵集会上。

一方面,演说辩论在民众集会上是常有的事。《奥德赛》中有这么一段描述:

> 当那初升的有玫瑰色的手指的黎明呈现时,
> 奥德修斯的亲爱的儿子就起身离床,
> 穿好衣衫,把锋利的双刃剑背到肩头,
> 把编织精美的绳鞋系到光亮的脚上,
> 迈步走出卧室,仪容如神明一般。
> 他立即命令嗓音洪亮的传令官们,
> 召集长发的阿开奥斯人到广场开会。
> 传令官们发出召唤,人们迅速会集。
> 待人们纷纷到来,迅速集合之后,
> 特勒马科斯也来到会场,手握铜矛,
> 他不是一个人,有两只迅捷的狗跟随。
> 雅典娜赐给他一副非凡的堂堂仪表,
> 人们看见他走来,心中无比惊异,
> 在他父亲的位置就座,长老们退让。
> 英雄艾吉普提奥斯这时首先发言,

---

① 〔古希腊〕荷马:《伊利亚特》,罗念生、王焕生译,北京:人民文学出版社1997年版,第75页。
② 〔古希腊〕荷马:《伊利亚特》,罗念生、王焕生译,北京:人民文学出版社1997年版,第75页。

> 他业已年迈伛偻,深谙万千世态。
> 他有个心爱的儿子,随神样的奥德修斯
> 乘坐空心船,前往盛产马匹的伊利昂,
> 就是矛兵安提福斯,疯狂的库克罗普斯
> 把他在深邃的洞穴里残害,作最后的晚餐。
> 他还有三个儿子,有一个与求婚人混迹,
> 就是欧律诺摩斯,另两个继承祖业,
> 但他常哀怨悲叹,难忘记安提福斯,
> 这时老人又为他落泪,对众人这样说:
> "伊达卡人啊,现在请你们听我说话。
> 我们再没有聚在一起,开会议事,
> 自从神样的奥德修斯乘坐空心船离去。
> 现在是谁召集我们?有什么需要?
> 是哪位年青人召集?或者是年迈的长者?
> 他是听到敌人向我们袭来的消息,
> 想如实地向我们报告,因为他首先知道?
> 或是想发表演说,提出什么议案?
> 我看他是个高尚之人,预示吉利,
> 愿宙斯成全他,一切心愿都能实现。"①

然后奥德修斯的儿子特勒马科斯站到会场中央发表演说,提出召集民众会议的意图:

> 老前辈,那人不远,你很快就会知道,
> 是我召集人们,痛苦正强烈地折磨我。
> 我既没有听到任何敌军袭来的消息,
> 想如实地向你们报告,因为我首先知道,
> 也不想发表什么演说提出公共议案,
> 而是我有所求,双重的灾难降临我家庭。
> 首先我失去了高贵的父亲,他曾经是

---

① 〔古希腊〕荷马:《奥德赛》,王焕生译,北京:人民文学出版社1997年版,第20—21页。

> 你们的国王,热爱你们如同亲父亲。
> 现在又有更大的不幸,它很快就会
> 把我的家彻底毁灭,把财富全部耗尽。
> 众求婚人纠缠我母亲,虽然她不愿意,
> 那些人都是这里的贵族们的亲爱子弟,
> 他们胆怯地不敢前往她的父亲
> 伊卡里奥斯家里,请求他本人嫁女儿,
> 准备嫁奁,嫁给他称心、中意的人选。
> 他们自己却每天聚集在我的家里,
> 宰杀许多壮牛、绵羊和肥美的山羊,
> 无所顾忌地饮宴,大喝闪光的美酒,
> 家产将会被耗尽,只因为没有人能像
> 奥德修斯那样,把这些祸害从家门赶走。①

特勒马科斯发表演说叙述详情之后,安提诺奥斯发表演说,对其进行反驳:

> 大言不惭的特勒马科斯,放肆的家伙,
> 说出这样的话侮辱我们,把罪责归咎。
> 阿开奥斯人的求婚弟子们对你没有错,
> 有错的是你那位母亲,她这人太狡猾。
> 已经是第三个年头,很快第四年来临,
> 她一直在愚弄阿开奥斯人胸中的心灵。
> 她让我们怀抱希望,对每个人许诺,
> 传出消息,考虑的却是别的花招。②

接着特勒马科斯、预言家哈利特尔塞斯、欧律马科斯、门托儿、勒奥克里托斯先后发表演说辩驳,直到会议最后解散。因此,在荷马时代,

---

① 〔古希腊〕荷马:《奥德赛》,王焕生译,北京:人民文学出版社1997年版,第21—22页。

② 〔古希腊〕荷马:《奥德赛》,王焕生译,北京:人民文学出版社1997年版,第23—24页。

演说已经是公民大会上常见的一种现象，是贵族间相互辩论、阐释自己观点和立场的主要方式。

另一方面，演说还普遍用于战前士兵的集会上，其主要意图在于鼓舞士气，劝服士兵奋勇杀敌。例如，在一次战争前夕，阿基琉斯让全体战士和首领站定位置整好队形之后，对他们发表了演说：

> 米尔弥冬人啊，愿你们谁也不会忘记，
> 当你们被留在快船上，你们曾愤怒地
> 对特洛伊人发出威胁，也严厉谴责我：
> "狂暴的佩琉斯之子，母亲用胆汁喂了你，
> 冷酷的人啊，你强使我们待在船只边。
> 我们远不如干脆乘船返航回国去，
> 既然你心中的积愤如此难以压抑。"
> 你们常常这一聚集议论指责我，
> 现在你们渴望的时刻已经到来，
> 愿人人都勇敢地去和特洛伊人拼杀！①

再如，特洛伊军队的统帅赫克托耳在战斗中看见希腊联军统帅阿伽门农受伤退出战斗之后，便对特洛伊人和吕西亚人大声呼喊：

> 特洛伊人、吕西亚人和善近战的达尔达尼亚人，
> 朋友们，振作起来，振奋起勇敢的精神！
> 最骁勇的人离开了，克罗诺斯之子宙斯
> 赐给我巨大的希望，驱策你们的长鬃马，
> 冲向强大的达那奥斯人，更勇猛地厮杀！②

从荷马史诗中的相关描述和记载，我们可以看出演说在荷马时代不仅存在，而且较为常见，被运用于平时的民众集会和战时的士兵集会等

---

① 〔古希腊〕荷马：《伊利亚特》，罗念生、王焕生译，北京：人民文学出版社1997年版，第386页。
② 〔古希腊〕荷马：《伊利亚特》，罗念生、王焕生译，北京：人民文学出版社1997年版，第277页。

场合。而史诗中众多的组织有序的"有翼飞翔的话语"（winged words）则在很大程度上说明演说在荷马时代的影响和作用。不仅如此，史诗亦反映了荷马时代对发表演说的人给予应有的尊重。史诗中有这么一段描述：当阿基琉斯在阿开奥斯人集会上发表演说决定同阿伽门农摒弃前嫌、重新投入战斗的时候，阿开奥斯人欢呼阿基琉斯消除愤怒。这时士兵的统帅阿伽门农从座位上站起，未走向会场中央，发表演说要求民众保持安静以便他向阿基琉斯作出合理的解释：

> 亲爱的达那奥斯战士，阿瑞斯的侍从，
> 当有人站起来发言时，应该听他说话，
> 不要打断他，否则甚至会难住雄辩家。
> 在一片吵嚷声中有谁能听演说或听讲？
> 即使嗓音洪亮的演说家也会为难。
> 我现在向佩琉斯之子作解释，你们其他的
> 阿尔戈斯人要认真听讲，好好领悟。①

不过，相对于城邦时代雅典民主政治下的演说而言，荷马时代的演说具有两个明显的特点。一方面，演说为以国王为主的上层贵族垄断，是他们的特权，民众没有这一权利。所以当奥德修斯看见一个普通士兵在他说话时叫嚷，他责骂道：

> 我的好人，你安静地坐下，听那些比你
> 强大的人说话；你没有战斗精神，
> 没有力量，战斗和议事你都没有分量。
> 我们阿开奥斯人不能人人作国王；
> 多头制不是好制度，应当让一个人称君主，
> 当国王，是狡诈的天神克罗诺斯的儿子
> 授予他王杖和特权，使他们统治人民。②

---

① 〔古希腊〕荷马：《伊利亚特》，罗念生、王焕生译，北京：人民文学出版社1997年版，第504页。
② 〔古希腊〕荷马：《伊利亚特》，罗念生、王焕生译，北京：人民文学出版社1997年版，第36页。

另一方面，由于演说为上层贵族垄断，所以它不是用于说服民众，而是向民众传达命令或者宣布消息。比如，当太阳神阿波罗祭司克律塞斯在全体阿开奥斯人的大会上向阿伽门农请求释放自己的女儿时，尽管全体阿开奥斯人都表示同意，但是阿伽门农却严厉警告说：

> 老汉，别让我在空心船旁边发现你，
> 不管你是现在逗留还是以后再来，
> 免得你的拐杖和天神的神圣花冠
> 保护不了你。你的女儿我不释放，
> 她将远离祖国，在我家、在阿尔戈斯
> 绕着织布机走动，为我铺床叠被，
> 直到衰老。你走吧，别气我，好平安回去。①

再如，宙斯在众神的一次集会上发表演说，要众神服从，他说：

> 诸位天神、诸位女神，请听我说，
> 我要讲的是发自我胸中的心灵的话语。
> 任何一位女神或天神都不要企图
> 违反我的话而行动，你们都要服从，
> 使我很快把这些事情办理成功。②

当然，除此之外，演说还是贵族之间进行辩论、争论的常见方式，正如特勒马科斯和安提诺奥斯等贵族之间的争论一样。

其实，在荷马时代，作为演说的技巧，演说术已经为贵族不自觉地运用于演说之中。譬如，奥德修斯的儿子特勒马科斯在演说中"把权杖扔到地上，忍不住泪水纵流"其实就是一种演说技巧的运用，其结果是博取了人们深深的同情。而在回答奥德修斯劝解与阿伽门农和解的演说中，阿基琉斯将自己同阿伽门农的关系比喻为一只鸟和小雏，既贴切形

---

① 〔古希腊〕荷马：《伊利亚特》，罗念生、王焕生译，北京：人民文学出版社1997年版，第2页。
② 〔古希腊〕荷马：《伊利亚特》，罗念生、王焕生译，北京：人民文学出版社1997年版，第145页。

象，又感人肺腑，这同样也是对演说技巧的运用，他说：

> 我心里遭受很大的痛苦，
> 舍命作战，对我却没有一点好处。
> 有如一只鸟给羽毛未丰的小雏衔来
> 它能弄到的可吃的东西，自己遭不幸；
> 我就是这样度过许多不眠之夜，
> 在作战当中经过许多流血的日子，
> 同战士们一起，为了他们的妻室。①

通过上述分析，我们可以看出，演说已经成为荷马时代政治生活的一个重要方式，而演说技巧的掌握也是贵族英雄所必须具备的素养。这在很大程度上是因为与克里特文明（Cretan Civilization）和迈锡尼文明时期的王权相比，荷马时代的王权业已弱化，贵族权力明显上升，并出现城邦的萌芽。② 虽然权力仍掌握在巴西琉斯（Basileus）即王的手中，但是王的权力至少受到其他上层贵族的挑战，正如阿基琉斯挑战阿伽门农一样。因此，演说即成为贵族统治者阐述其政策、立场和处理争端、调和彼此矛盾的一种重要手段和方式，而演说术也似乎是他们所必须掌握的一门技艺。

小　结

古代希腊是一个典型的口述社会，有着悠久的口述传统。即使是公元前8世纪希腊人在借鉴腓尼基字母的基础之上重新创造了自己的字母文字之后，在相当长的一段时间内，希腊仍然是一个口头表述占有重要地位的社会。无论是在文学创作的目的上，还是在教育方式上，抑或在政治生活上，希腊社会都体现出惊人的口述特征，而古希腊哲学家苏格拉底对文字表述的摒弃、柏拉图对文字表述的攻击都说明了口头表述在希腊社会的地位和重要性。其实，即便是后来书写文字占据主导地位之

---

① 〔古希腊〕荷马：《伊利亚特》，罗念生、王焕生译，北京：人民文学出版社1997年版，第182页。
② 参见晏绍祥：《荷马时代的"polis"》，载《历史研究》2004年第2期，第145—159页。

后，口头表述依然存在于希腊社会之中，并占有一席之地。所以罗萨林·托马斯评价说:"古代世界的书面文字，特别是记录下来的文学作品必定是要大声朗诵而不是静静地默读。在一层意义上，书面文字是从属于口述语言，或许更是帮助人的记忆以便于回忆口头交流的内容，而不是用于阅读的层面。即使是在文字文本在4世纪晚期已准备好完成转变，但那些需要讨论的文本也是被城邦秘书大声朗读，也就是说，书面文本显然是通过口头传播的。"① 古希腊社会的口述传统为公元前5世纪中期古希腊演说的兴盛提供了一个良好的社会环境，优良的口述传统使得希腊人即便是在书写文字产生之后依然凭借口头来传递着他们的宗教、文化和各种信息，并保持相当长的一段时间。同时，演说已经成为荷马时代政治生活的一个重要方式，而演说技巧的掌握也是贵族英雄所必须具备的素养。荷马时代古希腊业已形成的对英雄演说能力的重视和培养的教育习俗为古希腊演说的兴盛积累了丰富的演说经验。

---

① Rosalind Thomas, *Literacy and Orality in Ancient Greece*, Cambridge: Cambridge University Press, 1992, p. 91.

第二章　古希腊修辞学的
诞生与智者运动

> 与其他专业和技能的教育相比，智者设置的课程不是在于培养更多的智者，而是杰出的演说家、合格的公民和思维敏捷的头脑。
>
> ——杰奎林·罗米利

"对希腊人来说，荷马史诗不仅仅是一部文学作品，同时也是希腊民族的象征，是他们早期历史的最权威的记载，还是他们的宗教经典。"① 毋庸置疑，荷马社会的演说对后世产生了深远的影响。荷马之后，希腊社会的演说传统在贵族中间一直受到重视，成为贵族首领理应必备的才能。赫西阿德第一个将缪斯女神的司职领域从诗学拓展到修辞学，也第一个把语言说服的力量置于神的庇护之下。② 在《神谱》(Theogony)的序言中，赫西阿德夸赞缪斯女神不仅歌声甜美，而且能言善辩。缪斯女神送给人类的正是这双重礼物：一个是缪斯与阿波罗一道赋予歌手和琴师的吟唱技能；另一个是授予国王说话的能力，赐予他们优美的言词，尤其特别强调好的国王在调解争执中的演说才能。他说："伟大宙斯的女儿们尊重宙斯抚育下成长的任何一个巴西琉斯，看着他们出生，让他们吮吸甘露，赐予他们优美的言词。当他们公正地审理争端时，所有的人民都注视着他们，即使事情很大，他们也能用恰当的话语迅速作出机智的裁决。因此，巴西琉斯们是智慧的。当人民在群众大会上受到错误引导时，他们和和气气地劝说，能轻易地拨正讨论问题的方向。"③

---

① 张广智、黄洋、赵立行：《世界文化史》古代卷，杭州：浙江人民出版社1999年版，第181页。
② Jenny Strauss Clay, "Hesiod Rhetorical Art", in Ian Worthington (ed.), *A Companion to Greek Rhetoric*, Oxford: Blackwell Publishing, 2007, pp. 447–457.
③ 〔古希腊〕赫西阿德：《神谱》，张竹明、蒋平译，北京：商务印书馆1991年版，第28页。

雅典城邦早期的政治领袖如梭伦、庇西特拉图等都拥有演说才能，说服雅典人听从他们的意见。据说，梭伦当年为了鼓动雅典人发动对麦加拉的战争，夺取萨拉米岛，他装作神志失常，然后走到市政广场，头上戴着一顶帽子，当许多人已经聚集在那里的时候，他跳上传令石，背诵他的挽歌，开头两句是："请注意我是从可爱的萨拉米来的一个传令吏，我要唱一首有韵的歌来代替高声的演说。"① 梭伦唱完这首歌时，他的朋友开始赞扬他，尤其是庇西斯特拉图。于是他们把那条禁止以任何方式提议争夺萨拉米否则处死的法律废除了，重新开始战争，并推举梭伦为指挥。在这里，梭伦在演说中利用了欺骗的手法赢得了民众的支持。同样，庇西斯特拉图当时为了在演说中说服雅典民众，赢得他们的支持，也采用了欺骗的手法。根据普鲁塔克的记载，庇西斯特拉图在把自己弄伤之后，乘车来到市政广场，向民众控诉他的敌人因为与他的政见不合而阴谋伤害他的生命，企图激怒民众。结果许多人用愤怒的吼声响应他的控诉，准备为他而战斗。结果在公民大会上，民众通过了准许庇西斯特拉图自己拥有一支卫队的法令。②

正是早期希腊社会演说的发展推动了专门研究演说的学问——修辞学的诞生。于是古希腊社会中出现了一批编撰修辞学课本、传授演说技能的"智者"。他们培养了大批政治领袖和演说家，从而推动古希腊演说的进一步发展。

第一节　修辞学的诞生

古希腊修辞学的诞生是一个极其复杂的问题，到目前为止，西方学术界仍是众说纷纭、莫衷一是。归纳起来，主要有以下几种观点。

第一种观点认为，克拉克斯和提西阿斯是修辞学的创始人，这是学术界比较流行的观点。正如后人将希罗多德视为西方"历史之父"一

---

① 〔古希腊〕普鲁塔克：《希腊罗马名人传》，黄宏煦主编，北京：商务印书馆1990年版，第173页。

② 参见〔古希腊〕普鲁塔克：《希腊罗马名人传》，黄宏煦主编，北京：商务印书馆1990年版，第200页。

样，西西里的克拉克斯和提西阿斯被视为西方"修辞学之父"①，因为一个持久的传说就是将西西里视为修辞学的诞生地和把提西阿斯、克拉克斯视为修辞学的创始人。据说公元前 5 世纪中期西西里叙拉古的僭主政治被推翻后，代之以新建立的民主政治，许多公民为了争回他们以前被没收的土地，需要提起诉讼，而在当时没有契约文书可以作为证据的情况下，每个案件就只能以旁证来理论，因此以"可能性"的辩论为前提、以劝服为目的的演说术就成为一种需求，应运而生，而克拉克斯就是最早编订修辞学课本、收费传授演说术的人。克拉克斯的重要贡献是他提出了"可能性"原则，他的一个著名的例证就是弱者被控殴打强者的辩论。弱者应该辩论说：我根本就不可能攻击他，因为他明显比我强壮得多，我会挨打的。既然我认识到这一点，所以我是不会攻击他的。而强者的辩论也同样基于"可能性"，他可以反驳道：弱者认为人们不可能相信他会攻击我，所以攻击我的时候，他就没有什么后顾之忧。②显然，强者和弱者双方的辩论都是建立在可能性而不是事实的基础之上。对于这一典型的"强者与弱者"之间的辩论，柏拉图和亚里士多德都作了进一步引申论证。在《费德诺》中，柏拉图指出，对于弱者不可能攻击强者的辩论，强者应该说弱者可能是在他人的帮助下攻击的。③亚里士多德在《修辞学》中则提出"反向可能性"，指出弱者可以说他根本不可能攻击一位强者，因为是其身体使然；而强者也可以同样说他不可能攻击弱者，因为作为一个强者，他很容易被怀疑为罪人。这两种情况似乎都是可能的。④ 据说克拉克斯将演说的结构划分为引言、陈述和结论三个部分。

提西阿斯是克拉克斯的学生，他对于"可能性"辩论的运用可谓是"青出于蓝而胜于蓝"。据说在跟随克拉克斯学习演说术的时候，提西阿斯曾答应，如果打赢第一场官司，他会支付给克拉克斯学费。但是在打

---

① William M. A. Grimaldi, S. J., "How Do We Get from Corax-Tisias to Plato-Aristotle in Greek Rhetorical Theory?", in Christopher Lyle Johnstone (ed.), *Theory, Text, Context: Issues in Greek Rhetoric and Oratory*, Albany: State University of New York Press, 1996, p. 21.

② James J. Murphy, "The Origins and Early Development of Rhetoric", in James J. Murphy (ed.), *A Synoptic History of Classical Rhetoric*, Davis: Hermagoras Press, 1983, p. 6.

③ Plato, *Phaedrus* 272 d – 273 c.

④ 参见〔古希腊〕亚里士多德:《修辞学》，罗念生译，北京：生活·读书·新知三联书店 1991 年版，第 138 页。

赢官司之后，提西阿斯并没有履行自己的承诺，支付学费，于是克拉克斯将其告上法庭。在法庭上，克拉克斯控告说：如果你打赢了这场官司，你必须付给我学费，因为这证明了我的学问有用了；而如果你输了官司，你也同样要付学费给我，因为法律会让你这样做的。因此，无论如何，你都得付学费给我。而提西阿斯则辩驳道：我一分钱也不用付给你，因为，如果我输了官司，这说明你的教学一文不名；而如果我赢的话，法庭将会宣判我不用支付学费。因此，无论如何，我都不会付学费给你。① 结果陪审员一怒之下将师徒二人哄出法庭，并说提西阿斯是"一个坏乌鸦下的一个坏蛋"。② 由此可见，提西阿斯将克拉克斯的"可能性"辩论发挥到了极致。在克拉克斯的基础之上，提西阿斯对演说内容的结构作了进一步的划分，中间插入了论证的部分。于是提西阿斯和克拉克斯一道就被成为古希腊修辞学的创始人和西方"修辞学之父"。

克拉克斯和提西阿斯是古希腊修辞学创始人的说法是后世学者根据亚里士多德的记述提出的。西塞罗在《布鲁图斯》（*Brutus*）中说，亚里士多德认为修辞学起源于西西里僭主政治的倒台，克拉克斯和提西阿斯是修辞学的创始人和第一个实践这门技艺的人。③ 因此在《论演说家》（*De Oratore*）中，西塞罗指出克拉克斯和提西阿斯通常被视为修辞学的发明者和奠基人。④ 的确，亚里士多德也在《修辞学》中提到了克拉克斯是最早编写修辞学课本的人。⑤

第二种观点则认为，恩培多克勒是修辞学的创始人。第欧根尼·拉尔修指出，亚里士多德在他的《智者》（*Sophist*）中说恩培多克勒首先发现了修辞学，而芝诺则发现了辩证法。⑥ 昆提良也有类似的说法。在《演说家教育》（*Institutio Oratoria*）中，昆提良说尽管克拉克斯和提西阿斯也撰写了早期的修辞学课本，但是修辞学的历史是从恩培多克勒开始

---

① James J. Murphy, "The Origins and Early Development of Rhetoric", in James J. Murphy (ed.), *A Synoptic History of Classical Rhetoric*, Davis: Hermagoras Press, 1983, p.6–7.
② Stephen Usher, *Greek Oratory: Tradition and Originality*, Oxford: Oxford University Press, 1999, p.3.
③ Cicero, *Brutus* 46–48.
④ Cicero, *De Oratore* I. XX. 91.
⑤ 参见〔古希腊〕亚里士多德：《修辞学》，罗念生译，北京：生活·读书·新知三联书店1991年版，第138页。
⑥ Diogenes Laertius 8.2.57；另参见苗力田主编：《亚里士多德全集》之《卷十·残篇》，北京：中国人民大学出版社1997年版，第135页。

的。而且他还将高尔吉亚作为恩培多克勒的学生加以介绍。① 为什么亚里士多德的著作中对修辞学创始人会出现前后截然不同的两种说法呢？是亚里士多德的笔误还是西塞罗或者第欧根尼·拉尔修的虚构呢？对此已经无从可考。不过，乔治·肯尼迪的解释是：或许亚里士多德认为克拉克斯和提西阿斯与恩培多克勒分别代表了公元前5世纪上半期两条各自独立发展的修辞学传统：前者代表一种"可能性"辩论的劝服修辞学（persuasive rhetoric），包括修辞学课本的创作；后者代表一种以研究辞格为主的诗一样风格的比喻修辞学（tropological rhetoric）。② 不过，这种折中的解释看来似乎也很难令人满意。如前所言，现代学者更倾向于接受克拉克斯和提西阿斯是古希腊修辞学的创始人的说法，并称之为西方"修辞学之父"。然而，即便是克拉克斯和提西阿斯是古希腊修辞学创始人的传统观点也受到了学者的挑战。

第三种观点认为，柏拉图是修辞学的创始人。对于克拉克斯和提西阿斯是修辞学创始人的传统观点，托马斯·科勒（Thomas Cole）和爱德华·斯奇亚帕（Edward Schiappa）提出了不同的看法。他们认为，作为一个概念和一种思考说话的系统方法，修辞学是古典时期的发明，确切地说产生于公元前4世纪，是一种"典型的前4世纪的现象"。科勒认为将修辞学的起源归于提西阿斯和克拉克斯是错误的。因为他们两人的修辞学课本或许是对同时代演说的简单描述，他们创作演说词是为了练习和表演，并不是对演说的总体的分析和研究，所以这两个西西里人对修辞学的贡献都是微不足道的。相反，当柏拉图和亚里士多德将行为方式研究和事件研究相结合的时候，作为一门说话的艺术，修辞学建立起来。从古代甚至一直到当代，修辞学是用柏拉图和亚里士多德的语言定义，这就决定了它存在的前提条件。③ 斯奇亚帕指出，希腊文 rhetorike 一词是柏拉图在创作《高尔吉亚》时首次创造使用，约在公元前385年，而公元前5世纪 rhetorike 在任何被认为应该使用这一术语的相关资料中却没有出现，在此期间，相关资料中用的都是 logos 或 legein。比如，公元

---

① Quintilian, *Institutio Oratoria* 3.1.
② George A. Kennedy, *A New History of Classical Rhetoric*, Princeton: Princeton University Press, 1994, p.18.
③ Thomas Cole, *The Origins of Rhetoric in Ancient Greece*, London: Johns Hopkins University Press, 1991, p.19.

前5世纪的戏剧家欧里庇得斯使用 legein 描述语言或者说话者，用 peitho 描述劝说，用 logos 指辩论或者演说。阿里斯托芬在《云》中也没有使用 rhetorike，而是反复使用 legein 指演说，使用 logos 指辩论或者语言。所以斯奇亚帕说，《云》最初于公元前423年上演，如果 rhetorike 一词为智者使用，或者与其有什么联系的话，阿里斯托芬不可能不使用 rhetorike 一词。因此，rhetorike 没有出现在阿里斯托芬的剧本中，这说明此术语还没有出现，有关克拉克斯和提西阿斯的修辞学起源的传说在很大程度上是后来的杜撰。①

诚如理查德·马丁（Richard Martin）所说，各种各样相互矛盾的关于修辞学起源的证据显得混乱不堪，因此很难从中获得真实的信息。②那么如何认识修辞学的产生这一问题呢？首先让我们从分析科勒和斯奇亚帕的观点入手。如前所述，他们关于修辞学产生的核心观点是：作为一门研究如何有意识地运用口头媒介向某一特定群体成功地传达信息的学问，修辞学是公元前4世纪才有的现象。笔者认为，科勒和斯奇亚帕的观点至少存在以下几点疑问。

第一，从现存的相关资料来看，希腊文 rhetorike 一词的确是公元前4世纪柏拉图首次在《高尔吉亚》中使用的③，但是，这与修辞学的产生似乎没有必然的联系。也就是说，事实与术语之间未必同步。一般而言，对某一事实命名的术语可能会经历一个不断发展变化的过程，直至最后固定下来，被普遍接受。换言之，在 rhetorike 一词未出现之前，作为实践活动的修辞学业已存在，只不过人们对之有不同的称呼，或称之为 techne logon，或称之为 techne peitho，④ 而不是后来的 techne rhetorike。但这些词都是指"说话的艺术"或者"演说的艺术"。这正如古希腊人对民主政治的称呼一样。在希腊文 demokratia 一词未出现之前，古希腊

---

① Edward Schiappa, "Did Plato Coin Rhetoric", in *The American Journal of Philology*, Vol. 111, No. 4 (Winter 1990), pp. 457–470.

② Richard Martin, "Book Reviews", in *Classical Philology*, Vol. 88, No. 1 (Jan., 1993), pp. 77–84.

③ 事实上，rhetorike 一词在公元前4世纪作品中出现的频率很低，也就是偶尔在柏拉图和亚里士多德的作品中出现过而已。

④ 在 rhetorike 为出现之前，peitho 被用于描述后来所谓的演说术，意思为"劝服"。另一个被经常作为演说术使用的希腊词是 logos，字面意思是"话"，但是也指"说话、辩论或推理。"参见 George A. Kennedy, *Classical Rhetoric and Its Christian and Secular Tradition from Ancient to Modern Times*, second edition, Chapel Hill: The University of North Carolina Press, 1999, p. 1.

人使用 isonomia 或者 isegoria 指代民主政治，这在希腊人著作中有所体现。例如，在雅典人战胜了彼奥提亚人和科尔启斯人之后，希罗多德评论道："权利的平等（isegoria），不是一个例子，而是在许多例子上证明本身是一件绝好的事情。当雅典人是在僭主的统领下的时候，他们在战争中并不比他们的邻人高明，可是一旦他们摆脱了僭主的桎梏，他们就远远超过了他们的邻人。因而这一点表明，当他们受着压迫的时候，就好像为主人做工的人们一样，他们是宁肯做个胆小鬼的，但当他们给解放的时候，每个人都尽心竭力地为自己做事情了。"① 在这里，希罗多德用 isegoria 即"权利的平等"指代雅典民主政治，说明希波战争的胜利是以雅典为代表的民主下的自由对以波斯为代表君主下的奴役的胜利。芬利指出："isegoria，即公民大会上平等的发言权，有时被希腊作家用作民主政治的同义词。"② 十分明显，希腊文 demokratia 一词的出现与民主政治的建立并不是同步的。所以，米歇尔·加加林（Michael Gagarin）指出："不论有没有 rhetorike 这一术语，柏拉图之前的知识分子可能已经在写类似后来修辞学的演说理论，而且无疑他们已经在讨论演说的理论和技巧。"③ 事实也正是如此。

第二，即便如科勒所说的克拉克斯和提西阿斯两人的《修辞学课本》并不是对演说术的总体分析和研究，但是这两个西西里人对修辞学的贡献应该是里程碑似的，具有划时代的意义，而不是科勒所谓的是"微不足道"的。显然，在此之前，还没有人专门从事专业的修辞学教育和训练。辛克斯（D. A. G. Hinks）说："撇开演说实践何时开始不论，我们所知道的最初试图建立系统演说术原则的是在公元前 5 世纪。这一最早的理论体系当然不够完备：它既不可能广泛，也不可能井然有序。但是它们是之前根本就不存在的东西：说话的理论原则。当这些原则被第一次展现出来时，修辞学就诞生了。"④

第三，公元前 5 世纪至前 4 世纪，以雅典为典范的古希腊演说已经相当发达和繁荣。此时，演说不仅应用于公民大会、公民法庭、国葬典

---

① 〔古希腊〕希罗多德：《历史》，王以铸译，北京：商务印书馆1959年版，第379页。
② M. I. Finley, *Democracy Ancient and Modern*, London: The Hogarth Press, 1985, p. 19.
③ Michael Gagarin, "Probability and Persuasion: Plato and Early Greek Rhetoric", in Ian Worthington (ed.), *Persuasion: Greek Rhetoric in Action*, London: Routledge, 1994, p. 49.
④ D. A. G. Hinks, "Tisas and Corax and the Invention of Rhetoric", in *The Classical Quarterly*, Vol. 34, No. 1/2 (Jan.-Apr., 1940), pp. 61–69.

礼和泛希腊运动会等各种公众集会上，而且雅典还产生了众多著名的演说家和专业的修辞学校，保存下来的古希腊演说词也主要是这一时期的作品，这些都是不可争辩的事实。因此，比较合理的推论应该是修辞学的产生只可能是之前而不是与之同时代。

第四，公元前4世纪的亚里士多德之所以在追溯修辞学的源头，这本身就说明修辞学在此之前业已产生，或者说修辞学的产生已有相当长的一段时间。显然，如果是柏拉图创立了修辞学，作为其弟子，亚里士多德是不可能不知道这一事实的。所以卢赛尔（D. A. Russell）评价科勒的《古希腊修辞学的起源》一书道："多年来，虽说托马斯·科勒的著作是一本探讨古希腊修辞学起源最富有智慧和最具启发性的著作，但这并不表明它的观点具有完全的说服力。"① 因此，修辞学产生于公元前4世纪柏拉图在《高尔吉亚》中第一次对 rhetorike 一词使用的观点未免过于牵强。

既然修辞学非柏拉图所创，那么修辞学是否起源于克拉克斯和提西阿斯的创造抑或恩培多克勒的发明呢？问题在于，亚里士多德为什么会有截然不同的说法呢？是亚里士多德的笔误还是西塞罗或者第欧根尼·拉尔修一厢情愿的杜撰呢？或者如乔治·肯尼迪所说的克拉克斯、提西阿斯和恩培多克勒分别代表了两种风格迥异的修辞学的起源呢？对此，笔者也不敢妄下结论。不过在《辩谬篇》（*On Sophistical Refutations*）中，我们发现亚里士多德对修辞学的诞生和发展有一段较为客观而又审慎的表述，从中我们也许会得到一些有益的启示。他说："在语言修辞方面，以及在其他所有技术方面，也发生同样的情况，那些对修辞学的开端有所发现的人仅仅是迈进了一小步；而今天那些有名的学者，由于继承了那些逐渐推进了修辞学的许许多多前辈的遗产，已经使修辞学达到了现在日臻完善的地步——在那些最早的创立者们之后是提西阿斯，提西阿斯之后是茨拉序马科斯，继茨拉序马科斯之后是泰奥多罗斯。还有许多其他人对此作过大量的贡献，所以这门学问具有大量丰富的内容就不足为奇了。"② 亚里士多德的这段记述不仅说明了修辞学的产生经历了一个

---

① D. A. Russell, "Notices of Books", in *The Journal of Hellenic Studies*, Vol. 112（1992），pp. 185 – 186.

② 〔古希腊〕亚里士多德：《辩谬篇》，见苗力田主编：《亚里士多德全集》卷一，北京：中国人民大学出版社1990年版，第620页。

相当漫长而缓慢的积累过程，而且他也明确指出修辞学的创立者既非西塞罗所说的克拉克斯和提西阿斯，也非第欧根尼·拉尔修所说的恩培多克勒，而是"许许多多的前辈们"。这正是为什么这段文字中没有克拉克斯或恩培多克勒的名字的原因。显然，他们只不过是"许许多多前辈们"中的一员而已。如果说恩培多克勒已经无从可考，① 那克拉克斯则是亚里士多德本人在《修辞学》一书中所提到的最早编写《演说术课本》（即《修辞学课本》）的人。② 尽管如此，亚里士多德也没有说其是修辞学的创立者，而是用"许许多多的前辈们"加以概括。换句话说，修辞学的创立者是诸多前辈，而轻率地将其创始人说成是某个人或者某几个人，无论是克拉克斯和提西阿斯还是恩培多克勒，都有失偏颇。所以奥马尔·斯沃兹说："十之八九，修辞学的起源不能简化到一个像克拉克斯这样的人，而是它的发展更多是公元前 5 世纪古希腊文化发展的一种结果。"③

因此，客观地说，将修辞学的兴起归结于克拉克斯、提西阿斯或者恩培多克勒三个人中的任何一个或两个人应该是后人的一种理想模式和追本溯源的情结。这正如爱德华·萨义德（Edward W. Said）所言："起源只不过是追溯过程中的必然发现或者建构。"④ 因此，我们不能排除克拉克斯、提西阿斯和恩培多克勒是后人在追溯修辞学起源时的一种必然发现和建构。对后人而言，无论是克拉克斯、提西阿斯，还是恩培多克勒，在修辞学起源的问题上，他们都只不过是个名称或者符号而已。但是他们的名称和他们的故事却起着一个重要的文化功能，传递着这样一种文化信息，即通过他们的故事，我们知道公元前 5 世纪中期，修辞学在古希腊的叙拉古城邦诞生了。诚如辛克斯所言，尽管这一理论体系还不够完备，但它们是之前根本就不存在的东西，而当这些原则被第一次

---

① 虽然第欧根尼·拉尔修说亚里士多德在《智者篇》里说恩培多克勒发现了演说术，但是亚里士多德的《智者篇》已经失传，故而无从考证。

② 参见〔古希腊〕亚里士多德：《修辞学》，罗念生译，北京：生活·读书·新知三联书店 1991 年版，第 138 页。

③ Omar Swartz, *The Rise of Rhetoric and Its Intersections with Contemporary Critical Thought*, Colorado: Westview Press, 1998, p. 53.

④ Edward W. Said, *Beginnings: Intention and Method*, New York: Basic, 1975. 转引自 Josiah Ober, *The Athenian Revolution: Essays on Ancient Greek Democracy and Political Theory*, Princeton: Princeton University Press, 1996, p. 146.

展现出来时，修辞学就开始了。① 所以，公元前 5 世纪中期修辞学的兴起是对希腊社会早期演说实践和演说术的总结和系统研究，它的兴起是古希腊社会政治文化发展的一种结果，是希腊民族集体智慧的结晶，克拉克斯和提西阿斯只不过是一种文化符号，起着相应的文化功能。而修辞学兴起的重要意义就在于它为演说的学习和训练提供理论上的指导，使得演说的学习和训练有章可循。希腊智者的出现正迎合了这种需求，他们在雅典研习修辞学，掀起一场以传授演说技巧为核心内容的"智者运动"（Sophists Movement），从而推动了古希腊演说的进一步发展。

第二节　智者运动

通常认为古希腊修辞学诞生于公元前 5 世纪中期的叙拉古城邦，是为了适应新建立的民主政治的一些现实需要。因此可以说，古希腊修辞学的诞生促进了古希腊演说的进一步发展。在这过程中，公元前 5 世纪中期古希腊智者的出现又起着直接的推动作用。他们编订修辞学课本，收费授徒，传授演说技能，在古希腊尤其是雅典城邦推动一场以传授演说术为核心内容的智者运动，从而进一步推动古希腊演说的发展。

智者一词源于古希腊语 sophistes，意思是"拥有智慧的人"。因此，严格说来，它可以用于指任何具有智慧之人，比如雅典政治领袖梭伦就被称为智者。但是，随着演说在古希腊雅典城邦的发展和兴盛，智者一词的概念又在不断地变化。西方一位学者将智者区分为前后相继的三个阶段：第一阶段是像梭伦之类的立法者，他们以法律的形式创造智慧；第二阶段是像伯里克利或者地米斯托克利之类的政治领袖，他们将智慧运用于处理现实事务；第三阶段是像普罗塔戈拉或者高尔吉亚之类的"智慧之师"，他们声称具有传授智慧和雄辩的能力。② 而我们所要讨论的智者正是第三类，即指公元前 460 年至前 380 年左右，在希腊历史上出现一批以雅典为活动中心，活跃于希腊各城邦，收费授徒，传授演说术、诉讼、治理城邦以及其他各种知识的职业教师。由智者们所掀起的

---

① D. A. G. Hinks, "Tisas and Corax and the Invention of Rhetoric", in *The Classical Quarterly*, Vol. 34, No. 1/2 (Jan.-Apr., 1940), pp. 61–69.

② James J. Murphy, "The Origins and Early Development of Rhetoric", in James J. Murphy (ed.), *A Synoptic History of Classical Rhetoric*, Hermagoras Press, 1983, p. 8.

这场传授演说术、诉讼、治理城邦以及其他各种知识的运动被称为"智者运动"。正是在这层意义上,尽管智者的学术观点各异,但是他们仍被视为古希腊一个哲学派别。虽然后来智者这一概念具有贬义,指诡辩家,但是诚如古斯瑞(W. K. C. Guthrie)所言,至少在苏格拉底生活的年代,智者一词是被用于指向年轻人收费传授知识和公共演说术的职业教师这一特殊阶层。① 很显然,"尽管智者们来自希腊诸邦,并不断把进行旅行当作其职业活动的一部分。然而他们都去过雅典,而且很明显,在公元前5世纪的后半叶将近60年的时间里,雅典一直是'智者运动'的真正中心。的确,在很大程度上,如果没有雅典,这场运动就几乎完全不会出现。"② 无论是普罗塔戈拉、高尔吉亚,还是普罗狄科、希庇亚等,他们都经常出入雅典,在希腊,只有雅典才是他们活动的中心。因此,爱德华·策勒尔(Eduard Zeller)说:"无论他们(指智者)出生何处,也不论他们旅游到了多远的地方,他们总是要设法回到雅典,他们当中有个人把雅典当作希腊的智慧之都。"③ 学者研究指出,从现存的著作来看,大多数智者都是用阿提卡方言而不是本地方言或爱奥尼亚方言来写作,阿提卡方言在5世纪中期后就成为最学术性的交流语言。而且,他们的著作也以其他方式反映他们雅典听众的思想。④ 智者为什么会掀起这场以传授演说技能为核心内容的运动呢?

其实,"智者运动"的兴起有赖于雅典民主政治的氛围。如前所述,雅典民主政治是建立在口头运作的基础之上。无论是公民大会的决策还是公民法庭的判决,它们都是在政治领袖的演说提议或者诉讼人的演说控告或辩护之后由民众或者陪审员直接进行投票表决。而政治领袖在公民大会上的提议能否被通过,在公民法庭的控告或辩护能否胜诉,这关键要看他们能够在多大程度上说服民众或者陪审员。因此,对于雅典的政治领袖和那些准备成为政治领袖的公民而言,掌握运用语言说服的技艺就显得特别重要。但是,诚如古希腊的修辞学教师伊索克拉底所言,

---

① W. K. C. Guthrie, *The Sophists*, Cambridge: Cambridge University Press, 1971, p. 35.
② 〔英〕柯费尔德:《智者运动》,刘开会、徐名驹译,刘开会、张琴校,兰州:兰州大学出版社1996年版,第16页。
③ 〔德〕策勒尔:《古希腊哲学史纲》,翁绍军译,贺仁麟校,济南:山东人民出版社1992年版,第86页。
④ Michael Gagarin, *Antiphon the Athenian: Oratory, Law, and Justice in the Age of Sophists*, Austin: University of Texas Press, 2002, p. 11.

演说技艺的获得不仅需要天分,而且还要有后天的教育和实践。在《易物》(Antidosis) 中,伊索克拉底说:"我对他们说如果他们想精于演说或者处理事务或者任何工作的话,他们首先必须对他们所选择的事务具有一种天赋;其次他们必须接受训练并掌握某一主题的相关知识,无论是在哪个领域;最后他们必须熟练和练习运用这门技艺。"① 显然,希腊传统的读写、体操、音乐和绘画教育已经不能满足公民参政、议政的需要,因此,作为运用语言进行说服的演说术,一种参政的手段或者方法,就需要有专门的教育和训练。可以说,智者的出现正是迎合了希腊社会尤其是雅典民主政治生活的这一需求,他们开始在某种程度上集中关注演说的技巧和语言交流的问题,并在雅典传授演说术。所以杰奎林·罗米利(Jscqueline de Romilly)评价说:"智者的出现改变了这一切,他们教授如何演说,如何推理,如何决策,而这些都是民众一生中所期望做的事情。现在智者可以提供体育、音乐甚至诗之外的其他东西。智者提供给年轻人成功的武器不再是建立在力量和勇气的基础之上,而是建立在运用智力的基础之上。"② 正如在他们之前承担口头社会民众教育的行游诗人一样,智者也承担了希腊公民教育,不过他们传授的是与民主政治权力核心相关的说话的技艺即演说术。智者是向谁传授的呢?

众所周知,智者是收费传授演说术和治理城邦的知识的,而且费用昂贵。据说苏格拉底听智者普罗狄科一次课程花的费用是 1 德拉克马。③ 普罗狄科一场演说可能收费 50 德拉克马。④ 普罗塔戈拉一门课收取 10000 德拉克马。⑤ 因此,相比同时期一个技术熟练工人一天的工资是 1 德拉克马而言,智者收取的学费相当昂贵,一般只有贵族和富有阶层才能负担得起,而普通民众根本无法问津。不仅如此,由于研习演说术需要大量的闲暇时间进行训练,因而也只有贵族和富有阶层才能抽得开身。所以在雅典,一般只有贵族和富有阶层的子弟才能够享受演说术的教育

---

① Isocrates, *Antidosis* 187.
② Jscqueline de Romilly, *The Great Sophists in Periclean Athens*, translated by Janet Lloyd, Oxford: Oxford University Press, 1992, p. 33.
③ Plato, *Meno* 96d.
④ Christopher Carey, "Epideictic Oratory", in Ian Worthington (ed.), *A Companion to Greek Rhetoric*, Oxford: Blackwell Publishing, 2007, pp. 204–219.
⑤ Teresa Morgan, "Rhetoric and Education", in Ian Worthington (ed.), *A Companion to Greek Rhetoric*, Oxford: Blackwell Publishing, 2007, pp. 303–319.

和训练,掌握演说的技能,他们就是雅典未来的政治领袖。在柏拉图的《普罗塔戈拉篇》中,普罗塔戈拉回答苏格拉底说:"但是从我这,他(指希波克拉底)将学会他要学的东西。是什么呢?即合理地料理私务的知识,以至于他能最好地经营自己的家政;正确地治理城邦事务的知识,**以至于他能成为城邦真正有影响力的人,无论是作为演说家还是行动者**。"① 显然,智者所传授的对象或者说智者所培养的是雅典的贵族和富裕子弟,是雅典未来的政治领袖。所以,策勒尔说,智者教育的目的首先不是培养智者,而是想要给弟子传授一种可以在生活中应用的知识,即生活的技能和控制。② 智者是如何传授演说技能的呢?

首先,智者们发表公开演说,现身说教,展示自己的演说技艺。从柏拉图的《普罗塔戈拉篇》来看,普罗塔戈拉显然就是一个喜欢在公众面前发表演说的人。这正如他自己所说:"我承认自己是位智者兼教育家……因此,如果你们有什么想问我,那我将很乐意在公众面前说一说。"③ 他与伯里克利长达一天的辩论足以说明他是位天生的语言大师,喜好演说和辩论。普鲁塔克说他们两人曾就标枪致人死命一事辩论了一整天,辩题是应该负这次责任的严格说来到底是标枪,还是投掷者,或者还是裁判员。④ 除了经常作为本邦代表出使希腊其他城邦进行交涉外,希庇亚也经常在大庭广众发表演说回答问题。在《小希庇亚篇》(*Hippias Minor*)一开始,欧狄库斯就问道:"苏格拉底,在听过希庇亚优秀的演说之后,你到底有什么要问的吗?"紧接着他又问希庇亚:"希庇亚你会回答苏格拉底的问题,不是吗?"于是希庇亚回答:"那还用说,拒绝回答才是怪事。每次奥林匹亚赛会时,我都从家乡埃利斯赶往赛场,那儿聚集着来自各地的希腊人,我就已经准备好了就不同题目发表演说,回答任何人提出的问题。"⑤ 在《大希庇亚篇》(*Hippias Major*)中,希庇亚对苏格拉底说:"两天后,我也将在这儿(雅典)的费多斯特拉图斯(Pheidostratus)学校发表演讲。这值得一听,而且那儿还有其他更多

---

① Plato, *Protagras* 318e – 319a.
② 参见〔德〕策勒尔:《古希腊哲学史纲》,翁绍军译,贺仁麟校,济南:山东人民出版社1992年版,第83页。
③ Plato, *Protagras* 317b – c.
④ 参见〔古希腊〕普鲁塔克:《希腊罗马名人传》,黄宏煦主编,北京:商务印书馆1990年版,第498页。
⑤ Plato, *Hippias Minor* 363a – d.

的演讲，因此你一定要来，并要带上一位称职的评论家。"① 另外，色诺芬在《回忆苏格拉底》(The Memorabilia) 中记述道，当希皮阿斯（即希庇亚）在离开雅典一个时期又回来的时候，他碰到苏格拉底正在对人谈论着正义的话题。于是他便上去同苏格拉底辩论起来。② 与希庇亚一样，普罗狄科也经常发表演说。柏拉图在《大希庇亚篇》中说普罗狄科经常在雅典进行公开演说，无论是代表城邦还是个人。③ 在色诺芬的《回忆苏格拉底》中，苏格拉底说普罗狄科曾在雅典发表一篇题为《论赫拉克雷斯》(On Heracles) 的著名演说，而且他还忆述了全文。④ 而据《大希庇亚篇》描述，与希庇亚和普罗狄科一样，高尔吉亚也经常在雅典发表演说。苏格拉底说："我的意思是说，高尔吉亚，一位来自林地尼的著名智者，因公事作为他自己城邦的代表来到我们这儿，因为他被公众认为是林地尼最胜任处理他们城邦公务的人；他不仅被公认为是公民大会上最好的说话大师，而且他还与我们的年轻人往来，发表个人演讲，因此从我们城邦赚得大钱。再拿我们杰出朋友普罗狄科来说，他也经常因城邦公务来我们这儿。但是有影响的一次是最近他作为开俄斯使节来访并在议事会的演讲中获得很高的声誉，而且还从个人演讲以及同我们青年的交往中获得巨资。"⑤ 历史学家狄奥多鲁斯·希库路斯说："当高尔吉亚到雅典被带到公民面前时，他向雅典人发表了关于联盟主题的演说，他凭自己新颖的风格而语惊四座。"⑥ 高尔吉亚的演说词《在雅典葬礼上的演说》(Funeral Speech in Athens)、《海伦颂》(Encomium of Helen)、《为帕拉墨得斯辩护辞》(Defence of Palamedes) 分别被部分、大部分甚至相当完整地保存下来。这不仅是高尔吉亚本人身体力行、言传身教的见证，而且也成为后世演说词的典范。所以博恩斯 (Jeroen A. E. Bons) 评价指出："高尔吉亚的教学大概就是以他自己展示的形式进行：向自己

---

① Plato, *Hippias Major* 286b.
② 参见〔古希腊〕色诺芬：《回忆苏格拉底》，吴永泉译，北京：商务印书馆 1984 年版，第 162 页。
③ Plato, *Hippias Major* 282c.
④ 参见〔古希腊〕色诺芬：《回忆苏格拉底》，吴永泉译，北京：商务印书馆 1984 年版，第 47 页。
⑤ Plato, *Hippias Major* 282b – c.
⑥ Diodorus Siculus 12.53.

的学生呈现一场演说范例,供他们观察、记忆、学习和模仿。"①

其次,智者们撰写并出版演说词范本,供学生背诵和仿效。安提丰的诉讼词四联剧(*Tetralogies*)是当时最好的诉讼演说词范例。② 安提丰在历史上以智者、演说家和寡头政治领袖著称。作为政治领袖,安提丰策划并安排公元前411年400人寡头政变。③ 公元前411年寡头政变失败后,参与政变的400人寡头几乎都选择离开了雅典,但是安提丰留下来面对审判。结果安提丰被判有罪并被判处死刑,同时财产被没收充公。作为智者,他思想新奇,对传统的观点和价值持怀疑态度。在《自然》(*Physis*)一书中,他以蛮族人和希腊人为例,论述了认识事物的相似性与差异具有同等重要的意义和价值。他说:"在人的自然属性上,蛮族人和希腊人没什么差别,他们都用嘴和鼻呼吸,他们开心的时候都会笑,受伤害的时候都会哭,都是用眼睛看用耳朵听,用手工作用脚走路等。这些特征是希腊人和蛮族人的共同特征,我们现在忽视了这些自然的共性,从而野蛮地将希腊人和蛮族人区别对待。"④ 安提丰的论述对于古希腊族群认同研究具有重要参考价值和意义。有学者认为安提丰的观点中包含着希腊人与蛮族人彼此互为野蛮人的辩证理解。⑤ 安提丰对希腊人与蛮族人的论述与希罗多德对希腊人与蛮族人的论述有异曲同工之妙。⑥ 作为演说家,安提丰位列阿提卡十大演说家之首,是当时著名的诉讼演说词撰写人,专门代为他人撰写在法庭上的演说词。400人寡头政变失败被控后,安提丰亲自为自己辩护演说。安提丰保存下来的诉讼演说词有3篇,都是涉及谋杀案件。四联剧应该是安提丰为训练诉讼演说技能而专门撰写的诉讼演说词,是现存的最早的演说词范本。四联剧是12篇短

---

① Jeroen A. E. Bons, "Gorgias the Sophist and Early Rhetoric", in Ian Worthington (ed.), *A Companion to Greek Rhetoric*, Oxford: Blackwell Publishing, 2007, pp. 38-46.

② Antiphon, *Tetralogies*.

③ 参见〔古希腊〕修昔底德:《伯罗奔尼撒战争史》,谢德风译,北京:商务印书馆1960年版,第609页。

④ See Michael Gagarin, *Antiphon the Athenian: Oratory, Law, and Justice in the Age of Sophists*, Austin: University of Texas Press, 2002, pp. 66-67.

⑤ Michael Gagarin, *Antiphon the Athenian: Oratory, Law, and Justice in the Age of Sophists*, Austin: University of Texas Press, 2002, p. 71.

⑥ 在希罗多德笔下,希腊人称埃及人为蛮族人,埃及人也称希腊人为蛮族人。这就是说,埃及人与希腊人互为蛮族人。参见〔古希腊〕希罗多德:《历史》,王以铸译,北京:商务印书馆1959年版,第182页。另见蒋保:《论希罗多德的埃及观》,载《学海》2010年第5期,第163—168页。

篇演说词的集子，每组4篇，由2篇控告词和2篇辩护词构成，共计有3组，所以称为诉讼词四联剧。与克拉克斯、提西阿斯、高尔吉亚等智者相比较，安提丰显然对古希腊诉讼演说实践的影响更为深远。米歇尔·加加林评价指出："在公元前5世纪智者的思想活动与公元前4世纪政治领袖和诉讼词撰写人的公共演说之间，他建立起关键的联系，这一点他应该得到更多的赞誉。"① 智者的这一教学方法在柏拉图的对话录《费德诺》中亦有所反映。在《费德诺》的开篇，柏拉图描述了年轻人费德诺研习吕西阿斯的演说词。由于第一次听后留有印象，所以他要求吕西阿斯再重复一遍，不仅如此，他还借来手稿，最终将其全文背下。② 高尔吉亚的《海伦颂》之所以能够流传下来，也无非有赖于后人对它的背诵和模仿。

最后，智者们躬身实践，将演说技能运用于政治生活之中。其实，除了传授演说术之外，智者们还在一定程度上投身于政治，将演说技能用于政治生活，为自己的城邦处理外交事务，进行外交斡旋，从而也推动了古希腊演说的发展。在《尼各马科伦理学》（*Nicomachean Ethics*）中，亚里士多德说："在别的专业里，这个专业的传授者同时也就是它的实践活动者。例如，医生和画家。但政治学则不同，智者们声称传授政治学，但却没有人去实践。"③ 事实并非如此。如前所述，作为林地尼的使节，公元前427年高尔吉亚出使雅典，在雅典的公民大会上发表演说，试图说服雅典支持林地尼对叙拉古的战争。据说，鉴于高尔吉亚的影响，他曾被邀请在雅典发表葬礼演说。要知道，在雅典，只有具有相当地位和名誉的人才能够被邀请在此场合发表演说。另外，据说高尔吉亚还在奥林匹亚竞技会上发表演说，强烈要求希腊各城邦的统一。普罗塔戈拉不仅经常与伯里克利进行辩论，而且他还为雅典的殖民地图里制定法律。智者希波达马斯是雅典皮雷埃福斯港口的设计者。④ 希庇亚在奥林匹克赛会上表演，就任何准备好的议题发表演说，乐于回答任何问题。⑤ 他

---

① Michael Gagarin, *Antiphon the Athenian: Oratory, Law, and Justice in the Age of Sophists*, Austin: University of Texas Press, 2002, p. 182.

② Plato, *Phaedrus* 228 a – b.

③ 〔古希腊〕亚里士多德：《尼各马科伦理学》，苗力田译，北京：中国社会科学出版社1999年版，第240页。

④ William M. A. Grimaldi, S. J., "How do We Get from Corax-Tisias to Plato-Aristotle in Greek Rhetorical Theory?", in Christopher Lyle Johnstone (ed.), *Theory, Text, Context: Issues in Greek Rhetoric and Oratory*, Albany: State University of New York Press, 1996, p. 27.

⑤ Plato, *Hippias Minor* 363c7 – d4.

们甚至有时穿上专业吟游诗人的紫色长袍，以此来增加个人的魅力。①

智者对演说术的言传身教，在希腊，尤其是雅典产生了深远的影响，推动了演说在雅典的进一步发展和繁荣。他们每到一处，随者甚众，柏拉图在《普罗塔戈拉篇》中描述了这一宏大而精彩的场面。对话中是这么描述的：

> 当我们（指苏格拉底和希波克拉底）进屋时正巧碰上普罗塔戈拉在门廊下踱着方步。那些跟在他身后的人排着长长的队伍，一边是希波尼库斯的儿子卡利阿斯，他的继弟、伯里克利的儿子帕拉卢斯，格劳孔的儿子卡尔米德斯；一边是伯里克利的另一个儿子克桑提波司，菲洛麦路斯的儿子腓力庇底斯和普罗塔戈拉最著名的学生——来自门德的安提莫路斯。他正从事专业性的学习，以成为一名智者。他们大多是外邦人——普罗塔戈拉经过每个城邦时把他们吸引过来，带在身边，他就像奥福斯一样用自己的嗓音征服他们，使他们虔诚地跟着——当然，那儿也有一些雅典人。就在我（指苏格拉底）看到他们时，我惊喜地发现：每当他们转头回走时，学生都井然有序地分开，围着普罗塔戈拉绕一圈又回到他们各自的位置跟在后面。有趣得很，他们就是这样如此小心，以至于害怕走到普罗塔戈拉前面或挡着他的道。
>
> 后来，我（指苏格拉底）注意到，厄利斯的希庇亚正坐在对面走廊的靠椅上，围坐在他身边的是阿库美诺斯的儿子厄里科希马库斯，密里尼的斐德诺和安得罗森的儿子安德朗还有他的一些同乡和其他外邦人。他们似乎在询问有关自然科学的问题，很可能是天文学。他一边滔滔不绝地谈论，一边给出具有说服力的解释。
>
> 在那，我（指苏格拉底）也看到了开俄斯的普罗狄科也在市里，占据希波尼库斯过去的一间储藏室；但是现在卡利阿斯已经把它清理干净，让众人住在里面。普罗狄科仍躺在床上，用毛毯和被单裹着，靠他旁边坐在椅子上的是塞拉美斯的波桑尼阿斯和一个年轻人——我想是一个相貌、品德极不错的年轻人。我可能听到他的名字叫阿伽同。那儿就是这个年轻人，还有两个叫安第曼图塞斯的

---

① Teresa Morgan, "Rhetoric and Education", in Ian Worthington (ed.), *A Companion to Greek Rhetoric*, Oxford: Blackwell Publishing, 2007, pp. 303–319.

人和一些其他人。①

柏拉图的这段描述不仅反映了智者的教学场面，而且也细致地刻画了智者在青年中间的地位和影响，他们已深深地为智者的演说术所折服，对其更是崇敬有加。于是当希波克拉底听说普罗塔戈拉又来雅典，天不亮便跑到苏格拉底处，恳请后者为其引见。其当时急切之心情亦当明了。他对苏格拉底说："这就是我为什么到这儿来，劝你代我向他说话的原因：一方面，我还很年轻；另一方面，我既未见过他，也未曾听过他演说——他上次来雅典时我还是个孩子。但是你是知道的，苏格拉底，人人都歌颂他，说他是说话的大师。我们赶快拜见他去，以确信他在这儿。我听说他和希波尼库斯的儿子卡利阿斯在一起。快点！"②

因此，智者在古希腊社会有着深厚的影响，他们以雅典城邦为中心，游走于希腊各城邦之间，编订修辞学课本，收费授徒，教授演说技能和其他治理城邦的技能。可以说，正是在他们的传授、影响和推动下，古希腊演说才得以进一步发展，并逐步走向繁荣。古希腊历史上产生了众多优秀的演说家，如以安提丰、吕西阿斯、德摩斯提尼等为代表的阿提卡十大演说家，以伯里克利、亚西比德、克里昂等为代表的雅典政治领袖和以阿基达马斯、伯拉西达为代表的斯巴达国王等。这正如杰奎林·罗米利所言："与其他专业和技能的教育相比，智者设置的课程不是在于培养更多的智者，而是杰出的演说家、合格的公民和思维敏捷的头脑。"③

小　结

通过以上各节的分析，我们可以看出古希腊演说的进一步发展繁荣有着深刻的社会文化背景。一方面，随着希腊社会早期，至少从荷马时代就业已开始的演说实践积累，再加上公元前 5 世纪中期西西里叙拉古城邦民主政治代替寡头政治这一政治变革带来的社会诉讼案件的陡增，

---

① Plato, *Protagras* 314e – 315e.
② Plato, *Protagras* 310e.
③ Jscqueline de Romilly, *The Great Sophists in Periclean Athens*, translated by Janet Lloyd, Oxford: Oxford University Press, 1992, p. 34.

使得演说这门技能的社会需求增大。在这种情况下,专门研究演说技能的修辞学在西西里应运而生。被誉为"修辞学之父"的卡拉克斯和提西阿斯是否真有其人并不重要,修辞学是否是他或他们创立也不重要,重要的是修辞学在公元前5世纪中期确实诞生了。克拉克斯和提西阿斯可以被视为学者在追溯修辞学起源时所建构的一个修辞学创立者的符号。作为一门系统研究演说技能的学问,修辞学的诞生从客观上推动了古希腊演说的进一步发展。这使之前只能跟随长者学习的这门技能,现在可以有专门的修辞学教师进行教授。另一方面,公元前5世纪中期出现的古希腊智者正是从事修辞学研究、收费传授演说技能的职业教师。他们这样一批人,虽说不是一个真正的学术团体,彼此之间甚至观点相左,但是这一点没有妨碍他们在古希腊雅典城邦推动一场以传授演说技能和治理城邦为核心的运动,即智者运动。智者研究修辞学理论,编订修辞学课本,撰写演说词范本,游走于以雅典为中心的希腊城邦之间,发表演说,以身示范,从根本上影响古希腊社会,推动古希腊演说发展,其中,又以安提丰为最。作为智者、演说家和政治领袖的安提丰,他的多重身份正好体现了他在古希腊修辞学由理论到实践转变过程中的重要作用。这正如米歇尔·加加林评价:"毫不夸张地说,公元前4世纪的演说取代了戏剧作为雅典城邦文化活动最重要的媒介,而且我认为这部分是安提丰的遗产。"[1] 然而,从根本上说,古希腊演说的发展繁荣最主要的原因还是古希腊城邦政治尤其是雅典城邦民主政治生活的需求。这将是下一章所要讨论的内容。

---

[1] Michael Gagarin, *Antiphon the Athenian: Oratory, Law, and Justice in the Age of Sophists*, Austin: University of Texas Press, 2002, p. 5.

第三章 雅典民主政治与古希腊演说的繁荣

民主政治是一种发表演说的体制。

——德摩斯提尼

公元前 5 世纪中期，西西里叙拉古城邦政变，即民主政治代替僭主政治所引发的公民财产诉讼案件的增加催生了一门以研究演说技能为核心内容的新学问——修辞学的诞生。后经普罗塔戈拉、高尔吉亚、安提丰等古希腊智者的推动，演说在古希腊尤其是雅典城邦得以广泛发展，并经历了近两个世纪的繁荣与辉煌，直至马其顿亚历山大对希腊的征服，以至于后人几乎将雅典演说与古希腊演说等同起来，以雅典演说指代古希腊演说。阿提卡十大演说家以及他们所流传下来的 150 篇演说词就是最鲜活的例证。古希腊演说为何得以在雅典得到充分的发展并达到繁荣呢？显然，雅典是古希腊城邦中民主政治最发达的城邦。这正如卡罗·托马斯（Carol G. Thomas）和爱德华·韦伯（Edward Kent Webb）所说："公元前 5 世纪雅典民主政治的发展为对听众发表演说提供了机会，正如叙拉古民主政治代替僭主政治刺激了克拉克斯和提西阿斯对演说理论的兴趣一样。"[①] 本章将从雅典民主政治机构及其运作机制来进一步分析古希腊演说繁荣发达的原因。

第一节 雅典公民大会的组织模式

公民大会是雅典民主政治体制中最重要的权力机关之一，它集中体

---

① Carol G. Thomas & Edward Kent Webb, "From Orality to Rhetoric: An Intellectual Transformation", in Ian Worthington (ed.), *Persuasion: Greek Rhetoric in Action*, London: Routledge, 1994, p. 58.

现了民众的政治参与和民众对城邦政事的集体商议和集体决策，是民主政治"主权在民"观念的集中体现。那么公民大会始于何时？它拥有哪些权力？它是如何召集？它的会址通常在哪？到底有哪些人能够参加？参加公民大会的人数和规模又如何？参加公民大会公民的待遇又如何？在正式分析其运作机制之前，有必要先对雅典公民大会的组织模式作一了解。

一、公民大会的历史

从现存的史料来看，雅典公民大会最早可以追溯到"王政时代"，是从"王政时代"的民众会议演变过来的。显然，目前还没有任何资料表明爱琴文明时期的国家设有民众会议。而现存有关雅典民众会议最早的记述是古希腊历史学家修昔底德的《伯罗奔尼撒战争史》。修昔底德在追溯雅典历史的时候说："自从西克罗普斯和初期国王的时代一直到提秀斯时代，亚狄迦（即阿提卡）人们总是住在独立的市镇中的，各有各的市政厅和政府。只有处在危急的时候，他们才集合起来，和国王商讨办法；其余的时候，各市镇各自照料自己的事务，作出自己的决定。……但是到了提秀斯作国王的时候，他表现得既明智、又强大。在他改革国家的计划中，最重要的就是取消各市镇的议事会和政府，使他们都团结在雅典的下面，创造一个共有而详慎的民众会议和一个政府机构。"① 其实普鲁塔克也有类似的记载。他说："埃勾斯死后，忒修斯（即提秀斯）设想了一个奇妙的计划，他要把阿提卡的全部居民集中到一个城镇，使他们成为同一个城市中的统一的人民。……他逐个走访所有的城镇和部落，劝说他们接受自己的计划。那些平民和穷人都迅速响应他的号召。对那些有权势的人，忒修斯许诺建立一个没有君王的政府——一个民主政府，他本人在其中只是继续担任战争指挥官和法律监护人，而在其他一切事务上人人都处于平等的地位。……于是忒修斯取消了各个城镇里不同种类的地方政府、议事会和行政机构，在现在雅典城的上城区建立了统一的政府和议事会，他把这个城市命名为雅典，规定了全雅典统一

---

① 〔古希腊〕修昔底德：《伯罗奔尼撒战争史》，谢德风译，北京：商务印书馆1960年版，第117—118页。

的节日。"① 所以每次召集民众会议时，他的公告中总是使用"万方之民，盍兴来此"这句话。② 这里的民众会议就是后来所谓的公民大会。不过此时的民众会议事实上只是摆设而已，真正的权力掌握在国王手中，在民众会议上，普通民众没有说话和发言的权利。比如在阿伽门农召集的一次会议上，当奥德修斯看见一位普通士兵在叫嚷，他就用权杖打他，拿凶恶的话责骂："我的好人，你安静地坐下，听那些比你强大的人说话；你没有战斗精神，没有力量，战斗和议事你都没分量。我们阿开奥斯人不能人人作国王；多头制不是好制度，应当让一个人称君主，当国王，是狡诈的天神克罗诺斯的儿子授予他王杖和特权，使他们统治人民。"③

  公元前 8 世纪左右，雅典王权衰落，雅典由"王政时代"过渡到贵族集体统治的执政官时代。④ 雅典公民大会可能始于执政官时代，或者更严格地说是正式始于梭伦改革。我们说，虽然执政官时代保有"王政时代"的民众会议，但是城邦的行政、军事、司法和宗教等大权均操纵在贵族手中，由贵族构成的执政官和贵族会议掌控城邦的实权。与"王政时代"的民众会议一样，此时的公民大会有名无实，形同摆设。而公元前 594 年执政官梭伦改革的一项重要措施就是剥夺了贵族会议的部分权力，并将其移交至公民大会，从而加强了公民大会的权力，使其成为名副其实的权力机构，而不再是摆设。根据普鲁塔克的说法，梭伦由于担心公民大会权力的膨胀而新设立"四百人议事会"来加以限制。他说："他（梭伦）看到一般人民由于摆脱了债务而浮动和大胆起来，于是又设立另一个会议，包括成员 400 人，由 4 个部族选出，每一个部族

---

① 〔古希腊〕普鲁塔克：《希腊罗马名人传》，黄宏煦主编，北京：商务印书馆 1990 年版，第 24—25 页。
② 参见〔古希腊〕普鲁塔克：《希腊罗马名人传》，黄宏煦主编，北京：商务印书馆 1990 年版，第 25—26 页。
③ 〔古希腊〕荷马：《伊利亚特》，罗念生、王焕生译，北京：人民文学出版社 1997 年版，第 36 页。
④ 亚里士多德在《雅典政制》描述了雅典废黜王政、建立贵族制的具体经过：由于雅典王室在战斗中表现得怯懦无能，家族成员淫佚软弱，因此被迫交出军事指挥权，以换取巴赛琉斯一职的保留并享有与其他执政官相应的特权。于是雅典产生了一位非王室出身的军事指挥官波莱马科斯，开始向集体领导的贵族制过渡。参见〔古希腊〕亚里士多德：《雅典政制》，日知、力野译，北京：商务印书馆 1959 年版，第 3—5 页；另参见〔古希腊〕希罗多德：《历史》，王以铸译，北京：商务印书馆 1959 年版，第 372 页。

各选100人。在人民讨论公共事务之前，他们先行召开讨论；不经过这种事先的讨论，任何一件事情都不得提交公民大会。"① 公元前508—前501年间，雅典公民大会的权力在克里斯提尼的改革中得到进一步加强，而其中最重要的是克里斯提尼提出了一项由公民大会控制并执行的陶片放逐法，其打击对象为威胁现行体制的贵族政治领袖，从而树立了公民大会的权威。② 至公元前462年厄菲阿尔特改革之后，贵族会议即战神山会议（The Areopagos Council）的所有政治职能如监督法律执行等被完全剥夺，移交给公民大会、五百人议事会和公民法庭，仅给其保留了对传统宗教案件的审理权。

因此，从雅典公民大会演变的历史来看，其真正始于公元前594年梭伦改革。梭伦改革之前的公民大会和民众会议只是形同摆设，没有任何实际的权力；梭伦改革之后，公民大会作为权力机构恢复了青春，开始拥有实权。梭伦之后的政治领袖，无论是克里斯提尼还是厄菲阿尔特，他们都只不过是对公民大会权力的扩大、加强和巩固。一直到伯里克利时代，作为雅典最高行政权力机构，公民大会已日臻完善。

二、公民大会的权力

一般认为，公民大会是雅典城邦最高权力机关和决策机构，集立法、行政、司法等大权于一身，是"立法、行政、司法三位一体的国家机关"③。

首先，公民大会拥有行政权，"一切政事或至少是军国大事都必须由其裁决"④，它以法令的形式决策城邦的内政、外交、财务和军政大事。比如在外交上，公民大会有宣战、媾和、结盟和派遣使节等权力。根据修昔底德的记载，伯罗奔尼撒战争爆发前夕，面对斯巴达的最后通牒，雅典召开公民大会，讨论是否对斯巴达宣战。许多人都站起来发了言：

---

① 〔古希腊〕普鲁塔克：《希腊罗马名人传》，黄宏煦主编，北京：商务印书馆1990年版，第186页。
② 参见〔古希腊〕亚里士多德：《雅典政制》，日知、力野译，北京：商务印书馆1959年版，第26页。
③ 施治生、郭方：《古代民主与共和制度》，北京：中国社会科学出版社1998年版，第186页。
④ 〔古希腊〕亚里士多德：《政治学》，吴寿彭译，北京：商务印书馆1965年版，第313页。

有些人认为战争是必要的,有些人反对战争,主张撤销麦加拉法令,不要让它成为和平的障碍。① 而与外交政策相关的城邦防卫、军队的派遣以及军费等相关的军政大权也属于公民大会。比如,伯罗奔尼撒战争爆发后,雅典再次召开公民大会商讨城邦的防务和对策。伯里克利建议雅典避免与斯巴达进行陆战,而是用海军舰队与斯巴达军队进行周旋。为此,他建议雅典人把他们的妻室儿女以及日用家具都从郊外搬进城中。② 公元前415年,雅典人在召开公民大会决定远征西西里之后,他们又举行了一次公民大会,讨论迅速准备远征的船舰,并表决增加军需供给,以适应远征将军们的需要。③ 在《第三篇奥林萨克》(Olynthiac III)的演说中,德摩斯提尼也论述了雅典公民大会讨论派遣军队和筹集军费的问题。他说:"雅典人啊,你们记得,三四年前消息传来腓力在色雷斯围攻赫拉乌姆的堡垒。现在是马迈克特里翁月(Maemacterion,即12月),在公民大会上有一个长时间的、热烈的辩论,最后你们决定派遣一支40艘船的舰队,由年龄在45岁以下公民组成,并筹集了40塔兰特的临时战争税。"④

公民大会又一个重要的行政权力就是为那些在"言语和行动"上对雅典城邦和民众作出重大贡献的公民授予王冠和荣誉,作为对其言行的一种奖励。著名的《埃斯基涅斯诉克提斯丰》(Aeschines against Ctesiphon)一案就反映了公民大会的这一权力。公元前336年春天,克提斯丰在议事会上提议授予德摩斯提尼金冠以作为他对城邦作出重大贡献的一种回报,议事会赞同克提斯丰的提议。但是在公民大会上,提议遭到埃斯基涅斯阻挠,因为他认为此提议是非法的。虽然审判的结果是克提斯丰和德摩斯提尼都被宣判无罪,埃斯基涅斯败诉,但是雅典法令规定只有公民大会才能授予公民王冠则是不可争辩的事实。这正如汉森所说的:"在雅典,惩罚由公民法庭负责,但是对有功劳的公民、侨民和外邦

---

① 参见〔古希腊〕修昔底德:《伯罗奔尼撒战争史》,谢德风译,北京:商务印书馆1960年版,第98页。
② 参见〔古希腊〕修昔底德:《伯罗奔尼撒战争史》,谢德风译,北京:商务印书馆1960年版,第117页。
③ 参见〔古希腊〕修昔底德:《伯罗奔尼撒战争史》,谢德风译,北京:商务印书馆1960年版,第430页。
④ Demosthenes, *Third Olynthiac* 4.

人的奖赏则掌握在公民大会上的民众手中。"①

　　选举城邦重要的行政官员也是公民大会主要的行政权力之一。虽说雅典城邦大多数官职由公民抽签产生，但是对一些重要的职位则由公民大会选举产生。在公元前5和前4世纪，雅典领导军队的十将军由选举产生，而且可以连选连任。显然雅典人相信指挥军队作战需要专门的训练和技能，并不是人人都能胜任。另外公元前4世纪引入的财务官也是由选举产生，如观剧基金管理官、军事基金管理官和水井监督官。城邦官员的选举在公民大会上由公民举手表决产生。②

　　其次，公民大会拥有司法审判的权力。在公元前5世纪和前4世纪前半期，公民大会享有对政治案件审判的权力，主要是对试图颠覆民主政治和搞腐败的公民进行审判。根据希罗多德的记述，由于没有攻占帕洛司，马拉松战役的指挥官米尔提亚戴斯在公民大会上受到阿里普隆的儿子克桑提波司的控告。结果，米尔提亚戴斯被判处50塔兰特的罚金。③ 根据修昔底德的记载，地米斯托克利，波斯战争期间领导取得萨拉米海战胜利的著名政治领袖，由于被认为通敌，雅典公民大会将其放逐。④ 伯罗奔尼撒战争期间，由于安菲波利斯的失陷，当时任雅典将军的历史学家修昔底德被公民大会放逐20年。⑤ 公元前406年雅典十位将军被判死刑也是由公民大会集体宣判的。⑥ 但是大约从公元前355年开始，公民大会被剥夺了对政治案件审判的权力，交还于公民法庭。从此以后，公民大会的权力主要是通过法令决策城邦的内政、外交和军事等事务和选举军事和财务官员。

　　最后，公民大会拥有立法权。至少在公元前5世纪公民大会享有立

---

①　Mogens Herman Hansen, *The Athenian Assembly in the Age of Demosthenes*, Oxford: Blackwell, 1987, p. 114.

②　参见〔古希腊〕亚里士多德：《雅典政制》，日知、力野译，北京：商务印书馆1959年版，第48页。

③　参见〔古希腊〕希罗多德：《历史》，王以铸译，北京：商务印书馆1959年版，第459页。

④　参见〔古希腊〕修昔底德：《伯罗奔尼撒战争史》，谢德风译，北京：商务印书馆1960年版，第94页。另见〔古希腊〕普鲁塔克：《希腊罗马名人传》，黄宏煦主编，北京：商务印书馆1990年版，第259页。

⑤　参见〔古希腊〕修昔底德：《伯罗奔尼撒战争史》，谢德风译，北京：商务印书馆1960年版，第373页。

⑥　Xenophon, *Hellenica* I. 7. 20.

法权,所有的法律、条约和有关内政、外交的决策都是以民众法令的形式呈现出来的。换句话说,公民大会不仅制定法律,而且凡是公民大会通过的其他决议也同样具有法律效力。然而,到公元前4世纪,雅典设立专门的立法委员会,从此公民大会的立法权就移交立法委员会。

总之,公民大会对战争与和平、媾和、财政、立法、公共事务,对政府所有活动都具有最后的决定权。的确,公民大会的权力是决定性的,一个著名但是颇具讽刺意味的例子是:在伯罗奔尼撒战争后期的一个短暂时刻,雅典公民大会投票取消民主政治,建立起"四百人政治"的寡头统治。①

三、公民大会的规模

首先,在参加公民大会的人数上。在雅典民主政治下,虽说所有公民即年满20岁的男子均可参加公民大会,行使权力,而无任何财产限制,但是并非所有符合条件的公民都参加公民大会。以公元前4世纪为例,汉森根据现存的文字资料和对公民大会遗址的考古发掘资料分析指出,公元前4世纪参加公民大会的人数一般在6000人左右。② 目前这一数字在学术界基本上为其他学者认可和接受。而雅典公民当时在3万人左右,如果再考虑到路途、农忙等客观因素,公民大会6000人的规模已是相当可观。但是近来学者的研究表明,经常出席公民大会的公民应该是城市居民和中近郊农民。③ 其次,在公民大会召开的时间上。公民大会开始后,一般持续一天,即在一大早太阳刚刚升起的时候召开,通常在天黑之前结束。所以民众有必要自备食物和饮料(通常是酒和水)前来普奈克斯参加公民大会。④ 而且由于公民大会是在露天举行,一旦下雨,公民大会将休会。⑤ 但是,如果事务繁多,公民大会可以延续到第二天。不过,持续两天的大会被认为是两次公民大会,因此无疑要付给

---

① 参见〔古希腊〕修昔底德:《伯罗奔尼撒战争史》,谢德风译,北京:商务印书馆1960年版,第608—611页。

② Mogens Herman Hansen, *The Athenian Assembly in the Age of Demosthenes*, Oxford: Blackwell, 1987, p. 17; *The Athenian Democracy in the Age of Demosthenes*, Oxford: Blackwell, 1991, p. 313.

③ 参见施治生、郭方:《古代民主与共和制度》,北京:中国社会科学出版社1998年版,第188页。

④ Aristophene, *Ecclesiazusae* 306 – 308.

⑤ 参见〔古希腊〕阿里斯托芬:《阿卡奈人》,见《阿里斯托芬喜剧六种》,罗念生译,上海:上海人民出版社2004年版,第45页。

与会者两次津贴，但是只召集一次，而且两次大会也只有一个日程。①最后，在公民大会召开的次数上。一般认为，在公元前 5 世纪后半个世纪和公元前 4 世纪，雅典平均每年至少召开 40 次公民大会，即每个主席团每年在自己的任期内负责召开四次。② 而在每个主席团召开的四个会议中，有一个是首要会议，其他三个是一般会议。但是除了一般公民大会之外，每当有紧急事件需要立即采取措施，或者每当民众决定召开特别会议讨论重要问题的时候，雅典人会召集特别公民大会。因此，有关雅典公民大会的规模，正如汉森所言：在实际生活中，雅典公民所表现出的政治生活水准，无论从参与公民大会的人数、频率或是参与程度来看，在世界历史上都是绝无仅有的。③

四、公民大会的召集与主持

早在"王政时代"，公民大会一般是由王根据需要命令"嗓音洪亮的传令官"负责召集。④ 整个"古典时代"，公民大会一般是由五十人主席团（prytaneis）负责召集。⑤ 通常的程序是，根据法律，他们在议事会大厅前的英雄铜像前提前 4—5 天公布公民大会日程，告知大会的议题、时间和地点。公民根据公告上的时间和地点前来参加公民大会。根据修昔底德的记述，雅典将军也可以召集公民大会。修昔底德写道："伯罗奔尼撒人第二次侵入亚狄迦之后，雅典人的精神有了一个改变。……现在他们开始谴责伯里克利，……他们把他们所有的愤怒情感转移到伯里克

---

① 参见 Mogens Herman Hansen, *The Athenian Assembly in the Age of Demosthenes*, Oxford: Blackwell, 1987, p. 32。

② 雅典人使用两种年历，即节日历和议事会历。节日历，每年分为 12 个月，每个月 29 天或 30 天；议事会历，每年分为十个主席团月，其中前四个主席团任职 36 天，后六个主席团任职 35 天。公民大会就是由主席团根据议事会历轮流召集，但是在节日和谋杀案件审判的日子不召集公民大会。参见〔古希腊〕亚里士多德：《雅典政制》，日知、力野译，北京：商务印书馆 1959 年版，第 47—48 页；Mogens Herman Hansen, *The Athenian Assembly in the Age of Demosthenes*, Oxford: Blackwell, 1987, p. 31。

③ Mogens Herman Hansen, *The Athenian Democracy in the Age of Demosthenes*, Oxford: Blackwell, 1991, p. 313。

④ 详见〔古希腊〕荷马：《伊利亚特》第 2、7、9 卷，罗念生、王焕生译，北京：人民文学出版社 1997 年版；〔古希腊〕荷马：《奥德赛》第 2 卷，王焕生译，北京：人民文学出版社 1997 年版。

⑤ 〔古希腊〕亚里士多德：《雅典政制》，日知、力野译，北京：商务印书馆 1959 年版，第 48 页。

利身上了。……因为当时他还是将军，所以他召集民众会议，想鼓舞他们的勇气，并且想把他们的激昂情绪引向较为温和而自信的情绪上去。"① 但是除此之外，鲜有材料表明将军具有召集公民大会的权力。因此，可能的解释是：如果想召开公民大会，将军可以说服五百人议事会通过法令要求五十人主席团召集。② 而其他机构如立法委员会等如想召开公民大会也同样如此，即通过五十人主席团来召集。因此，一般而言，公民大会是由五十人主席团提前四天负责召集。五十人主席团召集的公民大会又是由谁来主持呢？

公元前5世纪，公民大会由五十人主席团主席主持。他由抽签选出，任职一夜又一天，不得延长，也不得再度任职。③ 公元前400年左右，五十人主席团主席一职转至新抽签产生的九人主席团，其中一人被任命为主席，负责主持公民大会。九人主席团可能是在公元前403年或前402年民主政治恢复后引入的，旨在避免主持会议的腐败。因为五十人主席团主席是在头天日落的时候任命的，任职一夜又一天，而九人主席团主席则是在清早公民大会开始前任命。雅典人这样做可能是因为他们担心五十人主席团主席头天夜里有接受贿赂的可能。④ 其实主席团主席之所以会遭受贿赂就是因为他们还具有检查议程、评估投票和解散会议等权力。⑤

五、公民大会的会址

根据普鲁塔克的记载，公民大会最初是在雅典市政广场（agora）⑥举行。据说梭伦当时为了鼓动雅典人发动对麦加拉的战争，他装作神智

---

① 〔古希腊〕修昔底德：《伯罗奔尼撒战争史》，谢德风译，北京：商务印书馆1960年版，第144页。
② Mogens Herman Hansen, *The Athenian Assembly in the Age of Demosthenes*, Oxford: Blackwell, 1987, p. 25.
③ 〔古希腊〕亚里士多德：《雅典政制》，日知、力野译，北京：商务印书馆1959年版，第49页。
④ Mogens Herman Hansen, *The Athenian Assembly in the Age of Demosthenes*, Oxford: Blackwell, 1987, p. 37.
⑤ 〔古希腊〕亚里士多德：《雅典政制》，日知、力野译，北京：商务印书馆1959年版，第49页。
⑥ 市政广场是雅典城邦中的一个公共活动空间，是雅典城邦文化的集中体现。一方面，市政广场是城邦政治和宗教活动的中心；另一方面，市政广场还是公民从事商业活动、朋友聚会和学者讨论学问的理想场所。

失常，然后走到市政广场，头上戴着一顶帽子，当许多人已经聚集在那里的时候，他跳上传令石，背诵他的挽歌。① 而庇西特拉图当时为了赢得民众的支持，他把自己弄伤，然后乘车来到市政广场，向民众控诉他的敌人因为与他的政见不合而阴谋伤害他的生命。结果许多人用愤怒的吼声响应他的控诉。② 公元前462年厄菲阿尔特民主改革后，公民大会通常在距市政广场西南400米处的普奈克斯山举行。会场凭依山坡倾斜的坡势修筑成扇形，酷似古希腊剧场。因此普奈克斯就成为公民大会和民主政治的一个象征。例如，在阿里斯托芬的喜剧《骑士》(*Knights*)中，人物有的拟人化地称为"Mr. Demos of the Pnyx Hill"③。而到公元前4世纪中叶后，卫城西南的狄奥尼修斯扇形剧场则常被作为公民大会会址。这些会址的一个共同特征就是便于演说，它们是为政治领袖演说进行设计的。

第二节　雅典公民法庭的组织模式

公民法庭是雅典民主政治体制中又一重要的权力机构，在司法方面具有最高的权力。城邦的各类案件，无论大小，一经公民法庭的判决即是最后的决定。④ 因此，公民法庭与公民大会一样都是雅典民主政治体制最高权力所寄托的地方，也同样能体现雅典民主政治中"主权在民"观念。在讨论雅典民主政治体制运作之前，同样有必要对雅典公民法庭作一基本了解。

一、公民法庭的历史

公民法庭是雅典执政官梭伦在公元前6世纪初的改革过程中所设置的除四百人议事会之外的又一个民主机构，主要负责审判前来上诉的公

---

① 〔古希腊〕普鲁塔克：《希腊罗马名人传》，黄宏煦主编，北京：商务印书馆1990年版，第173页。
② 〔古希腊〕普鲁塔克：《希腊罗马名人传》，黄宏煦主编，北京：商务印书馆1990年版，第200页。
③ 参见〔古希腊〕阿里斯托芬：《骑士》，见《阿里斯托芬喜剧六种》，罗念生译，上海：上海人民出版社2004年版，第100页。
④ 参见〔古希腊〕亚里士多德：《雅典政制》，日知、力野译，北京：商务印书馆1959年版，第49—52页。

私诉讼案件。① 在梭伦改革之前，雅典所有的诉讼案件主要是由执政官来进行审理判决，"他们对于讼案并且有权作最后判决，而不是像现在那样只进行一度预审"②。据说梭伦规定，在诉讼案件中，如果原告和被告双方中的任何一方对执政官的判决不满的话，那么他可以向公民法庭上诉，请求重新审理，因而公民法庭成为一切公私事情的公断人。③ 此外，梭伦还建立了公诉制度，即任何公民只要其愿意都可以提起诉讼，用亚里士多德的话说就是："任何人都有自愿替被害人要求赔偿的自由。"④而普鲁塔克也同样记载道，梭伦规定"如果一个人遭到袭击，受了伤害，任何有这种能力和意愿的人，都有权把罪犯告发，对他提起公诉"⑤。所以公元前6世纪初的梭伦改革是雅典公民法庭的一个重要发展时期，其重要意义在于对所有案件的最终审判权从原先具有最终裁决权的行政官员转移到由全体公民构成的公民法庭上来。大约到公元前5世纪中期，公民法庭经历一个重要的发展时期。此时，公民法庭由只有权审理公民上诉案件发展为有权首先审理诸多公私诉讼案件，成为雅典名副其实的司法机构。而此时的行政官员，不管是执政官还是其他官员，他们则转

---

① 雅典人把诉讼区分为两种，即私人诉讼（dike）和公共诉讼（graphe）。在私人诉讼中，通常只有直接遭受伤害的人才可以起诉，而在公共诉讼中，任何人都可以自愿提出起诉。事实上，受害的一方有时可以在提起私人诉讼和公共诉讼之间作出选择。然而，当起诉人作出选择的时候，提起公共诉讼而不是私人诉讼决定的意义重大。公共诉讼一般比私人诉讼更加引起注意，因为诉讼人有更多的时间陈述案件，而且这种诉讼案件是由更大的陪审团来进行听审。此外，对被告和原告而言，公共诉讼具有很大的危险性。在私人诉讼案件中，如果被告有罪，那么在大多数案例中他只需向起诉人支付一笔罚金。但是在公共诉讼中，如果被告有罪，那么他有可能遭受罚金（通常支付给城邦）、放逐甚至是死刑的处罚。对公共诉讼的起诉人而言，如果他败诉或者获得不到陪审员票数的五分之一，那么他会受到1000德拉克玛的巨额罚金，而且还会丧失部分公民权。因此，对要在公共诉讼和私人诉讼之间作出选择的起诉人而言，他有必要判定他个人到底想承担多大的风险以及他到底想要给予他的对手何种处罚。参见 Matthew R. Christ, *The Litigious Athenian*, Baltimore & London: The John Hopkins University Press, 1998, p. 26。又见 Mogens Herman Hansen, *The Athenian Democracy in the Age of Demosthenes*: *Structure*, *Principles and Ideology*, Oxford: Blackwell, 1991, p. 192。

② 〔古希腊〕亚里士多德：《雅典政制》，日知、力野译，北京：商务印书馆1959年版，第6页。

③ 参见〔古希腊〕亚里士多德：《雅典政制》，日知、力野译，北京：商务印书馆1959年版，第12页。

④ 〔古希腊〕亚里士多德：《雅典政制》，日知、力野译，北京：商务印书馆1959年版，第12页。

⑤ 〔古希腊〕普鲁塔克：《希腊罗马名人传》，黄宏煦主编，北京：商务印书馆1990年版，第186页。

而为公民法庭进行预审和主持公民法庭。① 所以亚里士多德在评价梭伦改革时指出："向陪审法庭申诉的权利，这一点举手便是群众力量的主要基础，因为人民有了投票权利，就成为政府的主宰了。"② 因此，到公元前5世纪中期，雅典公民法庭开始真正成为雅典的最高司法机关，也是最后的上诉机关。

二、公民法庭的构成和规模

根据亚里士多德的记载，雅典成年男子公民，凡是年龄在30岁以上，不曾欠城邦的债务和不曾失去公民权利的人，都拥有担任公民法庭陪审员的权利。相反，如果任何一个不合格的人担任了陪审员，那么他要被控告，并受到公民法庭的审判。如果被判有罪，将会被处以相应的刑罚或者罚金；如果科以罚金，他便必须入狱，一直到他付清他所有的债务和罚金。③ 但是对任何一个年满30岁的雅典男性公民而言，即便他不曾欠城邦的债务或者不曾失去公民权利，但是他也未必能够担任公民法庭的陪审员。这也就是说并非所有合乎条件的雅典公民都能够出席公民法庭担任陪审员，因为每年出席公民法庭担任陪审员的人数不会超过6000人。以公元前4世纪的雅典为例，在30000名男性公民当中，年逾30岁能够担任陪审员的公民也只不过在20000名左右。④ 因此每年担任陪审员的人数只不过占合格公民总数的四分之一，占全体男性公民的五分之一。而具体的方法是，每年开始的时候，由执政官和司法执政官书记分别从10个部落抽签选出600人，共计6000人。这被选出的6000人必须到雅典南部的阿得忒斯小山举行一种法庭宣誓，即："我将依据公民大会和议事会通过的法令投票裁决。但是如果没有既定的法律可以遵循，我将依据正义，听取当事人双方的陈述，公正地对案件进行表决，不偏

---

① A. R. W. Harrison, *The Law of Athens*, Volume II, Oxford: Oxford University Press, 1971, pp. 2–3.
② 〔古希腊〕亚里士多德：《雅典政制》，日知、力野译，北京：商务印书馆1959年版，第12页。
③ 参见〔古希腊〕亚里士多德：《雅典政制》，日知、力野译，北京：商务印书馆1959年版，第62页。
④ Mogens Herman Hansen, *The Athenian Democracy in the Age of Demosthenes: Structure, Principles and Ideology*, Oxford: Blackwell, 1991, p. 181.

不倚。"① 宣誓之后，他才有资格出席公民法庭，作为潜在的陪审员。至于具体案件的审理而言，公民法庭的构成又有所不同。在公元前 5 世纪，当公民法庭某天开庭审理案件的时候，每年年初选出的 6000 名潜在的陪审员一大早就在法庭门口排队等候，按先后顺序依次进入，一直到满足既定的人数为止，因此后到的人就不能出席公民法庭。但是大约在公元前 403 年的时候，每次出席公民法庭的陪审员也是根据其规模大小通过抽签从 6000 名潜在的陪审员中产生。

既然每年年初选举的 6000 名潜在的陪审员不是公民法庭的人数规模，那么雅典公民法庭的规模到底如何呢？当然，根据案件性质和所涉及金额的大小的不同，公民法庭的规模也就有所不同。据亚里士多德的记载，私人诉讼案件，如果涉及金额少于 1000 德拉克马，由 201 名陪审员构成的公民法庭来审理；如果金额超过 1000 德拉克马，则由 401 名陪审员构成的公民法庭审理。② 至于公诉案件通常由 500 名陪审员构成的公民法庭来审理，但是一些重要的公诉案件可能由几个 500 人法庭合而为一，组成千人公民法庭来审理。③ 西方现代学者的研究表明，雅典公民法庭有 1001 人、1501 人、2001 人和 2501 人等人数不等的规模，甚至出现过 6000 人全部出席审理案件的公民法庭。④

公民法庭召开的时间因诉讼案件性质的不同而表现出巨大的差异。一般而言，公诉案件的审理要持续一整天，约九个小时。其中原告的控告和被告的辩驳各占三小时，余下的三个小时用于陪审员的投票、宣判、关于刑罚的辩论和投票等。⑤ 而在私人诉讼案件的审理中，公民法庭审理的时间也因诉讼金额的大小而不同。诉讼金额超过 5000 德拉克马的案件审理时间最长，持续两个多小时，而诉讼金额少于 1000 德拉克马的案

---

① Mogens Herman Hansen, *The Athenian Democracy in the Age of Demosthenes: Structure, Principles and Ideology*, Oxford: Blackwell, 1991, p. 182.
② 参见〔古希腊〕亚里士多德：《雅典政制》，日知、力野译，北京：商务印书馆 1959 年版，第 56 页。
③ 参见〔古希腊〕亚里士多德：《雅典政制》，日知、力野译，北京：商务印书馆 1959 年版，第 69—70 页。
④ Mogens Herman Hansen, *The Athenian Democracy in the Age of Demosthenes: Structure, Principles and Ideology*, Oxford: Blackwell, 1991, p. 187.
⑤ Xenophon, *Hellenica* 1.7.23.

件审理不到一个小时。① 所以一个 400 人规模的公民法庭一天至少可以审理四起私人诉讼案件。那么公民法庭一年要召开多少次呢?

我们知道，公民法庭的开庭要避开公民大会的召开，原因可能是参加公民大会的公民有可能也出席公民法庭，担任陪审员。另外在一年一度的节日期间和一些禁忌日如战神山会议审理谋杀案件的时候，公民法庭也不开庭。据汉森的研究，除去公民大会召开的时间、一年一度的节日时间以及一些禁忌日，再加上执政官一些人为取舍的因素，一年之中，雅典公民法庭开庭的时间大约是在 175—225 天之间。②

三、公民法庭的会址

古希腊喜剧家阿里斯托芬的喜剧《云》中有这么一段描述：苏格拉底的一个弟子拿出一张世界地图，向前来求学的斯特拉西阿得斯指出雅典的所在地，但是斯特拉西阿得斯反问道："你说什么？我不信！因为我没看见那些陪审员坐在那儿。"③ 的确，对于喜好打官司的雅典人而言，公民法庭显然已经成为雅典的代名词，没有公民法庭的雅典当然是令他们难以置信的。根据案件的性质，雅典公民法庭会在不同的地方举行。不过从公元前 5 世纪早期开始，大多数案件在位于市政广场中的回廊（stoa）中审判。回廊通常整体上狭长，沿后面筑有墙壁，墙壁有时会一直延绵至回廊末端连成一体；回廊前面区域是敞开的，有均匀分布的柱子支撑，并在上面筑有高高的顶棚。由于这里宽敞且可以容纳很多人，所以回廊为人们提供了一个理想的集会场所。古典时期，雅典最古老、最大的法庭可能坐落在市政广场的西南角，此建筑就是回廊结构，苏格拉底可能就是在这里受审的。④ 除了这些回廊建筑之外，雅典的公民法庭在公元前 5 世纪后期至公元前 4 世纪开始是巨大的长方形建筑，无顶，四周有围墙围住，公元前 4 世纪的时候又为正方形的柱廊建筑所取代。

---

① 参见〔古希腊〕亚里士多德：《雅典政制》，日知、力野译，北京：商务印书馆 1959 年版，第 69 页。

② Mogens Herman Hansen, *The Athenian Democracy in the Age of Demosthenes: Structure, Principles and Ideology*, Oxford: Blackwell, 1991, p. 186.

③ Aristophanes, *Clouds* 206 – 208.

④ Christopher Lyle Johnstone, "Greek Oratorical Settings and the Problem of the Pnyx: Rethinking the Athenian Political Process", in Christopher Lyle Johnstone (ed.), *Theory, Text, Context: Issues in Greek Rhetoric and Oratory*, Albany: State University of New York Press, 1996, p. 104.

这些公民法庭的建筑一般都位于市政广场。不过雅典人习惯于将法庭建筑回廊不只用作法庭，有时还作为公民大会开会的场所或者剧院。

四、公民法庭的权力

从公元前6世纪初梭伦建立公民法庭审理公民对行政官员审判不满的上诉案件开始，中间经历了公元前5世纪中期公民法庭正式取代行政官员可以首先审理公民诉讼案件，一直到公元前4世纪，公民法庭的权力才趋于完善和固定。总体而言，公民法庭是雅典最高的司法机构，陪审员的判决是最后的决定[①]，其权力主要集中在两个方面。首先是司法审判权，审理除谋杀案、宗教案和纵火案等之外的一切公私诉讼案件。公民法庭除对案件的初审职能外，还具有对案件的终审权。根据亚里士多德的记载，雅典法律规定任何公民未经公民法庭判决不得处死……凡议事会通过的罪与罚的判决案件必须由法官送交公民法庭，而陪审员的任何投票都应具有最高的权力。[②] 所以苏格拉底在法庭的申辩中指出公元前406年雅典十位将军没有一一经过公民法庭的审判就被集体判处死刑是不符合雅典法律的。[③] 比如用于对在公民大会上提议者指控的"非法提议指控"（graphe paranomon）公诉案件就归公民法庭审判。"非法提议指控"可能始于公元前462年厄菲阿尔特的改革[④]，它是指如果公民大会通过的任何法令或议案与现行的法律相悖，或不符合法定程序，任何公民可以在法令或议案通过后的一年时间内向公民法庭提起诉讼，控告提议者。如果原告胜诉，提议者将会因欺骗和误导民众而被处以巨额罚金、放逐甚至死刑；如果原告败诉，并且未获得陪审员五分之一的票数的话，那么他会被科以罚金并剥夺其再次提出"非法提议指控"的权利。上述公元前406年公民大会所判处的雅典十将军集体死刑的案例中，提出此动议的卡利克赛诺斯等人事后被控欺骗民众而接受公民法庭的审

---

① 参见〔古希腊〕亚里士多德：《雅典政制》，日知、力野译，北京：商务印书馆1959年版，第49、50、52页。

② 参见〔古希腊〕亚里士多德：《雅典政制》，日知、力野译，北京：商务印书馆1959年版，第49—50页。

③ 参见〔古希腊〕柏拉图：《申辩》，见《柏拉图对话集——苏格拉底的最后日子》，余灵灵、罗晓平译，上海：上海三联书店1997年版，第54页。

④ 参见 Mogens Herman Hansen, *The Athenian Democracy in the Age of Demosthenes: Structure, Principles and Ideology*, Oxford: Blackwell, 1991, p. 205。

判。① 而普鲁塔克说戴马狄斯受到七次非法提议指控，被判有罪，而且偿付不起罚金。②

公民法庭的另一个重要权力是对城邦行政官员任职前的资格审查（dokimasia）和任职期满后述职审查（euthynai）。在雅典，所有行政官员任职以前要接受议事会或者公民法庭的资格审查，古希腊人称之为 dokimasia。议事会虽然也参与九执政官等重要官员的资格审查，但是在议事会审查之后还必须移交公民法庭进行再次审查，而行政官员的资格认定最后也是由公民法庭来决断。至于其他行政官员的资格则直接由公民法庭来审查。资格审查所提出的问题首先是："您的父亲是谁，他属于哪一个村社，您父亲的父亲是谁，您的母亲是谁，她的父亲是谁，他属哪一村社？"而后问他是否有一个家庭阿波罗和住宅宙斯以及这些神座在哪里；而后问他是否有家族坟墓以及这些坟墓何在；而后问他待他的父母好不好，他纳税了没有，他服兵役没有。在这些问题提出之后，官吏就说："把证明您这些事实的证人请来。"当他提出他的证人时，官吏又问："有谁要控告这人吗？"如果有任何原告人出来，他就可以发言，而受审者亦有机会答辩，然后官吏把这个问题放在议事会中举手表决，或者在公民法庭中投票表决；但如果没有人要控告他，官吏就立即付诸投票；以前，通常只有一个人投进他的投票球，但是现在所有的人都必须对受审查人投票表决，为的是任何奸狯之人即使幸免于控告者的控诉，他还可能被陪审员取消资格。当事情经过这样审查之后，受审查人就走向那块宰牲祭供的石头去，登上这块石头，宣誓说，他们将公正地和依法地从政，绝不以他们的职务接受礼物，如果他们接受任何东西，他们就要立一金像。宣誓之后，他们由这石头下来，到卫城去，在那里又以同样的方式进行宣誓，之后他们才就职。③ 当然，如果他被审查发现不是雅典公民，或者未满30岁，或者在同一职位上再次当选，或者曾经犯罪被剥夺了部分公民权的话，那么他会被取消任职资格。

在雅典，行政官员除了在任职前接受资格审查之外，任职期满后，他们还要都接受述职审查，以对他们任职期间的行为负责，古希腊人称

---

① Xenophon, *Hellenica* 1. 7. 34.
② Plutarch, *Phocion* 26. 2.
③ 参见〔古希腊〕亚里士多德：《雅典政制》，日知、力野译，北京：商务印书馆1959年版，第58—59页。

之为 euthynai。当雅典行政官员在年底卸任的时候，他们要向配有十位助手的十人检查委员会递交一份任期内的账目。① 在一个月之内，检察官要审查完所有的账目。在审查的时候，行政官员要被传到 501 人的公民法庭上。法庭由检察官来主持，而检察官的十位助手则可能负责汇报账目和起诉。当然，任何公民都可以前来参加并起诉那些行政官员。而且，即便检察官和他们的助手已经证明账目清白，但是传令官依然会询问是否有人愿意起诉。起诉的罪行通常是侵吞公款或者受贿。据亚里士多德的记载，如果十人检查委员会证明行政官员侵吞公款，那么陪审员将判决他侵吞公款，罚金将是其犯罪数目的十倍；如果他们证明有人受贿，经陪审员判决，那么他们就估计受贿的价值，而罚金的数目也将是受贿数目的十倍；但是，如果他们发现有人犯有恶劣的罪，他们就估计损失，其应付罚金，如按期（在第九届主席团任期前）交纳，只以损失的数目为限，否则加倍。②

第三节　雅典民主政治的运作

在《政治学》（*Politics*）中，亚里士多德说："公民大会和公民法庭实际上是城邦最高权力所寄托的地方。"③ 通过前两节对雅典民主政治中这两大权力机构起源、构成、权力等作了初步的梳理和分析，我们对公民大会和公民法庭有了基本的理解和认识。这两大权力机构在人员构成和来源上真正体现了"直接民主"的特征。那么，由民众直接参与民主政治的两大权力机构是如何运作的呢？它们是如何为演说的发展繁荣提供广阔的空间的呢？因此，在了解雅典民主政治两大权力机构的基本情况之后，我们就来进一步探讨分析其运作过程及特点。④

---

① 参见〔古希腊〕亚里士多德：《雅典政制》，日知、力野译，北京：商务印书馆 1959 年版，第 56—57 页。
② 参见〔古希腊〕亚里士多德：《雅典政制》，日知、力野译，北京：商务印书馆 1959 年版，第 56—57 页。
③ 〔古希腊〕亚里士多德：《政治学》，吴寿彭译，北京：商务印书馆 1965 年版，第 112 页。
④ 议事会也是雅典民主政治权力机构之一，规模从梭伦改革时期的 400 人发展到克里斯提尼改革时期的 500 人。其基本职能是作为公民大会的常设机构，处理日常事务，同时为公民大会准备议程。鉴于其运作程序与模式与公民大会一样，故本节对其运作模式不作单独讨论。关于雅典议事会，详见 P. J. Rhodes, *The Athenian Boule*, Oxford: Clarendon Press, 1972。

一、公民大会的运作

一般而言，公民大会召开前，主席团主席提前 4—5 天公布大会日程，宣布大会的时间、地点和议程。大会一般是在清早开始。大会开始仪式包括向城邦各种保护神献祭，巫师吟诵大段咒语，要求公民大会成员本着对民众最有利的原则来决策，诅咒叛国者和故意错误引导民众的演说家。

大会开始仪式结束之后，传令官命令民众集中精力，大会主席开始商议会议事务。首先，大会秘书介绍并大声宣读议事会准备的提案。如果提案详细，那么很快就提前表决，要么批准，要么进一步讨论、补充或者否决。如果提案不具体，民众可以立刻自由制定具体内容。议事会的提案必须在其他提议之前首先商议。投票表决之后，如果议事会的提案需要进一步讨论，传令官会问，"有哪位年逾五十的老者要发言？"[①]老者的这一特权并非社会良知的抚慰，而是渴望听取老者的经验和智慧，这些"较冷静的头脑"贡献会更大。然而，从公元前 4 世纪后半期开始，老者的这种特权不再存在。现在传令官仅问："谁要发言？"[②] 一旦辩论开始，对在大会上发言的人有几条重要的限制。发言者只能就当前的问题发言，而且一个提议只能发言一次。发言者必须为主席认识，而且还必须从他们的座位上站起来上前发言。对演说时间的限制，我们不得而知。或许主席有权打断冗长的发言者。即便主席不好打断，但是根据相关材料显示，至少听众对听到不合自己口味的演说者不仅打断，而且还要将其赶下讲台。[③]

公民大会论辩结束之后，开始就刚才讨论的议题进行公民集体表决，表决的方式一般是举手。但是在特殊情况下，大会还会使用青铜凭证计票，由大会参加者按部落投入摆在各自部落前的两个陶瓮中，然后由专人清点。[④] 亚里士多德告诉我们，公民大会上举手表决的票数是由主席

[①] Aeschines. 1. 23；3. 2，4.
[②] Demosthenes. 18. 170.
[③] 参见〔古希腊〕伊索克拉底：《泛希腊集会辞》，见罗念生编译：《希腊罗马散文选》，长沙：湖南人民出版社 1983 年版，第 46 页。另见 Demoshenes 5. 14 – 15；Aischines 1. 34。
[④] Xenophon, *Hellenica* 1. 1. 9.

团主席评估的。① 根据汉森的研究，亚里士多德在表述主席团主席记录票数的时候使用的动词是 krinein，意为"判断"而不是"数"。所以，krinein 动词表明举手表决的结果是由主席团主席根据自己的判断作出的。因此，主席团主席对举手表决的结果是估计而不是数票数。② 然而巧合的是，尽管保存下来的演说词都有公民大会上民众通过的一系列相关法令的描述，但是却没有关于举手表决具体票数的记录，而这却又与表决的结果直接相关。同样，修昔底德在《伯罗奔尼撒战争史》中也没有关于公民大会表决票数的记录，较为详细的记录也就是"举手表决时，双方的票数几乎是相同的。但是戴奥多都斯的建议通过了"③。而相反，公民法庭上陪审员的表决票数则有相关的记录。不然我们也不会知道在苏格拉底一案中，陪审团第一次投票以 280 票对 221 票的微弱优势判定苏格拉底有罪，陪审团第二次投票给苏格拉底定罪的时候，却以 360 票对 141 票的多数优势判处他死刑。④ 另一方面，如果举手表决的结果不是由主席团主席决定，那么很难相信民众有时会对表决结果的宣布持有异议。比如公元前 406 年对雅典十将军的审判，最后，公民不得不在卡利克赛诺斯的集体判处死刑的提议和欧里托莱墨斯的在公民法庭上一个一个审判的提议之间作出选择。第一次举手表决的时候，欧里托莱墨斯的提议获得多数票，但是有个迈奈克勒斯表示反对这一决定，于是当重新举手的时候，大多数又赞同卡利克赛诺斯的提议。⑤ 公元前 406 年对雅典十将军审判的案例不仅说明了主席团主席在宣布公民大会表决结果时候的作用，而且也见证了在主席团主席宣布结果之后，任何公民都有权提出反对意见，再进行第二次举手表决。凡是公民大会通过的议案都具有法律效力，必须严格执行。不过一般而言，一旦表决通过，无论是赞成还是否决，这一议题也就告一段落，大会开始进入讨论下一个议题。这就是公民大会运作的一般程序。

---

① 参见〔古希腊〕亚里士多德：《雅典政制》，日知、力野译，北京：商务印书馆 1959 年版，第 48 页。

② Mogens Herman Hansen, *The Athenian Assembly in the Age of Demosthenes*, Oxford: Blackwell, 1987, p. 43.

③〔古希腊〕修昔底德：《伯罗奔尼撒战争史》，谢德风译，北京：商务印书馆 1960 年版，第 215 页。

④ 参见〔古希腊〕柏拉图：《申辩》，见《柏拉图对话集——苏格拉底的最后日子》，余灵灵、罗灵平译，上海：上海三联书店 1997 年版，第 59 页。

⑤ Xenophon, *Hellenica* 1.7.34.

二、公民法庭的运作

在雅典没有所谓的公诉人，任何私人诉讼和公共诉讼案件都是由公民个人提起诉讼，因此雅典公民法庭的运作就是以公民个人提起诉讼为起点。如果没有个体公民的起诉，公民法庭不会主动直接介入任何案件的审理，因此违法的人就可以轻松地逃脱应有的法律惩罚。这正如公元前4世纪后期雅典一位政治领袖吕库尔戈斯所言："如果没有起诉人，法律和公民法庭将毫无价值和意义可言。"① 一般而言，诉讼案件首先由"四十人之官"和其抽签选出的公断人来裁决。如果诉讼中的任何一方对仲裁的结果表示不满，向公民法庭上诉，那么公断人便将案件移交公民法庭。②

古代雅典没有我们今天所谓的律师，可以代替诉讼人双方出庭控告或辩护。在案件审理过程中，诉讼人必须自己亲自发言陈述案情，除非其身患严重的疾病，正如雅典政治领袖米尔提亚戴斯被控告时一样。③不过他们可以事先写好诉讼词或者亦可以从诉讼词撰写人那里购买。然而，如果他们愿意的话，他们可以把分配的部分时间甚至是大部分时间让给一个或者更多的朋友，或者是家庭成员来代表他们发言陈述。不过，这种朋友的发言通常对诉讼人的陈述只起到一种支持、加强和补充的作用，而不是替代。比如在埃斯基涅斯诉克提斯丰的案件中，被告人克提斯丰只是作了简短的陈述，而是将更多的时间让给德摩斯提尼发言，为自己辩护。④ 原告首先发言控告，然后被告发言辩护，陈述案情，中间插入证人证词、法律、契约、遗嘱和其他类型文件的证据。不过，在诉讼人进行控告或辩护期间，诉讼人可以质问对手问题并要求作出回答。因此，整个案件审理过程的重点主要集中在诉讼人对案件的解释和辩论，而证词和其他相关证据只起补充和确定的作用。显然，到公元前4世纪，证人的证词改

---

① Lykourgos 1.4.
② 参见〔古希腊〕亚里士多德：《雅典政制》，日知、力野译，北京：商务印书馆1959年版，第55—56页。
③ 米尔提亚戴斯由于进攻帕洛司不利，被阿里普隆的儿子克桑提波司起诉。开庭时，他大腿腐烂，躺在床上，是朋友代其辩护。参见〔古希腊〕希罗多德：《历史》，王以铸译，北京：商务印书馆1959年版，第459页。
④ Ian Worthington, "Demosthenes' (In)activity during the Reign of Alexander the Great", in Ian Worthington (ed.), *Demosthenes: Statesman and Orator*, London: Routledge, 2000, p.96.

由书记员根据事先作好的记录来朗读，而证人在法庭上只是宣誓证明他们陈述的真实性而已。诉讼人发言的时间是用水钟滴漏计时（klepsydra），即："以小供水管，水由此注入，用以规定申辩时间之长短。"当书记宣读一种决议或法律，或宣读陈述书或条约时，那个由抽签当选管理水计时的官吏便将他的手按在供水管上，停止计时。但是如果案件按照该日固定的限度进行时，他便不停止供水计时。① 在私人诉讼案件中，即便是那些涉及大额财政补偿的案件，一个诉讼人第一次发言最多只给 10 个库斯（choes）水的时间（约 30 分钟），第二次辩驳发言只给 3 个库斯水的时间（约 9 分钟）。在较小的财产申诉案件中，诉讼人的发言时间更少。在公诉案件中，每个诉讼人可以有三个半小时左右的时间发言。②

在诉讼人双方进行控告或者辩护发言之后，如果双方对对方证人的证据没有异议的话，传令官开始宣布投票开始，陪审员即刻投票表决。从公元前 5 世纪中期开始就实行秘密投票。裁决根据多数票原则，但是如果诉讼人双方票数相同，则被告被判无罪释放。如果结果是被告有罪，那么关于他的处罚，在一些案件中是法律事先就规定好的；然而还有一些案件则没有固定的惩罚，所以陪审员是在诉讼人双方补充演说中提出的两种惩罚之间作出选择。如在苏格拉底审判的一案中，在陪审员投票宣判其有罪之后，诉讼人双方再次发言，提出处罚的方式。起诉人墨勒图斯提议处以死刑，而被告人苏格拉底则提议处以 100 德拉克马的罚金。③ 在多数情况下，惩罚是罚金，但是还有可能是剥夺公民权、放逐或者是判处死刑。公民法庭的判决是最后的判决，而且被判有罪的被告也没有更高的权力机构可以上诉。④ 在公共诉讼中，出席公民法庭的行

---

① 参见〔古希腊〕亚里士多德：《雅典政制》，日知、力野译，北京：商务印书馆 1959 年版，第 69 页。
② Craig Cooper, "Forensic Oratory", in Ian Worthington (ed.), *A Companion to Greek Rhetoric*, Oxford: Blackwell Publishing, 2007, pp. 204–219.
③ 苏格拉底在最后改口提议处以 3000 德拉克马的罚金，然而，他仍被处以死刑。参见〔古希腊〕柏拉图：《申辩》，见《柏拉图对话集——苏格拉底的最后日子》，余灵灵、罗灵平译，上海：上海三联书店 1997 年版，第 62 页。
④ 原则上公民法庭的判决是最后的，而且被判有罪的被告也没有更高的权力机构可以上诉。在这层意义上，公民法庭可以被看作是最高权力。但是，诚如奥斯邦（Osborne）所言，陪审员的判决事实上并不是最后的，除非双方停止诉讼，因为很多诉讼案件都是先前败诉的一方提起的。如果对陪审员的无罪判决不满，原告可以再次以同样的罪行起诉。同样，被判有罪的被告也可以反过来起诉原告。参见 Josiah Ober, *Mass and Elite in Democratic Athens: Rhetoric, Ideology, and the Power of the People*, Princeton: Princeton University Press, 1989, p. 144。

政官员负责判决的执行，而在私人诉讼中监督判决的执行通常由起诉人自己来担当。① 汉森在分析雅典公民法庭时说："在雅典，一个案件就像是一部有三个角色的喜剧，这三个角色都是业余的，他们是提出诉讼的公民、准备案件和主持法庭的法官以及听取案情并作出裁决的陪审员"。② 在这三者关系之中，公民法庭的法官是法庭的主持人，没有对案件进行直接判决的权力；诉讼人陈述案情，提出控告或辩护；陪审员，人数从201人到2501人不等，是案件的终审者，他们的投票即是最后的判决。

三、雅典民主制运作的特点

在古希腊的民主政体中，虽说雅典民主政治不是首创③，但毫无疑问，它却是当时乃至今天人们所知道的最重要、最著名的政体之一。"雅典民主政治代表了一套古代高度完善的民主政治制度。"④ 从雅典民主政治两大权力机构公民大会和公民法庭的运作模式，我们可以看出雅典民主政治的运作具有以下几个显著且与众不同的特征。

第一，口头性。"口头性"既是雅典民主政治运作的一个特征，也是古希腊社会口述特征的体现之一。公元前431年冬季，伯里克利在雅典阵亡将士的国葬典礼上说："我们雅典人自己决定我们的政策，或者把决议提交适当的讨论；因为我们认为言论和行动间是没有矛盾的；最坏的是没有适当地讨论其后果，就冒失开始行动。"⑤ 伯里克利所强调的"适当讨论"指的就是政治领袖在公民大会上对议题的口头提议，充分发表自己的观点和见解。需要指出的是，这一环节是公民大会的核心部分，占有公民大会的绝大部分时间。修昔底德在《伯罗奔尼撒战争史》中生动形象地再现了雅典公民大会上政治领袖发言提议、论辩的场面。如克里昂与戴奥多都斯关于密提林问题的唇枪舌剑，尼西阿斯与亚西比

---

① Matthew R. Christ, *The Litigious Athenian*, London: The John Hopkins University Press, 1998, p. 28.
② M. H. Hansen, *The Athenian Democracy in the Age of Demosthenes*, Oxford: Blackwell, 1991, p. 180.
③ 一般认为古希腊最早建立民主政治的城邦是开俄斯。参见 Jams L. O'Neil, *The Origins and Development of Ancient Greek Democracy*, Maryland: Rowman & Littlefield Publishers, 1995, p. 22。
④ 黄洋：《雅典民主政治新论》，载《世界历史》1994年第1期，第66页。
⑤ 〔古希腊〕修昔底德：《伯罗奔尼撒战争史》，谢德风译，北京：商务印书馆1960年版，第132页。

德就远征西西里问题的激烈争论等。① 公民法庭的口头性特征亦相当明显。撇开公民法庭上当事人双方必须亲自进行口头控告和辩护不说,学者研究表明,相关的证据中,证人口头证明似乎要比物证更有说服力。即便是援引法律条文作为依据,那也要书记官现场大声朗读出来,以示众人。雅典民主政治运作的口头性特征所带来的直接影响就是语言表达,即说话能力的重要。政治领袖若想在公民大会上的提议被民众认可,诉讼人若想在公民法庭上赢得诉讼,嘴巴起到十分重要的作用。

第二,直面性。众所周知,雅典城邦实行的是一种与今天代议制民主完全不同的民主政治——直接民主制,或者称之为公民大会制民主。在这种制度下,无论是在公民大会上,还是在公民法庭上,政治领袖与普通民众、政治领袖与政治领袖、普通民众与普通民众直接面对面地进行交流、对话、争论和互动等,这就是雅典民主政治运作的直面性特征。鉴于芬利指出的古代社会的"熟面社会"②(face to face society)特点,来自同一村社乃至邻近村社的民众都比较熟悉,因此当大家面对面进行直接的交流和对话的时候,语言的影响力就凸显出来。当出席公民大会的公民听到不合自己胃口的发言时,则可用呐喊等各种不同方式来表示自己的不满。这正如喜剧诗人阿里斯托芬《阿卡纳人》(Acharnians)中的主人公狄卡奥波利斯所言:"因此,我在这儿等着,随时准备扰乱、或打断任何谈论与和平无关的人,同他争辩。"③ 古希腊著名演说家伊索克拉底也说:"要是我的话同我的题材、我的名声和我所费的时间——不仅是我为这篇演说所花的时间,而且包括我一生的岁月——不相称的话,请你们不要饶恕我,而要讥笑我和藐视我。"④ 正是由于雅典民主政治运作的"直面性"特征,在公民大会上,为了能够赢得普通民众的支持,政治领袖不惜现场谄媚、讨好普通民众。希腊人称其为 demagogue 或者 syckphont。在公民法庭上,为了赢得诉讼的胜利,被告可以向陪审

---

① 参见〔古希腊〕修昔底德:《伯罗奔尼撒战争史》,谢德风译,北京:商务印书馆1960年版,第204—215、440—439页。

② M. I. Finley, *Politics in the Ancient World*, Cambridge: Cambridge University Press, 1983, p. 28.

③ Aristophanes, *Acharnians*, in Moses Hadas (ed.) *The Complete Plays of Aristophanes*, London: Bantam Classics, 1962, p. 16.

④ 〔古希腊〕伊索克拉底:《泛希腊集会辞》,见罗念生编译:《希腊罗马散文选》,长沙:湖南人民出版社1983年版,第46页。

员乞求怜悯。在古希腊人看来，在诉讼过程中乞求陪审员的怜悯是再正常不过的了。

第三，即刻性。"即刻性"是雅典民主政治运作最重要也是最显著的一个特征。从雅典公民大会和公民法庭的具体运作，我们可以看出，无论公民大会商讨表决提议，还是公民法庭审理判决案件，它们都是在很短的、有限的时间内结束，而且还必须要得到结果。公民大会持续的时间通常也就半天，最长也不超过一天。参会公民就大会议题自由发言，提出自己的观点和见解。之后，大会开始就议题进行集体表决，选取其中一个他们认为最合理的、最有益于城邦的提议。可以说，公民在投票之前没有时间去商议讨论。而且一旦提议被公民表决通过，就具有法律效力。雅典公民法庭对案件审理的速度之快也同样惊人。与公民大会一样，雅典公民法庭对案件的时间也不会超过一天，而且很多私人诉讼案件的审理时间甚至还要短。亚里士多德指出，雅典陪审团一天可以审理判决四例私人诉讼案件。① 不仅如此，陪审员还要在诉讼人发言控告、辩护之后，在没有任何商量的情况下马上进行投票判决。因此无论是公民大会，还是公民法庭，它们决策之快捷和迅速着实令人惊叹。在这种情况下，结果比事实显得更加重要。这似乎正是演说所关乎的重点。

第四，业余性。苏格拉底对雅典民主政治的批评直指其"业余性"，讽刺其是"外行治国"。在色诺芬的《回忆苏格拉底》中，苏格拉底说，"君王和统治者并不是那些拥有大权、持王笏的人，也不是那些由群众选举出来的人，也不是那些中了签的人，也不是那些用暴力或者欺骗手法取得政权的人，而是那些懂得怎样统治的人。"②雅典城邦大多官职由民众抽签选举产生暂且不论，作为雅典两大权力机构公民大会和公民法庭的构成同样体现出业余性的特点。虽说公民大会上有政治领袖这样的相对专业的精英贵族领导，但是大会最终的决策权却是在普通民众这些"外行"手中。根据修昔底德的记载，伯罗奔尼撒战争期间改变对"密提林决议"的是雅典民众，而不是贵族精英。如果说参加公民大会的人是普通公民还可以理解的话，那么当审理案件的陪审员也是由普通公民

---

① 参见〔古希腊〕亚里士多德：《雅典政制》，日知、力野译，北京：商务印书馆1959年版，第69页。
② 〔古希腊〕色诺芬：《回忆苏格拉底》，吴永泉译，北京：商务印书馆1984年版，第118页。

而不是专业司法或者法律人员时,雅典公民法庭的"业余性"更加突出。众所周知,雅典陪审员不是法律专家或者专业人员,他们是从普通公民中通过抽签产生。整个案件审理过程中也没有公诉人或者辩护律师。所以芬利评价指出,雅典法庭是由非专业的和对法律毫无兴致的公民组成,他们就像"门外汉",要么对法律术语一无所知,要么滥用法律。① 另外,雅典法律的模糊性也是其业余性的体现。雅典法律对许多犯罪的定义模糊不清,以便使民众有最高权力作出判决,这就是雅典法律的模糊性。据说雅典法律的模糊性肇始于梭伦时期,他故意将法律条文制定得含糊不明,为的是要提高公民法庭的权力。"因为争执的双方既然不能从法律得到满足,结果就总是要由陪审员来裁决。既然每一个争执都提到陪审员面前,他们也就可谓法律的主人了。"② 的确,大多数雅典法律对犯罪没有明确的定义,而只是简单规定如果有人犯罪,受害者应该寻求法律补偿。因此法律并没有提供陪审员用于解决争执的规则和界限。比如侮辱罪(hybris)就是很好的一个例子。在古希腊社会,侮辱罪大多常用于指待人态度,通常被描述为一种无法控制的、一直想侮辱或者至少蔑视他人的权利和声望的行为,它可以用于指任何侮辱,从口头嘲弄到身体攻击,包括强奸。然而,在雅典法律上此术语含义十分不精确,通常理解为身体伤害。

小　结

从雅典民主政治两大权力机构公民大会和公民法庭的人员组成、权力范围、运作程序等看,雅典民主政治的运作具有口头性、直面性、即刻性和业余性四个显著特征。这四个特征都明显有一个共同的指向,即为演说的充分发挥提供更大空间和平台。雅典民主政治的运作是建立在口头表述即演说和辩论的基础之上。面对具有 6000 人规模、拥有对城邦一切重大事务进行决策的公民大会,政治领袖所要阐释的重点不是自己观点本身是否正确或者符合城邦的利益,而是如何让民众相信自己的观

---

① M. I. Finley, *Democracy Ancient and Modern*, London: The Hogarth Press, 1985, pp. 116 – 117.

② 〔古希腊〕普鲁塔克:《希腊罗马名人传》,黄宏煦主编,北京:商务印书馆1990年版,第185页。

点是正确的和符合城邦的利益的。只有这样，他才能赢得民众的赞同和支持。同样，面对一群由普通民众临时组成的公民法庭，在陪审员们对案件事先没有任何了解和调查的情况下，诉讼人能否赢得诉讼案件胜利的关键不在于自己说的是否是事实，而是让陪审员相信自己是正义的。这就使得以说服为目的的演说在雅典大放异彩。雅典民主政治运作中，政治领袖与普通民众也第一次真正面对面地进行交流。在公民大会上，政治领袖面对普通民众，向他们充分阐明自己的提议对城邦的好处，民众则根据自己的经验和理解来进行判断和选择。公民法庭上，诉讼人则面对陪审员直接陈述，进行控告或者辩护。无论公民大会的决议，还是公民法庭的判决，所有这一切都是在很短的时间内必须完成，给出一个结果。这就是雅典民主政治运作的"即刻性"。这一"即刻性"特征要求政治领袖或诉讼人要在很短的时间最快且如愿以偿地达到自己的目的，即说服参加公民大会的民众和公民法庭的陪审员相信自己的发言，支持自己的提议或者诉讼。尤其是当政治领袖或者诉讼人面对一群"门外汉"的时候，演说的说服作用就显得尤为突出。因为在发言提议或者控告辩护的时候，政治领袖或者诉讼人只需向这群"门外汉"表明他们说的听上去是真的，听上去很有道理，符合城邦的利益即可，结果对他们而言似乎胜过一切。所以，美国著名古典学教授乔治·肯尼迪评论道："长期以来，演说主要兴盛于民主政体而很少在僭主政体下得到发展。"[①]一句话，雅典民主政治促使古希腊演说走向繁荣。

[①] George A. Kennedy, *The Art of Persuasion in Greece*, Princeton: Princeton University Press, 1963, p. 23.

第四章　演说与古希腊城邦政治决策

在雅典，政治艺术主要就是操纵语言的艺术。

——让·韦尔南

通过上一章的分析，我们知道古希腊演说繁荣最根本的原因在于雅典民主政治的内在运作机制。在"主权在民"的雅典城邦，民主政治运作的"口头性""直面性""即刻性"和"业余性"特征决定了演说在民主政治运作中的作用不可代替。所以法国著名古典学家让·韦尔南说："在雅典，政治艺术主要就是操纵语言的艺术。"① 柏拉图在《高尔吉亚》中明确指出，"演说就是用你的语言来说服公民法庭的陪审员、议事会的议员、公民大会或其他集会中的民众的一种才能。……它是演说者在雅典公民法庭和公民大会上制胜的法宝。"② 当政治家在公民大会或者公民法庭上面对权力公民集体的时候，他们若想自己的提议在公民大会上通过，若想在公民法庭上赢得诉讼的胜利，演说术成为他们必须掌握的一门技艺。显然，政治家权力的获得和他们在民众中间权威的树立正是通过在公民大会上一次又一次提议的成功和公民法庭上一次又一次诉讼的胜利。本章以雅典城邦为例，探讨分析古希腊演说在城邦政治，主要是公民大会和公民法庭中的作用，进一步分析演说如何影响公民大会的决策和公民法庭的判决，进而从演说视角窥探古希腊城邦政治决策中的情感因素以及城邦政治生活中政治领袖与民众之间的关系。

---

① 〔法〕让·韦尔南：《希腊思想的起源》，秦海鹰译，北京：生活·读书·新知三联书店1996年版，第38页。
② Plato, *Gorgias* 452e.

第一节 政治演说与古希腊城邦公民大会的决策

其实,演说的运用是一个极其复杂的问题,为了能够说服民众,证明自己的提议最符合城邦和民众的利益,演说者首先必须对演说的内容相当熟悉和了解。否则的话,即便是最雄辩的演说家也很难将问题解释清楚,说服听众。这正如柏拉图所言:"如果你想审议成功的话,那么你首先要做的第一件事情是必须了解审议的事情,否则的话,肯定会误入歧途。"① 德摩斯提尼在一篇演说中也说:"如果那些想拯救城邦的人真的需要上前的话,雅典人啊,你们所有人都会起来走向讲坛。因为你们都想拯救城邦。如果最富有的人需要上前的话,可能会有 300 多人站起来。……然而,似乎那天和那个场合需要的不仅仅是忠诚和富有的人,而是从一开始就了解整个事件进程的人,是能够正确地分析出腓力的欲望和他每一个行动目的的人。一个人如果没有这样的知识,不能完全分析考察整个事件,那么不论他有多么忠诚或者富有,他都不会知道该做什么,也不能向你们提出建议。"② 难怪亚里士多德反问道:"不了解雅典的兵力、岁入、敌友、战斗经验,怎么能在和或者战的问题上对雅典人提供意见呢?不知道撒拉米(即萨拉米)海战或马拉松陆战,不知道雅典人对赫刺克勒斯的女儿的帮助,怎么能称赞雅典人呢?"③ 具体而言,在公民大会上,政治领袖运用演说影响民众决策的方式主要有以下几种:

一、传播真实信息的理性说服④

伯里克利是雅典著名的政治领袖,公元前443—前429年期间担任雅

---

① Plato, *Phaedrus* 237 b – c.
② Demosthenes 18. 171 – 172.
③ 〔古希腊〕亚里士多德:《修辞学》,罗念生译,北京:生活·读书·新知三联书店1991年版,第116页。
④ 罗伯特·达尔将传播真实信息的说服称为理性说服,它是一种纯粹形式下的理性传播。相反,他将故意欺骗传播不真实信息的说服称为操纵性说服。他进一步指出在操纵性说服中,A不是向B传播真实信息而提供对选择的正确理解,而是企图操纵B的理解来说服B的行动。当A在影响B时,在传播中故意歪曲、窜改或者隐瞒A所知的事实的某些方面,而如果B知道了这些方面就会大大影响B的决定,这时就存在操纵性说服。当然这种故意的欺骗又有善意和恶意的区别。参见〔美〕罗伯特·达尔:《现代政治分析》,王沪宁、陈峰译,上海:上海译文出版社1987年版,第58—59页。

典将军,被修昔底德誉为"第一公民",可以"自由地控制民众"。但是,诚如哈维·余尼斯所言:"伯里克利是通过演说而不是武力控制民众的。"① 的确,伯里克利具有非凡的演说才能:"他向群众发表演说时,象'雷鸣',象'闪电',象是'舌头上有一根可怕的霹雳棒'。"② 事实上,伯里克利在演说中主要是运用理性说服的方式赢得民众的支持。

根据修昔底德的记载,伯罗奔尼撒战争爆发前夕,针对斯巴达的"解除波提狄亚之围,给厄基那独立,撤消麦加拉法令,否则就开战"的最后通牒,雅典人召开公民大会,讨论了这件事。"许多人站起来发言,两方面的意见都有人表示了,有些人认为战争是必要的,有些人说麦加拉法全可以撤消,不要让他成为和平的障碍。桑西巴斯(即克桑提波司)的儿子伯里克利是当时雅典的领导人物,无论在行动上或辩论上,他是最有力量的人。他也发了言。"③ 雅典人认为他的发言最好,所以照他的意见表决了。对斯巴达的答复就是他所建议的那个答复:"他们不愿在强迫命令下做任何事情;但是愿意依照和约上的规定,在公平与平等的基础上,对于各项争点达到调解。"④ 从修昔底德的这段记述中,我们不难看出,雅典公民之表决赞成伯里克利的提议,而不采取他人的建议,正是因为"雅典人认为他的发言最好"。也就是说是伯里克利雄辩的演说术说服了民众,影响了公民大会的表决。这正如伯里克利在演说中所说:"我请求你们那些因我言辞而被说服的人全力支持我们现在正在一起所作出来的一些决议,我请求你们坚持这些决议。"⑤

在演说中,伯里克利运用的正是理性说服的方式,即通过对战争的性质和局势利弊的理性分析说服民众,最终取得民众的认同。演说一开始,伯里克利提出观点,反对向斯巴达作任何让步。他说:"如果我们拒绝撤销麦加拉法令的话,你们任何人不要以为我们不应该为这一点小事

---

① Harvey Yunis, *Taming Democracy: Models of Political Rhetoric in Classical Athens*, London: Cornell University Press, 1996, p. 69.
② 〔古希腊〕普鲁塔克:《希腊罗马名人传》,黄宏煦主编,北京:商务印书馆 1990 年版,第 468 页。
③ 〔古希腊〕修昔底德:《伯罗奔尼撒战争史》,谢德风译,北京:商务印书馆 1960 年版,第 98—99 页。
④ 〔古希腊〕修昔底德:《伯罗奔尼撒战争史》,谢德风译,北京:商务印书馆 1960 年版,第 104 页。
⑤ 〔古希腊〕修昔底德:《伯罗奔尼撒战争史》,谢德风译,北京:商务印书馆 1960 年版,第 99 页。

情而作战。……但是如果你们让步的话，你们马上就会遇着一些更大的要求，因为他们会认为你们是怕他们而让步的。……在请求仲裁之前，处于平等地位的人向他们的邻人提出要求，而把这些要求当作命令的时候，向他们屈服，就是受他们的奴役，无论他们的要求是怎么大或怎么小。"① 在这里，伯里克利分析指出拒绝撤销麦加拉法令是一个原则性的问题，而不是大小的问题。如果接受斯巴达的条件那就意味着向他们屈服，受他们的奴役。因此，不能向斯巴达妥协，应随时作好战争的准备。然后，伯里克利详细分析对比了双方的战争资源、军事力量，指出资源和军事的优势都站在雅典一边。他说："至于战争以及双方所能利用的资源，我想要你们听听我的详细报告，认识到我们的势力不是较弱的一边。伯罗奔尼撒人自己耕种他们自己的土地；无论在个人方面或国家方面，他们没有金融财富；因此，他们没有在海外作战的经验，也没有作长期作战的经验；因为他们彼此间所发生的战争，由于贫穷的原故，都是短期的。这样的人民不能经常配备一个舰队的海员，也不能经常派遣陆军；因为这样，就会使他们离开自己的土地，花费自己的资金，而何况我们还控制着海上。"② 接着他又进一步分析了海上势力和雅典同盟国的重要性，建议雅典人放弃土地和房屋，保卫海上的城市。这样不仅可以避免同远优于自己的伯罗奔尼撒陆军作战，而且还可以保护自己的同盟国。最后，伯里克利在演说中引用先辈抗击波斯人的历史典故来证明自己的观点和激励民众。他说："我们也要知道，无论对于城市也好，对于个人也好，最大的光荣是从最大的危险中得来的。当我们的祖先反对波斯人的时候，他们还没有我们现在所有的这样的资源；就是他们所有的那一点资源，他们也放弃了，但是他们驱逐了外族的入侵，把我们的城邦建成现在这个样子，这是由于他们的贤智，而不是由于他们的幸运；由于他们的勇敢，而不是由于他们的物质力量。我们要学他们的榜样：我们应当尽一切力量，抵抗我们的敌人，努力把与平常一样伟大的雅典遗传给我们的后代。"③

---

① 〔古希腊〕修昔底德：《伯罗奔尼撒战争史》，谢德风译，北京：商务印书馆1960年版，第99—100页。

② 〔古希腊〕修昔底德：《伯罗奔尼撒战争史》，谢德风译，北京：商务印书馆1960年版，第100页。

③ 〔古希腊〕修昔底德：《伯罗奔尼撒战争史》，谢德风译，北京：商务印书馆1960年版，第104页。

战争爆发后，在阿提卡即将面临斯巴达进攻的时候，伯里克利再次在公民大会上发表演说，提出自己的对策，并建议民众准备作战，把郊外的财产迁入城内，固守城垣。① 和上次一样，雅典人接受了伯里克利的意见，把他们的妻室儿女以及日用家具都从郊外搬进城中，连房屋中的木造部分，如门板、窗格等，都搬走了。牛马等牲畜都送往优卑亚及海岸附近大岛屿上去了。② 对此，修昔底德评论说："雅典人从长久的时间以来就是在分散于全亚狄迦的独立村中生活着的；就是亚狄迦统一以后，古时的习惯依然是保留下来的。大多数雅典人，从早几代一直到这次战争发生的时候，都是生长在乡间。现在必须带着全部家属和家具迁移，尤其是在波斯战争后，大家刚刚安定下来的时节，忽然来一个迁移运动，他们心里是很不舒服的。他们很悲伤，很不愿意抛开他们的家园和他们祖先遗留下来的古代神庙，很不愿变更他们的整个生活方式，把每个人所认为是自己的市镇加以抛弃。"③根据修昔底德的评论，我们可以想象反对伯里克利提议的政治领袖是如何利用民众这一"安土重迁"的情结进行反驳的。试问：如果连自己世代居住的家园和供奉的神庙都加以抛弃而不能保护的话，那么战争本身的意义到底何在呢？然而，伯里克利说服了雅典人。在演说中，通过对当前局势和将来政策的分析，伯里克利让雅典人相信，虽然迁移会带来损失和暂时的痛苦，但是"最后的胜利是有把握的"。换句话说，如果伯里克利不擅长演说，只是向民众宣布有关"迁移"的提议，而不是向民众作一个详细的关于当前局势和将来政策的演说的话，尽管他的提议是正确的，那么也很难在公民大会上通过。在演说中，伯里克利运用的依然是理性说服的方式，他详细论述了雅典的资金来源和军事力量。他说："除了从别的来源所取得的收入以外，每年由各同盟国所缴纳的贡款平均达到 600 塔兰特，在雅典的卫城内，还存有 6000 塔兰特银币。除此之外，还有各私人或国家所捐献而未铸成货币的金银；还有在赛会游行和竞技时所用的礼神杯盏和器皿；也有来自波斯人的战利品以及其他一切一切的资源，其总数也不下于

---

① 参见〔古希腊〕修昔底德：《伯罗奔尼撒战争史》，谢德风译，北京：商务印书馆 1960 年版，第 114 页。
② 〔古希腊〕修昔底德：《伯罗奔尼撒战争史》，谢德风译，北京：商务印书馆 1960 年版，第 117 页。
③ 〔古希腊〕修昔底德：《伯罗奔尼撒战争史》，谢德风译，北京：商务印书馆 1960 年版，第 118 页。

500塔兰特。别的神庙中所储存的金钱,于必要时,也可以取来用,其数目也是很可观的。到了极窘迫的时候,就是雅典娜女神像身上的黄金片也可以使用。……至于军队,他们有13000名重装步兵,再加上防守各地和实际上参加防守雅典城市工作的16000名。骑兵人数,连同骑兵射手在内,共有12000人,此外,还有1600名徒步射手,300条三列桨战舰准备随时加入战争。"①

正如修昔底德所说的那样,伯里克利用他常说的论据来向他们证明最后的胜利是有把握的,所以雅典人接受了他的意见。显然,和上次一样,伯里克利在演说中通过对战争时局、利弊、双方资源和力量对比的具体分析和阐述,指出战争的胜利最后是属于雅典人的,他凭借的正是一种理性说服的方式。这正如罗伯特·达尔评论所言:"像伯里克利这样天才的领袖们,在公民大会上施展影响力也完全依靠他们非凡的理性说服能力。"② 也就是说,"他是靠说服和教育引导人民,使他们心服口服"③。

二、夸大或缩小等渲染事实或者隐瞒事实的操纵性说服

在公民大会上,政治领袖可以通过对所讨论问题的某些事实的夸大或者缩小甚至隐瞒等方式来说服民众,影响民众的决策。比如,在"密提林辩论"(the Mytilenian Debate)中,克里昂对密提林暴动后果的描述显然具有夸大和渲染的因素。在他看来,如果不给密提林人最严厉的惩罚,雅典所有的盟邦都会起来暴动。他说:"现在你们想想你们的同盟者吧!如果你们对于那些受敌人压迫而暴动的人和对于那些自动暴动的人给以同样的处罚的话,那么他们都会利用很小的借口举行暴动,因为如果成功了,他们可以获得自由;如果失败了,也没有可怕的后果,难道你们没有看到这一点吗?"④ 在"西西里辩论"(the Sicilian Debate)中,

---

① 〔古希腊〕修昔底德:《伯罗奔尼撒战争史》,谢德风译,北京:商务印书馆1960年版,第114—117页。
② 〔美〕罗伯特·达尔:《现代政治分析》,王沪宁、陈峰译,上海:上海译文出版社1987年版,第65页。
③ 〔古希腊〕普鲁塔克:《希腊罗马名人传》,黄宏煦主编,北京:商务印书馆1990年版,第478页。
④ 〔古希腊〕修昔底德:《伯罗奔尼撒战争史》,谢德风译,北京:商务印书馆1960年版,第207—208页。

为了劝阻雅典人远征，尼西阿斯在演说中过分夸大和渲染了西西里的实力和远征的难度。他说："我们现在所要去进攻的一些城市，据我所知的，是力量很大的；……对付这样强大的一个势力，我们单单派遣一个舰队和一支可观的军队去是不够的。……所以，我们离开雅典时，一定要带着一支军队，它不仅可以和他们的军队匹敌——除开可用以决战的重装步兵之外——而且要实际上在各方面比他们强得多；就是这样，我们还是很难征服敌人，或保全我们自己的。"① 而亚西比德则在演说中渲染降低西西里的实力和远征西西里的困难。他说："西西里诸城市人口的增加是各种各色的人混合起来的，其公民团体是经常变化，经常改组的。结果，他们没有他们是为祖国而作战的那种情感；他们每个人都没有足够自卫的武装，也没有适当固定的耕地。……像这样的乌合之众是不会注意到一个一致的政策，也不会联合起来，采取共同的行动的。……至于他们的重装步兵，他们没有他们自己吹嘘的那么多，……事实上，虚伪是很大的。……西西里的形势是如我所说的；真的，甚至于比这还要容易些。"②

为了增加自己演说内容的说服力，德摩斯提尼也常在演说中采取夸大和渲染的方式，这是他大部分政治演说的特点。比如在《论克塞尼斯》（*On the Chersonese*）的演说中，德摩斯提尼夸大描述腓力的意图是从色雷斯开始扩张，一直到希腊，最后完全吞并雅典。③ 在《第三篇反腓力》的演说中，德摩斯提尼也有同样的表述。此篇演说词发表于公元前341年夏，紧接《论克塞尼斯》演说之后。当时腓力仍在远征色雷斯，威胁克塞尼斯和拜占庭。雅典人召开公民大会，否决了召回狄奥皮希斯的提议，并讨论来自狄奥皮希斯加强军备的呼吁。德摩斯提尼在大会上发表了《第三篇反腓力》的演说，支持这一提议。在演说中，德摩斯提尼利用腓力的胜利和弗息斯的灭亡来说明腓力的目的在于毁灭雅典和整个希腊。他说："我认为腓力的敌对行动是从他毁灭弗息斯那一天算起的。你们自卫，我就说你们很聪明；你们错过机会，那就再也不能自卫

---

① 〔古希腊〕修昔底德：《伯罗奔尼撒战争史》，谢德风译，北京：商务印书馆1960年版，第440—442页。
② 〔古希腊〕修昔底德：《伯罗奔尼撒战争史》，谢德风译，北京：商务印书馆1960年版，第437页。
③ Demosthenes 8.2, 14, 18, 60.

了，即使你们将来愿意。我很不同意，雅典人啊，别的审议者的意见，我不认为你们现在应当讨论克塞尼斯问题或者拜占庭问题。支援他们，保护他们，使他们不至于受害；可是你们还是考虑面临着巨大危险的全体希腊城邦的安全吧。我想告诉你们，我对局势为什么这样忧虑，好使你们采纳我的看法——要是我的看法是正确的——为你们自己未雨绸缪，即使你们不愿意为别人着想。"① 显然，在演说中，德摩斯提尼通过对腓力侵略行为的描述，进而去夸大和渲染腓力对整个希腊和雅典的侵略野心，来刺激民众，以便于赢得民众对其政策的支持。可见为了说服民众，夸大和渲染事实等操纵性说服是政治领袖在公民大会演说中常用的手法。

三、展示优秀品质

其实，政治领袖在演说中对自己优秀品质的展示是演说在公民大会上发挥作用的另一种方式，这同样有助于增强民众对演说者的信服力。

修昔底德指出，伯里克利政治上之所以成功，能够在公民大会上说服民众，取得"第一公民"的地位，还基于"他的贤明和他的有名的廉洁，能够尊重人民的自由，同时又能够控制他们"② 等优秀品质。比如，伯罗奔尼撒战争第二年，雅典人经历过斯巴达人的两次入侵和瘟疫之后，雅典民众开始迁怒于伯里克利。为了缓和民众的愤怒情绪，并把他们引导向较为温和而自信的情绪上去，伯里克利召集了公民大会，向民众发表了演说。为了说服民众，伯里克利在演说中充分地展示了自己的优秀品质。他说："我认为我至少和任何其他的人一样，能够看到我们所应当采取的政策，能够说明我所看到的；我爱我的城邦，不受金钱的影响。一个有知识而不能很清楚地表达他的知识的人，比一个根本没有任何思想的人要强些。一个有知识，同时又能表达，但是缺少爱国主义精神的人，是不会实行他的职责，替自己的人民说话的。纵或他同时是爱国的，但是如果不能抗拒贿赂的引诱的话，那么这个缺点会暴露出一切都可以出卖的危险。所以，如果你们在采纳我的意见而进行战争的时候，你们曾经考虑到，在这些品质方面，我的成绩比其他的人，哪怕只略胜一筹

---

① 〔古希腊〕德摩斯提尼：《第三篇反腓力》，见罗念生编译：《希腊罗马散文选》，长沙：湖南人民出版社1983年版，第116—117页。

② 〔古希腊〕修昔底德：《伯罗奔尼撒战争史》，谢德风译，北京：商务印书馆1960年版，第150页。

的话，那么，现在你们谴责我做错了，无疑地这是很不合理的。"① 可以说尽管民众愤怒，但是伯里克利依然凭借他的品质和智慧说服了民众，采取了他的政策。显然，相对而言，民众更倾向于信服一个具有廉洁、贤明和爱国等优秀品质的演说家，而不是一个自私自利、品质拙劣的演说家。

雅典著名的演说家德摩斯提尼在演说中也常常展示自己的优秀品质，以此来赢得民众的信服，从而说服他们。在《第三篇奥林萨克》的演说中，德摩斯提尼说："我不想和任何人争吵，谈论些毫无意义的话题。我也不是个被误导的笨蛋在这儿故意找茬，因为我不觉得这有什么益处。但是我认为作为一个公民，将城邦的利益置于演说家的声望之上是正确的。事实上，我懂得——你们也一样——过去几代的演说家遵循政治领袖的这一标准和原则，他们经常被现在的演说家赞扬但是并没有被仿效。"② 可以说，在某种程度上，德摩斯提尼在演说中所展示的对城邦忠诚的品质为其赢得了民众的信服。当然这与德摩斯提尼本人在演说中对事实的预见和分析能力是分不开的。不过历史事实告诉我们，尽管公元前 338 年 9 月喀罗尼亚战争的失败预示着德摩斯提尼反马其顿政策的彻底破产，但是民众对德摩斯提尼的这种信服并没有因这场战争的灾难性后果而动摇。因为具有重要意义的是，喀罗尼亚战后，雅典民众仍然推选德摩斯提尼为战争中的阵亡将士发表葬礼演说。

当然，为了达到进一步说服的目的，政治领袖除了在演说中展示自己的优秀品质之外，有的还攻击竞争对手的拙劣品质。譬如，尼西阿斯在"西西里辩论"中攻击亚西比德赞成远征西西里的动机是想满足个人的私欲，如获得将军的职位，从中谋取财富和荣誉等。尼西阿斯在演说中说："无疑地，坐在此地的，有人因为当选将军而高兴，他完全为着自私的理由，劝你们远征——尤其是因为他还年轻，不能负担这个任务，所以他更会这样做。想使人因为他所养的好马而羡慕他；因为这是很花钱的，他想从他的职位中取得利益。"③ 在"密提林辩论"中，克里昂也

---

① 〔古希腊〕修昔底德：《伯罗奔尼撒战争史》，谢德风译，北京：商务印书馆 1960 年版，第 145 页。
② Demosthenes 3.21.
③ 〔古希腊〕修昔底德：《伯罗奔尼撒战争史》，谢德风译，北京：商务印书馆 1960 年版，第 433 页。

影射攻击戴奥多都斯的人品。他说："至于我自己，我没有改变我的主张；……如果有人反对我，其他证明密提林人对我们所做的祸害是对我们有真正的好处的，或者证明我们受到的痛苦的时候，我们多少是危害了我们的同盟者，那么，我也觉得诧异。很明显，说这种话的人一定相信他的演说能力，所以他努力想说服你们，把已经最后决议了的事说成是还没有完全决定的事；或者他一定是受了贿赂，把一些煞费苦心地想出来的言辞凑合起来，想利用这种言辞来引诱你们走到错误的道路上去。"① 而德摩斯提尼也常在演说中指责对手是迎合民众的谎言制造者。他在《论组织》(*On Organization*) 的演说中说道："雅典人啊，凡是想有益于城邦的人必须首先清洗你们的耳朵，因为你们已经被污染；事实上，如此多的谎言已经让你们不习惯倾听最好的建议。"② 因此，演说者在演说中展示自己的优秀品质、攻击他人的拙劣品质是演说发挥作用的一种有效手段，因为演说家所具有的优秀品质有利于增加民众的信服力。所以亚里士多德评论说："当演说者的话令人信服的时候，他是凭他的性格来说服人，因为我们在任何事情上一般都更相信好人，由于这个缘故，我们对于那些不精确的、可疑的演说，也完全相信。……演说者的性格可以说是最有效的说服手段。"③

四、顺应民意、谄媚民众

不可否认，政治领袖在演说中充分利用听众的心理，适时地顺应民意、谄媚民众是演说产生说服效力、影响民众决策的又一重要手段。因为，即便是同样的问题甚至是同一个问题，同一个人在不同的心理状态之下作出的决策和判断也可能是不同乃至是相反的。一个著名而伟大的例证是"密提林辩论"。

根据修昔底德的记载，在镇压密提林暴动后，雅典人就如何处置密提林战俘问题先后召开了两次公民大会。在这两次大会上，讨论的是同样的议题，同样还是克里昂和戴奥多都斯代表两种对立的观点演说发言，

---

① 〔古希腊〕修昔底德：《伯罗奔尼撒战争史》，谢德风译，北京：商务印书馆1960年版，第205—206页。
② Demosthenes 13.13.
③ 〔古希腊〕亚里士多德：《修辞学》，罗念生译，北京：生活·读书·新知三联书店1991年版，第25页。

但是令人匪夷所思的是克里昂和戴奥多都斯前后两次的演说发言却产生完全不同的效果，令民众作出截然相反的决策。为什么呢？如果从演说家发表演说时民众的心理来分析，我们可能会找到一个较为满意的答案。修昔底德说，第一次公民大会召开的时候，密提林战争刚刚结束，民众的心理还依然处于愤怒的状态，对密提林人充满了痛恨和怨愤。因为他们认为密提林发生暴动是蓄谋已久的事情，更何况是在他们没有将后者视为自己属国的情况下发生的。其实看看雅典人如何处置密提林的将军萨利修斯我们就可以知道雅典人到底有多痛恨密提林人的了。根据修昔底德的记载，当萨利修斯和其他战俘到达雅典的时候，虽然萨利修斯建议他可以帮助雅典人，使斯巴达人从普拉提亚撤军，但是雅典人马上把他处死了。① 而克里昂在演说中正是充分利用了雅典民众对密提林人的这种愤怒和怨恨的心理，提出将密提林全体成年男子处以死刑，把妇女和未成年的男女变为奴隶。虽说戴奥多都斯发言竭力反对，并指出匆忙和愤怒是阻碍善良主张的两大障碍——匆忙通常是和愚笨连在一起的，而愤怒是思想幼稚和心胸狭窄的标志。② 但是克里昂最终说服了民众，通过了此项提议。然而，经过一天一夜的消磨，当雅典民众召开第二次公民大会的时候，民众的心理有了明显的转变，他们的愤怒情绪有所消减。这正如克里昂在第二次演说中所说的那样："经过相当久的时间之后，受害者才来对付作害者，那时候受害者的怒火已经消失了；惩罚罪犯最好和最适当的办法是马上报复。"③ 然而克里昂的这段话似乎预示着自己这次演说的失败，因为他已经看到了民众对"密提林事件"前后的心理变化。看来这次是戴奥多都斯在演说中充分利用了民众愤怒情绪消减的心理，顺应民意，谄媚民众，提出了较为温和的政策，建议只审判暴动的贵族首领，让其余的人在自己的城邦中生活，从而说服了民众，使得自己的提议得以通过。

"西西里辩论"亦能说明演说是如何通过民众的心理、顺应民意来发挥其应有的说服作用的。根据修昔底德的记载，在召开公民大会讨论

---

① 参见〔古希腊〕修昔底德：《伯罗奔尼撒战争史》，谢德风译，北京：商务印书馆1960年版，第203—204页。

② 参见〔古希腊〕修昔底德：《伯罗奔尼撒战争史》，谢德风译，北京：商务印书馆1960年版，第210页。

③ 〔古希腊〕修昔底德：《伯罗奔尼撒战争史》，谢德风译，北京：商务印书馆1960年版，第205—206页。

远征西西里问题的时候，雅典民众受到厄基斯泰人和雅典代表团报告的鼓舞，处于激动和兴奋的状态。亚西比德正是利用了民众这种激动、兴奋的心理，谄媚民众，鼓动远征。虽然尼西阿斯详细论证了远征的不切实际性、远征的难度，但是他无法改变民众此刻高昂的情绪和兴奋的心理，所以最后是亚西比德的提议通过了。这正如修昔底德所评论的："雅典人完全没有因为准备工作的困难而失去远征的欲望，反而比以前更加热烈些，……每个人都充满了远征的热情。年老一点的人认为他们将征服那些他们将航往的地方，或者有了这样大的军队，他们至少不会遭到灾祸了；年轻一点的人希望看看远地的风光和取得一些经验，他们相信他们会安全地回来的；一般公民和普通士兵希望自己暂时得到薪给和扩大帝国使他们将来可以取得永久的薪给工作。大多数人的这种过度热忱的结果使少数实际上反对远征的人害怕别人说他们不爱国，如果他们表示反对的话，因此就不作声了。"①

从"密提林辩论"和"西西里辩论"的例证中，我们发现，政治领袖要想自己的演说达到最佳的说服效果，除了在演说中赞扬自己的优秀品质、贬低对手的拙劣品质和像伯里克利那样论证自己的演说是好的、有益于城邦的演说之外，他们还应该能够审时度势，揣度民众的心理，顺应民意，从而充分地利用民众的心理状态和变化来产生预期的、理想的说服效果。显然，诚如亚里士多德所言，人们在忧愁或愉快、友爱或憎恨的时候所下的判断是完全不同的。②

当然，政治领袖除了能够窥伺民众的心理变化、顺应民意之外，他还应该具有调动民众情绪、改变民众心理的能力，从而使民众产生共鸣，达到说服的效果。其中最常用的方式就是设问或者一连串的反问和比喻。

在公民大会的演说中，演说家或者政治领袖通过频繁地运用他和听众之间的想象的对话或者通过一个想象的诘问者的介入来抓获民众的注意力，调动民众的情绪。这也就是我们通常所说的设问或者反诘的方式。一个很好的例证是在德摩斯提尼《第一篇反腓力》的演说中。在生动地叙述了腓力的焦躁不安和持续不断的进攻欲望之后，德摩斯提尼转向民

---

① 〔古希腊〕修昔底德：《伯罗奔尼撒战争史》，谢德风译，北京：商务印书馆1960年版，第442页。

② 参见〔古希腊〕亚里士多德：《修辞学》，罗念生译，北京：生活·读书·新知三联书店1991年版，第25页。

众问道:"雅典人啊,你们何时会履行你们的职责呀?首先会发生什么呢?如果需要的话,我们应该考虑什么呢?在我看来,最需要的是对政治局势的一种羞耻感。或者告诉我,你们想出去转转并且相互问问:'有什么消息吗?'还有什么比一个来自马其顿的家伙在战争中打败了希腊人并且管理他们的事务更加耻辱的吗?'腓力死了吗?''没有,他并没有死,但是他病了!这对于你们有什么不同吗?如果这就是你们处理事务的方式的话,即便他发生什么事情,你们也会很快创造出另一个腓力来。'"① 另一个明显的例证是在德摩斯提尼的《第三篇反腓力》的演说中,演说家运用了一连串的反诘来渲染演说气氛,引起民众的注意和思考,调动民众的情绪。在谴责腓力为所欲为的侵略行径之后,德摩斯提尼反问道:"他(指腓力)的不可一世的傲慢态度还没有到顶吗?难道他除了毁灭城邦外,没有召开皮托竞技会(Pythian festival)——希腊人的公共集会吗?他不能亲自参加时,不是也派他的奴仆去主持吗?难道他不是温泉关和通往希腊的隘口的控制者吗?难道他没有挤掉我们雅典人,帖撒利亚人、多里斯人(即多利亚人)以及邻城联盟的其余的参与者,而霸占所有的希腊人都不能妄想的那种求神问卜的优先权吗?难道他没有写信给帖撒利亚人叫他们采取什么样的政体吗?难道他没有派一些雇佣军到波耳忒摩斯去推翻埃列特里亚的民主政体,派另一些到俄瑞乌斯去扶植腓力提得斯为独裁君主吗?……难道他攻打安布剌喀亚和琉卡斯,没有使科林斯人受害吗?他发誓要把瑙帕克托斯交给埃陀利亚人,难道没有使阿开俄斯(即阿开奥斯人)人受害吗?他夺权厄卡诺斯,难道没有使忒拜人(即底比斯人)受害吗?难道他没有从我们手里——别的都不谈——夺去了刻索尼萨斯境内最大的城邦卡狄亚吗?"②

比喻是政治领袖在公民大会演说中经常运用的又一种唤起民众情绪、改变民众心理的方式。德摩斯提尼擅长运用比喻的手法。在《第一篇反腓力》的演说中,他将雅典人与腓力作战的方式比作一个蛮族人与一个希腊人进行拳击比赛,他说:"当他们(指蛮族人)有人被击中时,他总是企图想抓住拳头打击的地方;如果你攻击他的其他部位,他的手也

---

① Demosthenes 4.10 – 11.
② 〔古希腊〕德摩斯提尼:《第三篇反腓力》,见罗念生编译:《希腊罗马散文选》,长沙:湖南人民出版社1983年版,第121—122页。

会跟到那里。他既不知道如何也不想去保护自己或者与你面对面进行搏斗。"① 在演说中运用比喻的手法,相当形象,不仅有助于听众对事件的理解,而且还可以加深听众的印象,唤起共鸣。

总之,演说对公民大会决策影响途径是多方面的,政治领袖既可以像伯里克利那样采用理性说服的方式,向民众如实分析,详细论证,或者像亚西比德那样采用操纵性说服的方式,向民众提供虚假的信息。他们既可以展示自己的优秀品质和诋毁对手的拙劣品质,也可以利用民众的心理,顺应民意,因势利导。比如,伯里克利的演说主要是凭借自己的优秀品质、智慧和才能,采取理性说服的方式取胜。为此,即使他有的演说逆民众的心理,但他依然能说服民众,因为他在民众心目中留有的贤明、廉洁、智慧等优良品质足以取信于民众。所以,当伯罗奔尼撒战争爆发后,即便民众不情愿从郊外搬进城中,但是通过具体分析了战争的利弊,他最终还是说服了民众。这正如修昔底德所评价的:"事实上他这样崇高地受人尊敬,以至于他可以对他们发出怒言,可以提出反对他们的意见。"② 德摩斯提尼之所以能够确立长达 22 年(公元前 346—前 324 年)的领导地位,这除了他在演说中显示了自己的优秀品质之外,他也是更多地采用了理性说服的手段,向民众传播了真实的信息。这正如米尔斯评价所言:"可以确定的是,至少从《第一篇反腓力》开始,雅典人开始逐渐,如果不是立刻和全部的话,采纳德摩斯提尼提议的和不断反复强调的政策和策略。难道这能说明雅典人被德摩斯提尼说服或者德摩斯提尼能看清时局,懂得见风使舵吗?同样任何答案肯定是猜测性的,但是我怀疑,即使是最优秀的演说家也不可能劝服民众采取一种在某种程度上已不被赞同的立场。我认为至少从公元前 351 年开始,德摩斯提尼对腓力威胁的判断是正确的,这正如越来越多雅典公民所估计的那样;因此认为他仅仅是为了私利而试图创造一种恐惧和敌对状态的一个机会主义者的观点是荒唐的。"③ 很难想象德摩斯提尼不是凭借真实理性的说服方式来赢得民众

---

① Demosthenes 4.40.
② 〔古希腊〕修昔底德:《伯罗奔尼撒战争史》,谢德风译,北京:商务印书馆1960年版,第150页。
③ R. D. Milns, "The Public Speeches of Demosthenes", in Ian Worthington (ed.), *Demosthenes: Statesman and Orator*, London: Routledge, 2000, p. 218.

的支持。我们虽然不排除他在演说中也运用了虚假或夸大等方式，但是他也是出于城邦和民众的利益，事实证明民众对他的支持要远远大于对他的抛弃。而克里昂和亚西比德演说的成功则主要是由于他们善于揣度民众的心理，把握时机，利用民众的心理，投其所好来产生说服的效果。因此，他们在演说中往往采取隐瞒或者虚假传递某些信息的手段来赢得民众的信任。但是，这往往是一种短期的效果，正如"密提林辩论"一样。当然，不论政治领袖运用何种方式或手段，演说对公民大会民众决策的影响却实实在在。

其实，演说如何在公民大会上发挥作用或者说如何在公民大会上运用演说术是一个极其复杂的问题。我们把问题解剖为演说的实施者即演说家的品质、演说的内容和演说的接受者即民众三个方面是为了分析的方便起见。因此，具体到每一次演说或者每一位演说家的演说，上述三个方面在不同的演说中所发挥作用的重点也是不一样的。因而对演说是如何在公民大会上发挥作用的这一问题，还应当具体问题具体分析。

第二节　诉讼演说与古希腊城邦公民法庭的审判

事实上，雅典公民法庭的审判方式与公民大会的决策方式较为相似，即都是在演说辩论之后由民众集体裁决。如前所述，古代雅典没有我们今天所谓的律师，可以代替诉讼人双方出庭控告或辩护。在案件审理过程中，诉讼人必须自己亲自发言陈述案情。在诉讼人双方陈述案件控告和辩护之后，如果双方对对方证人的证据没有异议的话，传令官宣布投票开始，陪审员即刻投票表决。公民法庭的判决是最后的判决，而且被判有罪的被告也没有更高的权力机构可以上诉。由此可以看出，诉讼人能否胜诉关键就在于其是否能在有限的时间内说服陪审员相信自己而不是对手的陈述。因此，演说对诉讼人而言就具有重要的意义，是其赢得诉讼的必须掌握的一门技艺。那么，演说是如何在公民法庭上发挥作用、影响陪审员判决的呢？亚里士多德在《修辞学》中分析指出，"既然修辞术的目的在于影响判断，那么演说者不仅必须考虑如何能使他的演说能证明论点，使人信服，还必须显示他具有某种品质，懂得怎样使判断者处于某种心情。"① 虽然公民法庭与公民大会的决策方式惊人地相似，但是，鉴于公民大会商讨的事件与公民法庭审理的案件具有本质的不同，所以，诉讼人说服公民法庭陪审员、影响其判决的方式也不尽相同。

一、力陈自己或自己的先辈所承担城邦的捐助义务

我们知道，雅典城邦对公民不征收固定的财产税或者人头税。因此，城邦公共服务的费用主要由富有的公民以捐助的形式来承担。这就是雅典城邦的捐助制度，希腊人称之为 liturgy。捐助主要分为节日捐助和军事捐助。节日捐助就是城邦公共节日中各种活动如剧团的训练、演出、火炬赛等所需的费用由富有的公民承担。一般承担一次节日捐助的费用高达3000德拉克马。军事捐助就是城邦的三列桨战舰维修和水手管理的费用每年都由富裕公民承担。一年军事捐助的费用高达4000—6000德拉克马。其实，富人承担城邦的捐助义务并不是没有目的的。② "在希腊人的思想中，存在着一种强烈的'感激'（charis）观念。即是说，他们对施恩者存感激之心，同时施恩者自己也期望得到回报。"③ 对于这种感恩或者回报的观念，亚里士多德论道："回报这种公正确是共同交往的维系，它是按照比例原则，而不是按照公平原则。按比例的回报形成了城邦。要以怨报怨，若不然就要像奴隶般地受辱。要以德报德，若不然交往就不能出现。正是通过交往，人们才能相互沟通，这就是为什么人们崇拜美惠女神的庙宇。以德报德是恩惠所固有的特点。不但他人的恩惠要回报，并且自己也要开始施惠于人。"④ 因此，诉讼人在演说中就会着重陈述自己或者自己的先辈曾承担过的捐助，并以此来要求民众陪审员给予回报，作出有利于自己的判决。

---

① 〔古希腊〕亚里士多德：《修辞学》，罗念生译，北京：生活·读书·新知三联书店1991年版，第66页。
② 学者研究表明，虽然并非所有捐助者都是雅典政治领袖，但是几乎所有的政治领袖都是捐助者之列。参见黄洋：《雅典民主政治新论》，载《世界历史》1994年第1期，第60—66页。另见 Mogens Herman Hansen, "Rhetores and Strategoi in Fourth-Century Athens", in *Greek, Roman, and Byzantine Studies* 24 (1983), pp. 151–180; J. K. Davies, *Athenian Propertied Families 600–300BC*, Oxford: Oxford University Press, 1971。
③ 黄洋：《雅典民主政治新论》，载《世界历史》1994年第1期，第60—66页。
④ 〔古希腊〕亚里士多德：《尼各马科伦理学》，苗力田译，北京：中国社会科学出版社1999年版，第105页。

例如，吕西阿斯的诉讼委托人在演说中说："不要把我不公正地放逐离开城邦，我为她面对过许多危险，而且履行了诸多公共义务；我从来没有做过危害城邦的事情，我的先辈也没有，我们做的都让城邦受到许多益处。"① 吕西阿斯的另一位诉讼委托人在演说中辩论道："我曾五次担任三列桨战舰舰长，参加四次海战，战争期间支付许多战争税，而且还履行其他各种社会捐助，比任何人做的都好。……鉴于所有这些事实，你们不应相信我的起诉人的陈述，而是要多考虑每个人的行为。"② 德摩斯提尼的诉讼委托人在演说中说："陪审员们，我可以说出许多表明我们是良好公民的事件来，我们和我们父亲的一生都做过三列桨战舰舰长，服过兵役，履行我们的职责，而科依和他家庭的其他成员都没有为城邦履行过这些义务。"③ 一位因为砍伐自己田里枯死的神圣的橄榄树的树干被起诉的人在演说中对陪审员说："我恳请你们不要相信如此话语比行为更为可信，不要让我的对手谈论你们都知道的事情。应该牢记我所说的和我作为公民的行为。我带着极大的热情去履行城邦给予的各种义务，甚至比城邦所要求的还要多：我做过三列桨战舰的舰长，支付过战争税，资助戏剧合唱团，以及还比其他公民更慷慨地履行了其他有关社会捐助的义务。"④ 不仅如此，有的诉讼人则直接在演说中要求城邦给予回报。比如吕西阿斯的诉讼委托人在演说中说："我为城邦提供服务而且是满怀热情地履行。作为交换，我现在要求你们给予报答。既然我在极其危险的关头维护了你们，既然你们喜欢这种信任，那么我希望你们高度评价我和我的孩子们。我确信你们认为如果我们因为这样的控告而丧失公民权的话，或者如果我们由于被剥夺财产而变得穷困，不得不在困境中徘徊，遭受那些不应有的痛苦的话，那这对于我们来说是可怕的，而对你们也是耻辱。"⑤ 显然，诉讼人在演说中不是从法律的角度进行说服，而是强调自己或先辈对城邦的捐助贡献，要求城邦给予回报，并以此来赢得陪审员的同情和支持。所以，斯蒂芬·约翰斯通说："感激是古希腊社会关系中一个重要的结构性原则。感激的观念就是收到一件礼物一定要

---

① Lysias 3.47.
② Lysias 25.12–13.
③ Demosthenes 54.44.
④ Lysias 7.30–33.
⑤ Lysias 21.25.

给予回报。古希腊各种交往的社会关系是在感激的原则下进行的。"① 当然，诚如克里斯特分析所言，政治领袖在诉讼演说中强调其所承担的社会捐助还有可能对民众构成一种潜在的威胁，即如果政治领袖没有得到应有的回报，那么他们有可能大幅度削减自己所承担的城邦公共活动的费用，或者索性逃避这些义务，从而使得城邦和民众的利益受损。② 因此，诉讼人在演说中强调对城邦的捐助义务是说服陪审员、影响他们判决的重要手段之一。

二、攻击对手的品质

当然，在诉讼演说中，为了更加有效地说服陪审员，有的诉讼人还进一步贬低和诋毁对手的品质，比如攻击对手是一个骗人的智者、一个"聪明的演说家"、一个诉讼演说撰写人、一个玩弄言辞的魔术师等，以加强演说的说服效果。

举例来说，在埃斯基涅斯和德摩斯提尼的诉讼演说中，德摩斯提尼常常设法贬低埃斯基涅斯作为演员的职业和其训练有素的嗓音，而埃斯基涅斯则设法把德摩斯提尼的演说术技艺与智者的教育实践和诉讼演说撰写人的活动联系在一起。在《诉提玛尔库斯》（*Against Timarchus*）的演说中，埃斯基涅斯把德摩斯提尼比作"智者"苏格拉底。在演说中，埃斯基涅斯提醒陪审员他们把智者苏格拉底判处死刑是因为苏格拉底是寡头克里提阿斯的老师，然后埃斯基涅斯生动地描述了德摩斯提尼的智者形象，即一个把其法庭演说作为现实教材用于教授青年学生欺骗性演说术的人。③ 欧贝尔评论道："埃斯基涅斯的陈述无非是提醒陪审员注意，和苏格拉底一样，德摩斯提尼也是智者，这样会激起陪审员对德摩斯提尼的愤怒。既然德摩斯提尼本人收取学生，陪审员将会推断他在教授苏格拉底教授给克里提阿斯的同样的东西，因此德摩斯提尼应该得到同样的命运。相反，如果德摩斯提尼是清白无辜的，那么苏格拉底也是

---

① Steven Johnstone, *Disputes and Democracy: The Consequences of Litigation in Ancient Athens*, Austin: University of Texas Press, 1999, p. 101.

② Matthew R. Christ, *The Litigious Athenian*, Baltimore & London: The John Hopkins University Press, 1998, p. 93.

③ Aeschines 1. 173 – 176.

无辜的，因此眼前的陪审团将会陷于不公正的判决中。"① 同样，德摩斯提尼在演说中也搜寻引语来证明埃斯基涅斯是一个诡辩智者和最没有资格指控他人的人，并诋毁埃斯基涅斯的演员生涯。在雅典人的心目中或者至少在德摩斯提尼看来，演员的技能和训练主要是关系到如何运用言语说服广大听众以及凭借他们的嗓音为其赢得独特的魅力和影响力。所以德摩斯提尼在演说中诋毁埃斯基涅斯的演员生涯意在凸显其非凡的、虚假的表演才能，其目的就在于提醒陪审员对埃斯基涅斯的演说内容的怀疑。②

再比如，伊萨乌斯的诉讼委托人在演说中说他和对手不平等，因为对手是一位经验老到的诉讼人和具有影响力的演说家，而自己既没有接受过法庭演说的训练，也没有法庭辩护的经验。③ 伊萨乌斯的又一个诉讼委托人在演说中哀求道："帮帮我，陪审员们，如果克里昂是一个比我更好的演说家，请不要让这一事实胜过法律和正义。"④ 有鉴于此，吕西阿斯的诉讼委托人向公民法庭保证，人人都知道他不擅长演说。⑤ 在《诉泰奥克里尼斯》(*Against Theocrines*) 的演说中，诉讼人埃皮卡瑞斯说："既然我们处于如此不公平的竞争中，我们恳求你们帮助我们，并向众人表明不论是个孩子，还是老人，或者任何年龄的人来到你们这里，他都会受到公正的对待。陪审员们，你们的荣耀不是将法律或你们自己置于演说家的权力之下，而是将演说家置于你们的权力之下，并能辨别能说会道之人和说话公正的人。"⑥ 因此，在诉讼演说中，为了更有效地说服陪审员，诉讼人除了向陪审员展示自己的优良品质之外，有的还进一步贬低和诋毁对手的品质，攻击对手是一个骗人的智者或者是一个"聪明的演说家"等。所以约翰·巴克勒评价道："半真半假的陈述、虚伪的谎言或者恶意的人身攻击都是相当有用的，因为他们主要目的是在既定的时间里说服听众，所以贬低敌手就十分重要，正如宣扬自己知识

---

① Josiah Ober, *Mass and Elite in Democratic Athens: Rhetoric, Ideology, and the Power of the People*, Princeton: Princeton University Press, 1989, p. 172.
② Demosthenes 19. 246–250.
③ Isaeus 10. 1.
④ Isaeus 9. 35.
⑤ Lysias 19. 2.
⑥ Demosthenes 58. 61.

的正确性和诚实的特性重要一样。"① 正因为如此,戴维德·科恩评价道:"从本质上说,雅典人的诉讼很少有关于宪法的解释或者法律原则的辩论。相反,它运用的是对当事人的性格特征、名声和可能性的评价。"② 演说对雅典公民法庭陪审员判决的影响由此可见一斑。

三、强调与城邦利益的一致性

诉讼人,无论是原告还是被告,在公民法庭上发表诉讼演说、进行控告或者辩护的时候,他们都突出强调了自己的诉讼与城邦和民众利益的一致性。一方面,有的诉讼人在演说中将自己的诉讼和城邦的经济利益联系在一起,强调陪审员维护自己就是维护城邦的经济利益。例如,在《诉狄奥尼索多鲁斯》(*Against Dionysodorus*)的演说中,演说者大瑞乌斯将他与被告狄奥尼索多鲁斯之间的经济契约纠纷置于更广泛的社会环境之中,上升到城邦利益的高度,从而将自己的利益和城邦的利益统一起来。他声称海洋贸易契约所涉及的不仅是他们双方,而且还涉及放贷人所信赖的城邦。大瑞乌斯清楚地表明:由于像他对手那样无耻的唯利是图者,所以城邦谷物的价格上涨,城邦的利益处于危险之中。相反,履行契约对雅典公民十分有益,因为这样的话,放贷人更乐于冒险放贷,雅典的港口贸易也会不断上升。因此,当他们受到伤害时,城邦对他们给予帮助是正确的。③ 这样,大瑞乌斯在演说中表明了公平贸易的原则和对雅典人经济利益的顾及,从而将他自己的利益与雅典城邦和民众的利益紧密地联系在一起,把自己和对手区别开来。在一些公共诉讼演说中,被告人往往强调陪审员从保护自己财产获得的益处要比从支持一些以提起诉讼并试图从中获利为职业的原告即"诬告者"获得的益处要更多,因为他们利用自己的财产在城邦中承担了更多的社会捐助义务。例如,银行家佛米奥的辩护人坚持认为,对雅典人来说,让"诬告者"夺走像佛米奥这样体面人的财产不仅仅是一种耻辱,对城邦更是一种损失,因为如果这些财产仍在佛米奥手中的话,将对城邦更加有用,他会用这

---

① John Buckler, "Demosthenes and Aeschines", in Ian Worthington (ed.), *Demosthenes: Statesman and Orator*, London: Routledge, 2000, p. 114.

② David Cohen, *Law, Violence, and Community in Classical Athens*, Cambridge: Cambridge University Press, 1995, p. 61.

③ Demosthenes 56. 47 – 48.

笔财产来帮助城邦中处境困难的人们。①

另一方面，有的诉讼人在演说中将自己的诉讼和城邦的社会利益联系在一起，强调维护城邦的社会公正、社会正义和社会公德。其中最常见的是，在涉及财产、契约等经济诉讼案件的时候，诉讼人常常将他们与对手之间的经济关系转变成普通的熟悉的社会关系，将他们之间有关金钱的争吵转变成涉及城邦社会基本原则特别是朋友间友爱关系的冲突，从而将诉讼与城邦社会利益联系起来。比如，在德摩斯提尼一篇题为《诉卡里克利斯》（*Against Callicles*）的演说中，被告承认卡里克利斯田地庄稼的损失是自己父亲在两家的田地之间建立堤坝拦截水流所致，但是其损失有限，1000 德拉克玛的赔偿金不合情理，更何况卡里克利斯的父亲也从来没有抱怨过自己父亲所建的堤坝。所以他在辩护中一直强调这是卡里克利斯和他的兄弟、堂兄所设计的一个阴谋，即用诉讼困扰他，夺取他的田地，进而将他赶出村舍。因此他进一步指出卡里克利斯的诉讼行为破坏了他们父辈建立起来的和睦、友爱的邻里关系，违背了城邦的社会公德。② 事实上，在辩护中，被告是想绕开法律，援引法律外的社会价值观念对起诉人利用法律进行起诉的合法性提出质疑，从而将自己的辩护与维系城邦的邻里之间的和睦、友爱等社会利益联系在一起。再如，在塞帕埃乌斯的儿子，一个来自博斯普鲁斯的外邦人控告雅典银行家帕希奥盗用他存款的诉讼演说中，从一开始，他就低调处理争执中的经济问题。他说："陪审员们，这一审判对我十分重要。既然我是冒着被认为想不公正地得到属于他人财产的危险，我的一大笔钱和我的声誉都处于危险之中；而这正是我所特别关注的。其实即使我失去这些财产，我仍然还有足够的财产，但是如果我被认为是因为这一大笔金钱起诉，而不是正当理由的话，那么我将会拥有恶名，并伴我一生。"③ 随后，塞帕埃乌斯的儿子将自己和银行家的契约关系转换看作是一种亲密的友谊，指出银行家帕希奥对契约的背叛其实就是对他们之间友谊的一种背叛，从而有悖于城邦的社会公德和社会利益。

由此可见，在公民法庭上，为了能够有效地说服陪审员，诉讼人在发表诉讼演说的时候都尽量将自己的诉讼内容与城邦的经济利益或者社

---

① Demosthenes 36.58.
② Demosthenes 55.
③ Isocrates 17.1.

会利益联系在一起。在演说中，有的诉讼人将自己的诉讼置于城邦的经济利益之中，认为对手侵犯的不仅仅是其个人而是整个城邦的经济利益，如《诉狄奥尼索多鲁斯》演说等；有的诉讼人将自己的诉讼置于城邦的社会利益之中，认为对手侵犯的是友爱、公正等社会原则，从而有损于城邦的社会利益，如《诉卡里克利斯》演说等。当然，从这些诉讼演说中我们不难发现诉讼人将自己的诉讼与城邦利益相联系，强调自己的利益与城邦和民众的利益相一致，其目的往往是想在陪审员中间寻求建立这样一种观念，即他们是维护城邦价值和利益的"内部人"（insiders），而他们的对手则是威胁城邦价值和利益的"外部人"（outsiders）。[1] 这样他们就在演说中把诉讼人彼此之间的敌对关系转化为雅典城邦的"内部人"与"外部人"之间的敌对关系，将自己置于城邦和民众的一边，将对手推向城邦和民众的对立的一边，从而大大加强了自己诉讼演说的说服力度。

四、恳请同情

恳请同情是诉讼人在诉讼演说中利用陪审员的怜悯之心来影响陪审员的心理、说服陪审员、赢得诉讼的又一常见方式。比如，在公元前343年德摩斯提尼诉埃斯基涅斯叛国的案件中，在辩护演说接近结束的时候，被告埃斯基涅斯向陪审员作了如下请求："有人会为我求情。首先，我的老父，不要剥夺老年人的希望。然后，我兄弟，如果我们彼此分离，那么他们也不想生存。还有我的姻亲。最后，我这些年幼的孩子，他们还不能理解这些危机，但是如果我们遭受不幸，他们应该受到同情。为了他们，我恳请你们仔细考虑一下将来，而不要将他们交给我们的敌人。"[2] 安多基德斯在他的一篇题为《论秘仪》（On the Mysteries）的辩护词中向陪审员恳求道："我能把谁带到这里为我求情、请求宽恕呢？我的父亲？他已不在人世。我的兄弟？可惜我没有。我的儿女？但他们还没有出世。你们应该为我求情。"[3] 除了口头请求同情之外，诉讼人在演说中还频繁地诉诸哭泣和将子女、亲戚、朋友甚至邻里带上法庭等各种行

---

[1] Matthew R. Christ, *The Litigious Athenian*, London: The John Hopkins University Press, 1998, p. 187.
[2] Aeschines 2.179.
[3] Andocides 1.148–149.

为方式索取陪审员的同情。德摩斯提尼的一位诉讼委托人在演说中说道："如果他们试图通过哭泣来让他们值得同情的话，我一点也不感到惊讶。"① 苏格拉底在辩护中也同样指出雅典人常常在无关性命的官司中痛哭流涕，向陪审员乞怜，把未成年的孩子和很多亲属带到法庭以获取同情。② 阿里斯托芬喜剧《马蜂》（Wasps）中的主人公菲洛克勒翁和他儿子布得吕克勒翁的一段对话生动地展现了诉讼人向陪审员恳请同情的一幕。菲洛克勒翁说："……我一到那里，就有人把盗窃过公款的温柔的手递给我；他们向我鞠躬，怪可怜地恳求我说：'老爹，怜悯我吧！我求求你，要是你也曾在担任官职的时候或者在行军备办伙食的时候，偷偷摸摸。'……经他们这样一恳求，我的火气也就消了；我随即进入法庭，一进去之后，我却不按照诺言行使，然而我还是倾听他们每一句请求无罪释放的话。让我想一想，哪一种阿谀的话，我们陪审员没有听见过？有人悲叹他们很穷，在实际的苦难之上添枝加叶，把自己说成同我一样；有人给我讲神话故事；有人讲伊索的滑稽寓言；还有人给我们讲笑话，使我们发笑，平息怒气。要是这些手法打不动我们的心，有人立即把他的小孩，男的女的，都拖进来；我只好听啊！他们弯着腰，咩咩地叫；他们的父亲浑身发抖，像求神一样求我怜悯他们，对他们的罪行免于审查。'你们要是喜欢公羊咩咩叫，就应当怜悯我儿子的哭声'；我要是喜欢小猪婆，就应当被他女儿的啼声所感动。"③ 看来恳请陪审员的同情是诉讼人在公民法庭演说中常用的说服手段。通过恳请陪审员的同情，诉讼人有时可以获得诉讼的胜利，或者即便被判有罪，也可以获得较轻的处罚。难怪海尔莫盖尼斯规劝苏格拉底道："难道你看不出雅典人的法庭由于受到言辞的影响常常把无辜的人处死，而在另一方面，由于言辞所引起的恻隐之心或由于申辩的人话说得中听，也常把有罪的人释放了吗？"④

而相反，在公民法庭的演说中，如果诉讼人自命清高，不愿向陪审

---

① Demosthenes 38. 27.
② 参见〔古希腊〕柏拉图：《申辩》，见《柏拉图对话集——苏格拉底的最后日子》，余灵灵、罗灵平译，上海：上海三联书店1997年版，第57页。
③ 〔古希腊〕阿里斯托芬：《马蜂》，见《阿里斯托芬喜剧六种》，罗念生译，上海：上海人民出版社2004年版，84—285页。
④ 〔古希腊〕色诺芬：《回忆苏格拉底》，吴永泉译，北京：商务印书馆1984年版，第189页。

员恳请同情,那么等待他的可能是灾难性的判决,"苏格拉底的审判"即是一个例证。苏格拉底之所以被判有罪乃至死刑,这与苏格拉底在演说中高傲的态度和始终不肯向陪审员恳请同情有着直接的关系。他在演说中义正词严地说:"尊敬的先生,我自然也有亲朋好友。用荷马的话来说,我并不是出自'橡树或岩石'中,而是为人之父母所生,因此我有亲属,当然也有儿子。有三个儿子,一个快要成人了,另两个还是幼童。但总之我不准备把他们带到这里来乞求你们宽恕我。"① 所以,色诺芬在回忆苏格拉底的时候说道:"如果他稍微适当地从俗一点,就可以被法官释放。"② 但是,历史没有假设,苏格拉底没有从俗,没有恳请陪审员的同情。

正因为恳请同情在公民法庭演说中的说服作用如此显著,所以对于诉讼人一方的恳请同情,另一方则想方设法阻挠陪审员对其施加同情。他们常常在演说中指出因为对手在此之前并没有对他人显示同情之心,所以他们也不应该受到陪审员的同情。比如在德摩斯提尼诉埃斯基涅斯叛国一案中,德摩斯提尼预料到埃斯基涅斯会在演说中呼吁、恳请陪审员的同情,所以他就提醒陪审员对埃斯基涅斯的恳请要搁置一边,不予理睬。他说:"那位谈判大使(指埃斯基涅斯)会为自己哭泣求情,或许他会带来子女列队站在讲坛上。陪审员们,谈到他孩子的时候,你们应牢记你们盟友和朋友的孩子成为难民四处流浪,他们是由于这个人而遭受这样的灾难。他们比一个罪犯和叛国者的子女更值得同情和怜悯。"③ 在这里,德摩斯提尼是提醒陪审员注意:既然埃斯基涅斯叛国,没有给予雅典人盟友和朋友的孩子同情,那么埃斯基涅斯的孩子也不应该得到他们的同情。同样,一位原告控告继母毒死其父亲时说:"她从你们或者别人那里得到同情或者尊重又如何称得上公正呢?她没有对她的丈夫表示同情;她毫无同情心或者任何羞耻感就杀害了她的丈夫。"④ 显然,在原告看来,既然被告毫无同情心地杀害了自己的丈夫,那么她理所当然也不应该受到同情。

---

① 〔古希腊〕柏拉图:《申辩》,见《柏拉图对话集——苏格拉底的最后日子》,余灵灵、罗灵平译,上海:上海三联书店1997年版,第57页。
② 〔古希腊〕色诺芬:《回忆苏格拉底》,吴永泉译,北京:商务印书馆1984年版,第162页。
③ Demosthenes 19. 310.
④ Antiphon 1. 26.

其实，同情是雅典人的民族特性和美德，比如梭伦早在立法中就规定允许任何人代表受害者进行报复。① 而恳请同情不仅为雅典城邦和公民所认可，甚至作为制度化的一部分在公民大会上被固定下来。公元前5世纪雅典人在市政广场上建立的一座怜悯（pity）祭坛。在每月一次的专为公民请愿召开的公民大会上，任何愿意的人都可以将一根用羊毛包扎的象征乞援的橄榄树枝放置在怜悯祭坛上，然后就任何有关公共或者个人事件向公民大会提出请求。② 因此，正如迪奥多罗斯在诉提摩克拉提斯中所说的那样："城邦的精神包括对穷人的同情和怜悯。"③ 可以说，正是基于雅典人具有的同情心和恳请同情作为一种制度化的东西被城邦公民认可，或者说雅典城邦所具有的同情精神，在公民法庭的演说中，诉讼人常常通过恳请陪审员的同情和怜悯来说服陪审员，赢得诉讼的胜利。所以，大卫·康斯坦（David Konstan）评论道："古代和现代司法审判程序中较显著的差别就是古希腊和罗马的法庭允许恳请怜悯。"④ 一般而言，在乞求同情的诉讼人当中，被告多于原告。原告中乞求的多是关于财产继承或者财产监护，而原告又多是弱者如孤儿等。因此，诉讼人在演说中充分利用陪审员的怜悯之心等恳请同情是演说在公民法庭上发挥应有的说服作用的又一重要手段和方式。

五、"正如你们都知道"

"正如你们都知道"是诉讼人在演说中利用陪审员的羞耻之心来说服陪审员并最终赢得诉讼的最常用的一句话，⑤ 因而成为诉讼人在演说中惯用的技巧。"正如你们都知道"之类表述主要指为众人所认可的常识，如具有代表性的诗句、法律条文或者历史事件等，或者是众人所认可的事务，其目的是想利用陪审员的羞耻之心来影响陪审员的心理，赢得陪审员的认可和赞同。正如亚里士多德在《修辞学》中所说的，诉讼人在演说中利用"这件事谁不知道""这是大家都知道的"的表述来赢

---

① 参见〔古希腊〕亚里士多德：《雅典政制》，日知、力野译，北京：商务印书馆1959年版，第12页。

② 参见〔古希腊〕亚里士多德：《雅典政制》，日知、力野译，北京：商务印书馆1959年版，第48页。

③ Demosthenes 24.171.

④ David Konstan, *Pity Transformed*, London: Duckworth, 2001, p.27.

⑤ Aeschines 1.127–30; Demosthenes 40.53–54.

得所有陪审员的赞同,包括那些真的不知道这些事实的人,因为他们以未能分享众人都知道的内容或事情为耻,只好也表示赞同。① 比如,在一篇《诉忒翁涅托斯》(*Prosecuation against Theomnestos*)的演说中,诉讼人在辩论法律字眼含义的时候说:"诸位陪审员,你们所争议的不会是字眼,而是字眼的含义。**你们都知道**,杀过人的是杀人凶手,杀人凶手是杀过人的。"② 在解释陈述案情完毕之后,他又转向陪审员说道:"诸位陪审员,**我认为你们全都看出了我的陈述是正确的**,而这人却是这样愚蠢,不能领会上面说的话。因此,我想引用其他的法律来开导他,使他现在在这个高位上受到一点教育。"③ 显然,诉讼人在演说中是想利用"你们都知道"和"你们全都看出了我的陈述是正确的"之类的话语引导陪审员认可、赞同自己的演说陈述,进而说服陪审员,赢得诉讼的胜利,因为没有人愿意在众人面前暴露出自己的无知和愚蠢。

当然,对于诉讼演说中对手的"正如你们都知道"这种惯用演说技巧,诉讼人有时也会在演说中直接告诫陪审员,将其揭露。比如,在《第2篇反伯埃图斯》(*Against Boeotus II*)的演说中,诉讼人曼提修乌斯告诫了陪审员他对手的这一演说技巧。曼提修乌斯在演说中说:"他就是这样一个罪犯,如果没有证人证明,他就会说,陪审员,**这是你们所熟知的。这就是所有那些不能明晰辩论的人所惯用的伎俩**。如果他试图使用任何伎俩,不要宽容,要揭露他。要让他承认你们所不知道的也是他的邻居所不知道的。"④ 曼提修乌斯的指控揭示了"正如你们都知道"这一主旨只不过是诉讼人用于"掩盖事实的一块面纱"和逃离事实的一种手段。这正如乔恩·海斯克(Jon Hesk)所评论的:"曼提修乌斯并不是简单地把陈述谎言面具的'正如你们都知道'的主旨看作是一般事实,而是他向听众提供了用于解释作为常识的任何信息陈述合法性的一种方法。那就是:他要求每一位陪审员考虑一下是否伯埃图斯的常识是他们每个人都知道的。如果不是,那么陪审员就可以认为他的无知并不仅仅

---

① 参见〔古希腊〕亚里士多德:《修辞学》,罗念生译,北京:生活·读书·新知三联书店1991年版,第165页。
② 〔古希腊〕吕西阿斯:《诉忒翁涅托斯》,见罗念生编译:《希腊罗马散文选》,长沙:湖南人民出版社1983年版,第33页。
③ 〔古希腊〕吕西阿斯:《诉忒翁涅托斯》,见罗念生编译:《希腊罗马散文选》,长沙:湖南人民出版社1983年版,第35页。
④ Demosthenes 40.53–54.

是他自己，而且还有其他陪审员。由此可以进一步推论出'正如你们都知道'的主旨是以一个事实上并不存在的事实来证实一个虚构的陈述。"① 但是尽管如此，鉴于一个人内心所固有的羞耻之心，雅典陪审员亦不例外，"正如你们都知道"这一主旨依然为众多诉讼人在演说中使用，成为说服陪审员赢得诉讼的方式之一，而曼提修乌斯的指控也正从反面证明了这一事实。

概言之，演说在公民法庭上发挥说服作用的途径是多种多样的，有的是通过诉讼人在演说中称赞自己或贬抑对手的品质，有的是通过诉讼人将诉讼内容与城邦和民众的利益密切相关，有的是通过诉讼人充分利用陪审员的怜悯之心等来恳请他们的同情，进而说服他们以便赢得诉讼。因此斯蒂芬·约翰斯通说："雅典法律十分明显地将原告和被告区别开来，对诉讼人而言，诉讼能否获胜的关键问题不在于哪一个正确，而在于他们是如何进行辩论的。"② 比如就"埃斯基涅斯诉克提斯丰"一案而言，即便埃斯基涅斯所指控的罪状——克提斯丰提议时德摩斯提尼还在任公职；克提斯丰的提议不是在公民大会上；德摩斯提尼没有像克提斯丰在提议中所说的那样给民众提供最好的政策——都是正确的，具有法律依据，但是诚如约翰斯通所言，这并不重要，重要的是德摩斯提尼懂得如何进行辩护演说，他能通过陈述自己过去对城邦的公德和荣耀而巧妙地避开了这些问题，从而赢得了陪审员的赞同。而相比之下，埃斯基涅斯却在演说中更多地谈及公元前336—前330年间雅典的败绩，甚至在演说结束的时候还要求陪审员不要忘记最近的历史，从而激起了陪审员的憎恨。这正如伊安·沃汀顿所评价指出的："埃斯基涅斯为什么要详细叙述公元前336—前330年间所发生的事件从而在希腊人的伤口上撒一把盐，使得部分重要的陪审员产生敌意呢？……如果有人错误判断时局的话，那人就是埃斯基涅斯——判决的结果证明了这一点。他谈论这几年比德摩斯提尼要多得多。"③ 因此，诉讼人要想演说发挥应有的说服作用，赢得诉讼的胜利，他们在演说中除了

---

① Jon Hesk, "The Rhetoric of Anti-Rhetoric in Athenian Oratory", in Simon Goldhill & Robin Osborne (eds.), *Performance Culture and Athenian Democracy*, Cambridge: Cambridge University Press, 1999, p. 228.

② Steven Johnstone, *Disputes and Democracy: The Consequences of Litigation in Ancient Athens*, Austin: University of Texas Press, 1999, p. 5.

③ Ian Worthington, "Demosthenes' (In)activity during the Reign of Alexander the Great", in Ian Worthington (ed.), *Demosthenes: Statesman and Orator*, London: Routledge, 2000, p. 99.

充分利用自己的优秀品质、将自己的诉讼与城邦的利益相联系之外,还应该能够像德摩斯提尼那样审时度势,充分估计陪审员的心理,利用他们的心理来赢得诉讼。一句话,诉讼人在公民法庭演说中要善于运用演说术赢得诉讼的胜利。

第三节　从演说看古希腊城邦政治决策中的情感因素

　　提及演说势必会涉及情感,因为演说是人与人之间面对面的、直接的、即刻的、口头的说服活动。亚里士多德在《修辞学》第二卷中占用大量篇幅专门论述情感问题。他是在提醒演说者注意:他们在发表演说的时候要清楚地了解听众所处的情感状态。在亚里士多德看来,在不同的情感状态下,人们对事情的看法、态度会有所差别,甚至完全相反,而态度和看法又直接影响到人们将要采取的行动。他说:"因为当人们抱友好态度或者憎恨态度的时候,抱气愤态度或者温和态度的时候,他们对待事情的看法不同,不是完全不同,就是有程度之差,当他们对他们所要判断的人抱友好态度的时候,他们不是认为他没有罪,就是认为他的罪很小;当他们抱有憎恨态度的时候,案情就相反。如果某一件将要发生的事是使人愉快的,当一个人盼望有这种事,并且对它抱有很大的希望的时候,他会认为这件事一定会发生,而且会对他有好处;当他们抱冷淡态度、心里不高兴的时候,他们就采取相反的看法。"① 其实亚里士多德已经将情感论证作为演说论证的一种方式。亚里士多德说:"由演说提供的或然式证明分为三种。第一种是由演说者的性格造成的,第二种是由使听者处于某种心情而造成的,第三种是由演说本身有所证明或者似乎有所证明而造成的。"② 现代学者分别称之为伦理论证、情感论证和逻辑论证。③ 既然演说在古希腊城邦政治运作中居于核心的

---

① 〔古希腊〕亚里士多德:《修辞学》,罗念生译,北京:生活·读书·新知三联书店1991年版,第70页。
② 〔古希腊〕亚里士多德:《修辞学》,罗念生译,北京:生活·读书·新知三联书店1991年版,第25页。
③ Harry Caplan, Richard Leo Enos, Mark James, Harold Barrett, Lois Agnew, Edward P. J. Corbett, "The Classical Tradition: Rhetoric and Oratory", in *Rhetoric Society Quarterly*, Vol. 27, No. 2 (Spring, 1997), pp. 7–38.

地位，无论在公民大会还是公民法庭上，城邦的政治运作主要是通过演说的方式来进行适当讨论和辩论，那么对于民众在政治决策过程中的情感问题应当给予充分的研究，以便于更进一步认识古希腊城邦政治。

一、情感的定义

在《修辞学》中，亚里士多德说："情感包括所有使人改变看法另作判断的情绪，伴之而来的是苦恼或者快感，例如忿怒、怜悯、恐惧和诸如此类的情绪以及和这些情绪相反的情绪。"① 接着，亚里士多德分别论述了愤怒、温和、友爱、恐惧、羞耻、慈善、怜悯、愤慨、嫉妒和羡慕等十种情感。在《论演说家》中，西塞罗指出演说家在演说中诉求的人的重要情感有爱、恨、愤怒、嫉妒、怜悯、希望、喜悦、恐惧和不安等九种。② 亚里士多德和西塞罗同时将情感作为演说的重要内容加以研究看来不是偶然，这足以说明情感在演说说服中的地位和重要性。其实，演说在古希腊城邦政治生活中最终是通过其对民众情感的唤起，使民众产生情感共鸣来发挥作用。

二、荷马时代情感对英雄决策的影响

翻开荷马史诗，无论是《伊利亚特》，还是《奥德赛》，我们发现情感对英雄决策有着重要的影响。愤怒③与怜悯④这一相互对立的情感贯穿两部史诗，成为史诗叙事过程中的主线。

把《伊利亚特》引言中阿基琉斯的愤怒搁置一旁不论，史诗故事的叙述真正是从希腊联军统帅阿伽门农对阿波罗祭司克律塞斯的愤怒开始的。史诗故事的一开始，克律塞斯带着大量赎金前往希腊联军的营帐向

---

① 〔古希腊〕亚里士多德：《修辞学》，罗念生译，北京：生活·读书·新知三联书店1991年版，第70页。

② Cicero, *On the Orator* 2. 206.

③ 忿怒是一种针对某人或他的亲友所施加的为他们所不应遭受的显著的轻慢所激起的报复心理所引起的有苦恼相伴随的欲望。……忿怒中也有快感相伴随，这是由于有希望报复，因为认为自己能达到自己追求的目的，是愉快的事……发怒的人追求自己可能达到的目的。参见〔古希腊〕亚里士多德：《修辞学》，罗念生译，北京：生活·读书·新知三联书店1991年版，第71页。

④ 怜悯是一种由于落在不应当受害的人身上的毁灭性的或引起痛苦的、想来很快就会落到自己身上或亲友身上的祸害所引起的痛苦的情绪。参见〔古希腊〕亚里士多德：《修辞学》，罗念生译，北京：生活·读书·新知三联书店1991年版，第89页。

阿伽门农赎取女儿的行为激怒了阿伽门农。阿伽门农的这一愤怒的结果就是直接将祭司谩骂一顿直至最后粗暴地将其斥退。阿伽门农严厉警告说："老汉，别让我在空心船旁边发现你，不管你是现在逗留还是以后再来，免得你的拐杖和天神的神圣花冠保护不了你。你的女儿我不释放，她将远离祖国，在我家、在阿尔戈斯绕着织布机走动，为我铺床叠被，直到衰老。你走吧，别气我，好平安回去。"① 结果，希腊联军遭到了阿波罗神的报复，致使瘟疫降临希腊联军。可以说，阿伽门农为自己愤怒情绪下所作的决定付出了代价。但是故事只是刚刚开始。当希腊人知道瘟疫原因的时候，以阿基琉斯为代表的希腊人怜悯祭司，不满阿伽门农的所作所为。所以在希腊联军会议上，阿基琉斯表达了不满，要求阿伽门农把祭司的女儿送还老人，并带上大量财物。希腊两位英雄就这样争吵起来。结果在愤怒的情绪下，阿伽门农把阿基琉斯的战争荣誉（女奴）据为己有。同样，在愤怒的情绪下，阿基琉斯率领自己的士兵退出战争。阿基琉斯退出战争的结果就是希腊联军的节节败退，这与史诗开始阿波罗降瘟疫于希腊联军又是何其相似。希腊联军的溃败引起了帕特罗克勒斯的怜悯，于是他决定穿上好友阿基琉斯的铠甲，拿着阿基琉斯的盾牌，代替好友作战。显然，好友帕特罗克勒斯的被杀燃起了阿基琉斯复仇的怒火，在先前希腊使团都没有说服其返回战场的情况下，他决定重返战场为好友复仇。阿基琉斯的愤怒再次被激起，即便在他知道自己生命将随着他重返战场而很快失去的情况下。就这样在愤怒的情绪之下，阿基琉斯重返战争，怒杀赫克托耳并凌辱其尸体，为好友复仇。史诗最后，当特洛伊国王普里阿摩斯带着大量赎金前往阿基琉斯营帐前赎取儿子赫克托耳尸体的时候，阿基琉斯的情感发生的巨大的转变，当他看到眼前失去儿子的白发苍苍的老人普里阿摩斯时，突然想到自己年迈的父亲也很快面临失去儿子的痛苦。阿基琉斯心生怜悯，与普里阿摩斯抱头痛哭，命令将赫克托耳的尸体擦洗干净包裹好交给老人，并特别提醒老人趁黑夜返回特洛伊，以免阿伽门农知道此事后会耽误老人回归的行程。最后普里阿摩斯得以安全带着儿子的尸体返回特洛伊并给儿子举行了葬礼。至此，史诗圆满结束。由此可以看出，史诗故事的叙述就是在愤怒与怜悯这一对相互对立的情感中展开。史诗一开始描述的一系列

---

① 〔古希腊〕荷马：《伊利亚特》，罗念生、王焕生译，北京：人民文学出版社1997年版，第2—3页。

愤怒显然是为了突出最后阿基琉斯的怜悯，而阿基琉斯从愤怒到怜悯的发展也体现了英雄自己的成长与成熟。显然，作为英雄，在情感处于愤怒或者怜悯的情况下，他们所做的决策和行为完全不同，《伊利亚特》提供了丰富的案例。

《奥德赛》也同样如此，只不过史诗叙述的方式是从一开始众神和人对英雄奥德修斯的怜悯，为其在流浪和归家的途中提供一系列帮助，到最后奥德修斯归家后对求婚人的愤怒，从而将其一一诛杀。从怜悯提供帮助，到愤怒因而诛杀，史诗的叙述都体现了情感对神人行为的影响。作为一个漂泊在外、无家可归的流浪者，奥德修斯受到了卡德摩斯的女儿伊诺、河神、费埃克斯人国王阿尔吉诺奥斯等众多神、人的怜悯和帮助，最终得以安全地踏上故土。伊诺怜悯奥德修斯，她送一块方头巾给奥德修斯，帮助他渡海到费埃克斯人国土。① 河神怜悯奥德修斯，他立即阻止水流，使奥德修斯安然游向河岸。② 费埃克斯人怜悯奥德修斯，国王阿尔吉诺奥斯不仅盛情款待奥德修斯，而且还送上丰厚的礼物，并派船队将奥德修斯送回故土。③ 但是当伪装成乞丐的奥德修斯被牧猪奴欧迈奥斯带进宫廷面对求婚人的时候，求婚人对其肆意地侮辱、谩骂和殴打等各种欺凌激起了奥德修斯复仇的怒火。这正应验了雅典娜女神对奥德修斯的忠告——"你要默默地强忍各种痛苦，任凭他人虐待你。"④ 在射杀求婚人的时候，奥德修斯怒斥求婚人的罪行。他说："你们这群狗东西，你们以为我不会从特洛亚地区归返，从而消耗我家产，逼迫我的女奴们与你们同床共枕，我还活着，便来向我的妻子求婚。"⑤ 在怒火中烧的情况下，当求婚人欧律马科斯乞求怜悯时，奥德修斯却没有答应，而是回应说："欧律马科斯，即使你们把全部财产悉数作赔偿，外加许多其他财富，我也不会让我的这双手停止杀戮，直到求婚人偿清自己的累累罪恶。"⑥ 所以维多利亚·帕德里克（Victoria Pedrick）说："诗人已经竭力铺垫了求婚人的罪过，尤其是他们对待客之道的违背，以至于奥德

---

① 参见荷马：《奥德赛》，王焕生译，北京：人民文学出版社1997年版，第109页。
② 参见荷马：《奥德赛》，王焕生译，北京：人民文学出版社1997年版，第113页。
③ 参见荷马：《奥德赛》，王焕生译，北京：人民文学出版社1997年版，第269—271页。
④ 荷马：《奥德赛》，王焕生译，北京：人民文学出版社1997年版，第278页。
⑤ 荷马：《奥德赛》，王焕生译，北京：人民文学出版社1997年版，第454页。
⑥ 荷马：《奥德赛》，王焕生译，北京：人民文学出版社1997年版，第455页。

修斯对他们的杀戮是合乎民意、受到欢迎的。"① 这也就是说,求婚人的罪行不仅激起了奥德修斯的愤怒,甚至还激起了公愤,所以才招来杀身之祸。

通过上述分析,我们发现愤怒与怜悯这一对情感在荷马时代英雄决策的过程中起着一定的作用,英雄不同的决定在一定程度上都受到其情感的左右和影响。所以古典学者汉纳·罗伊斯曼(Hanna M. Roisman)说:"荷马似乎更加接受情感在决策中的作用"②。当我们从演说的视角分析古希腊城邦政治的时候,我们发现情感对城邦政治决策同样具有重要的影响,起着一定的作用。

三、情感与城邦公民大会的决策

政治领袖在演说提议中利用民众情感的变化来影响其决策的事例在古希腊历史著作中都有相关记载。根据修昔底德的记载,公元前427年雅典先后两次召开公民大会处理密提林战俘,但是作出了完全不同的决议。在把密提林暴动的领导者萨利修斯处死之后,雅典人开会讨论如何处理其他战俘。修昔底德记载说:"他们在愤怒的情绪下,决定不仅把现在已经在他们手中的密提林人,并且把密提林全体成年男子都处以死刑,而把妇女和未成年的男女都变为奴隶。他们对密提林的责备是这样的:它并没有和其他国家一样,被当作属国看待,而它竟暴动了,因此雅典人对它更加痛恨,他们认为:如果不是长期以来预谋暴动的话,这种事情是不会发生的。所以他们派了一条三列桨战舰到帕撒斯那里去,把这个决议通知他,并且命令他把密提林人处死。"③这就是雅典民众对密提林战俘的第一次决议。在密提林决议的第一次公民大会上,政治领袖克里昂正是利用雅典民众在刚刚镇压暴动后的愤怒情感,煽动民众通过集体处死密提林人的决议。"但是第二天,雅典人民的情绪有了突然的改变,他们开始想到这样的一个决议是多么残酷和史无前例的——不仅杀戮有罪的人,而且屠杀一个国家的全部人民。在雅典的密提林代表团看

---

① Victoria Pedrick, "Supplication in the Iliad and the Odyssey", in *Transactions of the American Philological Association*, Vol. 112 (1982), p. 134.
② Hanna M. Roisman, "Right Rhetoric in Homer", in Ian Worthington (ed.), *A Companion to Greek Rhetoric*, Oxford: Blackwell Publishing, 2007, p. 431.
③ 〔古希腊〕修昔底德:《伯罗奔尼撒战争史》,谢德风译,北京:商务印书馆1960年版,第203—204页。

到了这种形势,于是和那些支持他们的雅典人一同去见政府当局,主张把这个问题在民众会议中再提出来讨论一次。政府当局自己也很清楚地知道,大部分公民都希望有一个机会重新考虑这个问题,因此他们更容易说服政府当局。"① 第二次公民大会关于密提林决议则是从容地审判那些帕撒斯认为有罪而送到雅典来的人,让其余的人在他们自己的城市中生活着。所以在第二次公民大会上,戴奥多都斯则利用民众情绪的转变,力荐温和处理密提林战俘,并指出匆忙和愤怒是阻碍善良主张的两大障碍——匆忙通常是和愚笨连在一起的,而愤怒是思想幼稚和心胸狭窄的标志。② 其实密提林决议还充分体现了雅典人知道懊恼情感。③ 正是雅典民众对第一次公民大会决议的反思和后悔,才有了第二次公民大会的可能。所以亚里士多德指出,情感具有思想的价值,它们能够促使人去思考。④

在雅典公民大会决策中,"密提林战俘处置事件"并非个案。公元前415年的西西里远征决策、公元前406年的阿吉纽斯海战将军的集体审判都是情感影响民众决策的典型案例。根据修昔底德的记载,在西西里远征大会上,雅典民众受到厄基斯泰人和雅典代表团报告的鼓舞,处于激动和兴奋的状态。雅典政治领袖亚西比德正是利用民众这种激动、兴奋的情感,鼓动远征。尽管另一位政治领袖尼西阿斯十分理性地论证了远征的不切实际性和远征的难度,但是他完全忽略了民众高昂的情绪和亢奋的心理。最终亚西比德远征西西里的提议通过。修昔底德对此评论道:"雅典人完全没有因为准备工作的困难而失去远征的欲望,反而比以前更加热烈些,……每个人都充满了远征的热情。年老一点的人认为他们将征服那些他们将航往的地方,或者有了这样大的军队,他们至少不会遭到灾祸了;年轻一点的人希望看看远地的风光和取得一些经验,他们相信他们会安全地回来的;一般公民和普通士兵希望自己暂时得到

---

① 〔古希腊〕修昔底德:《伯罗奔尼撒战争史》,谢德风译,北京:商务印书馆1960年版,第204页。

② 参见〔古希腊〕修昔底德:《伯罗奔尼撒战争史》,谢德风译,北京:商务印书馆1960年版,第210页。

③ Laurel Fulkerson, "Metameleia and Friends: Remorse and Repentance in Fifth-and-Fourth-Century Athenian Oratory", in *Phoenix*, Vol. 58, No. 3/4 (Autumn-Winter, 2004), pp. 241–259.

④ 参见〔古希腊〕亚里士多德:《修辞学》,罗念生译,北京:生活·读书·新知三联书店1991年版,第83页。

薪给和扩大帝国使他们将来可以取得永久的薪给工作。大多数人的这种过渡热忱的结果使少数实际上反对远征的人害怕别人说他们不爱国，如果他们表示反对的话，因此就不作声了。"①

公元前406年，雅典将军在战胜斯巴达人以后，海军将领决定主力舰艇追击敌人，另留一部分官员及士兵负责救护受伤舰艇上的海员并掩埋阵亡将士的尸体。但是由于当时海上兴起风暴，救护伤员和打捞并掩埋阵亡将士尸体的工作未能如愿完成。事后雅典人对负责将领以失责罪起诉。当时所有其他议员都一致表决将十个将军处以死刑，只有苏格拉底一人因此种起诉不合法而提出了抗议，坚决投了反对票。被判死刑的虽有十人，但因一人不在场，一人已死，另有两人逃亡，实际被处决者只有六人。根据色诺芬的记载，公元前406年对雅典十将军的审判，最后，公民不得不在卡利克赛诺斯的集体判处死刑的提议和欧里托莱墨斯的在公民法庭上一个一个审判的提议之间作出选择。第一次举手表决的时候，欧里托莱墨斯的提议获得多数票，但是有个迈奈克勒斯表示反对这一决定，于是当重新举手的时候，大多数又赞同卡利克赛诺斯的提议。② 如果色诺芬的记述正确的话，那么导致这一决议的原因是什么呢？狄奥多鲁斯记载的一段话很好地反映了当时公民大会的状况："死者的亲属对将军们造成的损害绝不是最小的。他们身穿丧服出现在公民大会，请求人民制裁那些自愿为国捐躯却未得到埋葬的人。最后，因为人数众多，这些亲属的朋友和泰拉麦奈斯一派赢得了胜利，结果将军们被判死刑，他们的财产被没收。"③ 对于人数占据多数的死者亲属参与的公民大会，其表决的结果也就可想而知，尤其是当他们都还身穿丧服的时候。色诺芬在《回忆苏格拉底》中的一段描述也体现了当时参与公民大会的民众的愤怒。他写道："当他（苏格拉底）还是议会的一个成员的时候，他作为议员曾经宣誓就职，在誓词里表示，他将依法进行表决。当民众要求他只一次违法表决，处死塞拉苏洛斯、艾拉西尼底斯和他们同事的时候，他正是人民大会的主席，尽管群众向他发怒，许多有权势的人发言恫吓他，要他付诸表决，他还是拒绝了，他认为遵守誓词比违反正义

---

① 〔古希腊〕修昔底德：《伯罗奔尼撒战争史》，谢德风译，北京：商务印书馆1960年版，第442页。
② Xenophon, *Hellenica* 1.7.34.
③ Diodorus Siculus, 13.101.6–7.

以满足群众的要求,或者威胁之下委曲求全更为重要。"①

四、情感与城邦公民法庭的审判

如果说雅典人在公民大会上受情感的影响是一时冲动所为的话,但是在公民法庭上,诉讼人利用陪审员的情感来影响他们的判决则被雅典人普遍接受。虽说雅典陪审员履职前要进行宣誓,严格依照法律来进行判决,但是事实上,在审理案件的时候,情感因素是陪审员和诉讼人都十分乐意去接受和利用的东西。这一点也是古代希腊罗马的司法与现代人的司法完全不同之处。苏格拉底的审判就是陪审员的情感影响判决的一个典型案例。

公元前399年古希腊哲学家、思想家苏格拉底被墨勒图斯、安尼图斯和吕孔三个雅典人提起公诉,指控其犯有"信奉异端邪说"和"腐蚀青年的心灵"两条罪状。雅典500人公民法庭审理苏格拉底案件,判处其有罪和处以死刑的处罚。作为古希腊历史上的一桩公案,苏格拉底的审判一直为学者研究的热点,从雅典民主政治制度、雅典司法体制、雅典政治事件或者苏格拉底本身等角度,对苏格拉底之死也提出各种不同的观点。但是如果从雅典陪审员在审理案件过程中的情感变化来考察,似乎更容易找到苏格拉底被判处死刑的原因。根据柏拉图的记载,陪审团第一次投票以280票对221票的微弱优势判定苏格拉底有罪,陪审团第二次投票给苏格拉底定罪的时候,却以360票对141票的多数优势判处他死刑。② 这要从苏格拉底第二次辩护演说具体分析。在第二次建议罪行的辩护中,在陪审员已经判决其有罪的情况下,苏格拉底不仅不想提出惩罚自己的建议,反而继续谈论自己对真理和善的追求,认为自己比任何人都需要城邦赡养,有戏弄陪审员第一次判罚之嫌。即便苏格拉底最后也建议处以罚款,但是要么是罚款数目太少,要么是由他人来担保付款。可以说,这两种都不是正常的建议处罚方式。不仅如此,苏格拉底没有对陪审员厚颜无耻地进行表演,没有以取悦陪审员的方式进行谄媚,向陪审员乞求怜悯。正是苏格拉底像学者一样的清高、不媚俗的态

---

① 〔古希腊〕色诺芬:《回忆苏格拉底》,吴永泉译,北京:商务印书馆1984年版,第5—6页。

② 参见〔古希腊〕柏拉图:《申辩》,见《柏拉图对话集——苏格拉底的最后日子》,余灵灵、罗灵平译,上海:上海三联书店1997年版,第59页。

度彻底地激怒了陪审员，从而把大多数陪审员推向了自己的对立面。因此，如果说陪审团第一次投票的时候还有相当一部分陪审员同情苏格拉底，那么第二次投票的时候，先前同情他的陪审员转而愤怒，原先就认为他有罪的人则更加气愤。正如苏格拉底在辩护中指出的："我不是因为没有尽力为自己辩护才有罪，而是因为我没有厚颜无耻地进行表演，没有以取悦你们的方式向你们谄媚。"①色诺芬也记录了不愿谄媚、讨好、乞求陪审员怜悯的场景。根据色诺芬的记载，"当他因米利托斯（即墨勒图斯）的指控而受审的时候，别的被告都习惯于在庭上说讨好法官的话，违法地去谄媚他们、乞求他们，许多人常常由于这种做法而获得了法官的释放，但苏格拉底在受审的时候却绝不肯做任何违法的事情，尽管如果他稍微适当地从俗一点，就可以被法官释放，但他却宁愿守法而死，也不愿违法偷生。"②

显然，苏格拉底在演说辩护中没有正确运用亚里士多德"情感论证"的方法，向陪审员乞求怜悯，恳请他们的同情，而是更多地谈论他一生的追求，即对真理和善的探讨。大卫·康斯坦评论道："修辞学可以像药物一样对人的思想和情感产生影响，它是在蛊惑听众，而不是通过不带感情的辩论来说服。"③ 诉讼演说更是如此。因此，对于古希腊诉讼人，尤其是被告而言，他们在演说辩护中总是会向陪审员乞求怜悯，来博取陪审员的同情，希望最后取得有利于自己的判决。事实证明，陪审员似乎也很乐意接受被告的这一行为。古希腊人十分了解他们诉讼辩护的这一特殊性，所以原告在控告演说中又总是会提醒陪审员注意不要为被告虚伪的可怜欺骗。这就是昆提良所说的：雅典人试图禁止在法庭上诉诸情感，但是演说家肯定知道如何去操控听众的情感。④ 有意思的是，根据斯奥多鲁斯·希库鲁斯的记述，为了避免对陪审员的情感发生影响，埃及人尝试将所有法律案件以文字记载的方式存档，而不仅仅是口头

---

① 〔古希腊〕柏拉图：《申辩》，见《柏拉图对话集——苏格拉底的最后日子》，余灵灵、罗灵平译，上海：上海三联书店1997年版，第62页。

② 〔古希腊〕色诺芬：《回忆苏格拉底》，吴永泉译，北京：商务印书馆1984年版，第161—162页。

③ David Konstan, "Rhetoric and Emotion", in Ian Worthington (ed.), *A Companion to Greek Rhetoric*, Oxford: Blackwell Publishing, 2007, pp. 411–425.

④ Quintilian 6.1.7

陈述。①

　　亚里士多德说民主政治以法制为依归。理性显然也成为古希腊文明最重要的一个特征,是古代希腊人重要的思考方式。但是在口头演说盛行的古代希腊社会,情感在古希腊城邦政治决策中的作用显得尤为突出。这正如大卫·康斯坦所说:"因此不论是在法庭或者公民大会,抑或是在舞台或者市政广场,情感在这一激烈口头辩论中扮演一个核心角色。"② 表面上看,情感这一非理性的东西与古希腊文明不相吻合,其实不然。首先,亚里士多德指出,情感能够促使人去思考。③ 情感并非简单地可以认为是非理性的观念。那种认为情感是简单的非理性的观念在大多数学科中已经过时。④ 其次,众所周知,希腊人的理性源于 logos,logos 最初是指口头语言表达,即演说,演说中又离不开情感因素。因此,理性、演说与情感三者之间有着某种内在的关联。最后,按照传统的观点,情感是非理性的观念,古希腊城邦演说中的情感与理性正体现了古希腊城邦文明中"二元对立"的思想。

第四节　从演说看古希腊城邦政治中政治领袖与民众的关系

　　虽说古希腊演说在雅典最为突出,但是我们并不能否认演说在其他城邦的流行;虽然历史给后人留下了"阿提卡十大演说家",但是演说家并非都是雅典人。显然,最初对演说进行系统研究的地方是在西西里而不是雅典,专门传授演说技能的智者来自古希腊各个城邦,且以小亚细亚和西西里希腊人居多。演说很明显是古希腊社会一个共有的现象。学者研究指出,希腊城邦政治在实行公民直接参与城邦管理方面具有相似甚至共同的特征,所以才造就了古希腊演说的盛行。城邦政治需要演

---

　　① Diodorus Siculus 1.75.6 – 1.76.2.
　　② David Konstan, "Rhetoric and Emotion", in Ian Worthington (ed.), *A Companion to Greek Rhetoric*, Oxford: Blackwell Publishing, 2007, pp. 411 – 425.
　　③ 参见〔古希腊〕亚里士多德:《修辞学》,罗念生译,北京:生活·读书·新知三联书店1991年版,第83页。
　　④ David Konstan, "Rhetoric and Emotion", in Ian Worthington (ed.), *A Companion to Greek Rhetoric*, Oxford: Blackwell Publishing, 2007, pp. 411 – 425.

说家,① 其实雅典民主政治运作的"口头性""直面性""即刻性"和"业余性"四个特征也适用于古希腊其他城邦政治运作。政治领袖与民众的关系是古希腊城邦政治研究中的核心问题,对两者之间关系的认识将直接影响到对古希腊城邦政治的准确理解和把握。

以演说为切入点,我们可以自然而然地将古希腊城邦公民划分为政治领袖和民众两个部分。一方面,从古希腊智者的教育可以看出,他们传授演说术的目的主要是培养政治领袖,他们大多是古希腊贵族或者富有者。② 因此,不论民众是否渴望学习演说术,事实上,他们既负担不起智者昂贵的学费,也可能没有更多的闲暇时间去锻炼和学习这门技艺。另一方面,更为重要的是,演说术确实主要为古希腊城邦政治领袖所掌握。相对于民众而言,那些经常在公民大会上演说提议的人和经常在公民法庭上提起公诉案件的人主要是政治领袖,而且只有他们才被称为政治领袖,是城邦公民公认的政治领袖。在雅典城邦,每当政治领袖在公民大会上演说提议的时候,他们总是头戴橄榄花冠,以示区别。本节将以雅典城邦为例,从演说的视角进一步分析古希腊城邦政治中政治领袖与民众的关系,以深入理解古希腊城邦政治。

一、"舞台上"的政治领袖

古希腊语中,政治领袖术语使用最多、最普遍的就是 rhetor。大约从公元前 5 世纪中期开始,雅典人将那些志愿在公民大会上发言提议或者辩论的公民称为 rhetor,其字面意思是"说话者",所以一般将其翻译为"演说家"。因此,原则上,雅典任何一位公民,在他走上公民大会的讲坛发表演说提议的那刻,便可以被称为 rhetor。③ 但事实上,能在公民大会上经常发表演说的人只是少部分人而已。从公元前 5 世纪末期开始,

---

① 参见晏绍祥:《演说家与希腊城邦政治》,载《历史研究》2006 年第 6 期,第 159 页。
② 黄洋在《雅典民主政治新论》一文中指出,在民主的雅典,没有一个真正的贫穷的公民能够成为民主政治的领袖,几乎所有的政治领袖都出自富人阶层。其实,如果进一步考察的话,在公元前 5 世纪,雅典政治领袖主要来自贵族,他们理所当然也是雅典城邦的富有者,如克里昂。但是随着贵族出身地位的弱化和社会结构的变化,政治领袖的构成也发生变化,贵族出身已经不再是区分这一集团的标志:在公元前 4 世纪,雅典一些富裕公民但并非贵族出身的公民也开始跻身于政治领袖之列,如德摩斯提尼等,他们与贵族一个共同的特征就是富有。参见黄洋:《雅典民主政治新论》,载《世界历史》1994 年第 1 期,第 60—66 页。
③ M. H. Hansen, *The Athenian Democracy in the Age of Demosthenes*, Oxford: Blackwell, 1991, p. 144.

rhetor 就被用来专指那些公认的经常在公民大会上发表演说提出建议的人和在公共案件中与对手竞争的人。在这层意义上，rhetor 就是指那些一心专注于城邦政治并试图建立长期领导的人。因此 rhetor 又可以译为"政治领袖"。而事实上，他们也就是当时的"政治领袖"。比如，埃斯基涅斯称德摩斯提尼是一个对城邦灾难负责的"rhetor-man"。① 而在《论王冠》中，德摩斯提尼侮辱埃斯基涅斯，说他是一个伪善的 rhetor，他的聪明对城邦没有什么益处。其实，德摩斯提尼从来就不惧怕承认自己是一个 rhetor。他在一篇演说中说："如果 rhetor 是向你们提供他认为有利于你们的建议的人，但是不会打扰或者欺负你们，那么我不会拒绝这一称呼。但是，如果 rhetor 像有些你们和我平时所见的人那样，厚颜无耻，牺牲你们的利益来获取财富，那么我不可能是 rhetor，因为我从来没有从你们那里获取什么，而且我把我一部分财产全都奉献给了你们。"②

古希腊语中，另一个与政治领袖相关的术语是 demagogue，意思是"平民领袖"，即"领导民众的人"（someone who leads the demos）。但是学者一般认为 demagogue 多用于贬义，专指雅典"煽动民众者"，即那些为个人私利和获得个人权力的欲望所驱使，放弃了所有的原则和所有真正的领导，用各种方式提议迎合民众、在民众面前阿谀奉承的政治野心家，或者说是"误导民众的人"。虽然修昔底德并未使用 demagogue 一词，但是在他看来，在公民大会上极力鼓吹西西里远征的亚西比德显然即是此类人物。③ 应当说，平民领袖的这一形象与民众心目中"好的政治领袖"形象完全相反。比如，伯里克利就是修昔底德描述的一名典型的"好的政治领袖"。他说："其所以会造成这种情况，是因为伯里克利的地位、他的贤明和他有名的廉洁，能够尊重人们的自由，同时又能够控制他们。是他领导他们，而不是他们领导他；因为他从来没有从不良的动机出发来追求权力，所以他没有逢迎他们的必要：事实上他这样崇高地受人尊敬，以致他可以对他们发出怒言，可以提出反对他们的意

---

① Aschines 3. 253.
② Demosthenes 21. 189.
③ 参见〔古希腊〕修昔底德：《伯罗奔尼撒战争史》，谢德风译，北京：商务印书馆 1960 年版，第 150—151 页，第 435 页。另见 M. I. Finley, "Athenian Demagogue", in *Past and Present*, Vol. 21, No. 2 (1962), pp. 3–24。

见。"① 然而，诚如黄洋在《雅典民主政治新论》一文中分析所言，雅典直接民主的制度不仅要求"平民领袖"即"煽动民众者"要取得民众的支持，而且就是贵族派或者雅典其他所有的政治领袖即"好的政治领袖"也必须直接利用民众的支持。从这层意义上说，雅典所有的政治领袖都可称为平民领袖，他们是雅典民主政治的必然产物。② 因此在雅典民主政治中，无论是像伯里克利、德摩斯提尼等的正确领导还是像克里昂、亚西比德等的错误领导，作为平民领袖，他们都是雅典的政治领袖，领导民众就雅典城邦内外事务作出决策。英国著名的古典学家芬利评价雅典的平民领袖说，在公民大会提议和决策的过程中，平民领袖是雅典民主政治所必需的，雅典之所以取得如此高的成就，在很大程度上应该归功于城邦的平民领袖。③ 但是无论如何，平民领袖的领导角色主要是指其公共的演说家的角色。而根据学者研究，古希腊语中，其他有关政治领袖的术语也同样是指其公共的演说家的角色。例如术语 legontes 是指发言者，术语 sumboulos 是指建议者，它们都可以指在雅典公民大会上发表演说提议、领导民众的雅典政治领袖。④ 芬利指出，"从严格意义上说，政治领袖用于赢得户外几千听众票数的关键所在就是演说。因此将政治领袖称为'演说家'一点也不过分，之所以这样说，倒不仅仅是因为我们可以将演说作为某位特殊政治人物的某项特殊技能的一个标志，更是因为政治领袖和演说家两者根本就是同义语。"⑤ 欧贝尔也说："尽管原则上每个雅典公民都可以在公民大会上发言，但是事实上许多辩论是在熟练的政治领袖之间进行的，他们为听众所熟知，被称为演说家，民众领袖或者通常的发言者。"⑥

因此，在雅典民主政治中，政治领袖就是平民领袖，而同时他们又是演说家，即那些公认的经常在公民大会上发表演说提出建议的人和在

---

① 〔古希腊〕修昔底德：《伯罗奔尼撒战争史》，谢德风译，北京：商务印书馆1960年版，第150页。

② 参见黄洋：《雅典民主政治新论》，载《世界历史》1994年第1期，第60—66页。

③ M. I. Finley, "Athenian Demagogue", in *Past and Present*, Vol. 21, No. 2 (1962), pp. 3–24.

④ Josiah Ober, *Mass and Elite in Democratic Athens: Rhetoric, Ideology and the Power of the People*, Princeton: Princeton University Press, 1989, pp. 106–107.

⑤ M. I. Finley, "Athenian Demagogue", in *Past and Present*, Vol. 21, No. 2 (1962), pp. 12–13.

⑥ Josiah Ober, *The Athenian Revolution: Essays on Ancient Greek Democracy and Political Theory*, Princeton: Princeton University Press, 1996, p. 24.

公共案件中与对手竞争的人。平民领袖和演说家只不过是从不同的角度对雅典政治领袖的称呼，平民领袖强调的是领导特性，演说家强调的是演说特性，他们所指代的是同一类人，即雅典政治领袖。① 显然，在雅典历史上，无论是梭伦、地米斯托克利、伯里克利，还是德摩斯提尼、许佩理德斯等，他们既是雅典历史上伟大的政治领袖，同时又是著名的演说家。

辛克莱尔指出，"一般而言，在所有时期，雅典民主体制在可行性和成功性方面依赖于政治领袖的领导。"② 但是，由于民主政治的决策权掌握在民众手中，所以政治领袖领导民众的方式就是在公民大会上发表演说提议，而他们对民众的有效领导是建立在运用演说说服民众接受自己而不是他人提议的基础之上。这也正是雅典政治领袖又被直接称为演说家的原因所在。与现代意义上的政治领袖不同，雅典的政治领袖没有职业身份，没有相应的职位和法律地位，因而也就没有法律赋予的绝对的直接的权力。因此，除了在公民大会上发表演说提议和辩论之外，他们没有任何更大的权力。但是，恰恰是政治领袖在公民大会上发表演说提议的特权为他们赢得了政治影响力，从而在民众中树立权威，建立起对民众的领导。③ 事实上，政治领袖对民众的领导和政治影响力的获得正是建立在他们在公民大会上演说提议通过之上。这正如芬利所言："从某种意义上说，一个政治领袖只称得上是他本人的领导，而且在公民大会上没有正式身份。要验证他是否具有领导这一身份，简单得很，只要看

---

① 众所周知，公元前5世纪雅典政治领袖既是演说家又是将军。换言之演说家和将军的不同角色通常是由同一个人来担当的。所以在希腊语中，政治领袖又称为 rhetores kai stratigoi。比如地米斯托克利、阿里斯提德、西门、伯里克利、克里昂、尼西阿斯和亚西比德都当选过将军，而且大多数都还连任多次，然而他们也常常作为演说者和提议者出现在公民大会上。但是在公元前403年民主政治恢复后，尤其是在公元前355—前322年间演说家和将军两者的区别逐渐明显，以至于政策的制定主要是演说家的工作，他们不再当选将军，如德摩斯提尼、戴马狄斯、许佩理德斯等，而战争主要是由专业将军领导，而他们也有意远离公民大会上的政治演说。所以，在本文中笔者没有把将军纳入雅典政治领袖之列。参见 Mogens Herman Hansen, *The Athenian Assembly in the Age of Demosthenes*, Oxford: Blackwell, 1987, p. 52。

② R. K. Sinclair, *Democracy and Participation in Athens*, Cambridge: Cambridge University Press, 1988, p. 212.

③ 虽说雅典公民都享有在公民大会上平等的自由发言的权利，但是由于演说术主要为政治领袖所掌握，所以事实上，享有这一权利的主要是他们，因此在公民大会上发表演说提议也就成为政治领袖的一种特权。

民众在公民大会上是否依照他的意愿、建议进行投票表决。"① 而且，政治领袖的影响力一旦产生，在民众中的权威一旦树立，他们不仅可以影响民众的决策，有时甚至是左右民众的决策，正如伯里克利和德摩斯提尼一样。这也就是说，虽然政治领袖不直接拥有权力，但是通过对演说术的掌握和运用，他们可以在民众中间建立一种相对持久的影响力和权威，进而影响甚至是左右民众的决策，在民主政治的决策过程中起着关键性的作用。其实这种影响力也是一种权力，它是一种看不见的权力，是隐性的权力。这正是雅典政治领袖乐于从事政治活动、甘冒巨大危险在公民大会上提议或者在公民法庭上提起公诉的原因。

具有重要意义的是，政治领袖通过演说在公民大会和公民法庭上获得的政治影响力和建立对民众的领导在典礼演说中得到了城邦和民众的进一步的认可和巩固。与公民可以在公民大会上自由发言提议不同的是，在典礼演说中，演说者一般由民众选举产生，他们是公认的对城邦贡献最大和最具影响力的人，修昔底德说他们是"最有智慧和最享有盛名的人"，如伯里克利和德摩斯提尼等。在典礼演说中，演说者不需要他们在公民大会或者公民法庭上那样说服民众，更不需要民众对演说进行表决。因此，能够被民众选出作为当年葬礼演说的发言人，这本身就是对发言者政治领袖地位的一种认可。这正如伊安·沃汀顿评价所说："作为一个政治领袖，民众对德摩斯提尼的信任并没有因公元前339年的与底比斯注定失败的联盟和公元前338年9月喀罗尼亚战争的灾难性后果而动摇。在后喀罗尼亚时期他依然活跃于政治舞台，而且尽管在法庭上他每天都被起诉和需要其他人来为他提议政令，然而具有重要意义的是，民众仍然选举他为喀罗尼亚战争中的阵亡将士发表葬礼演说。"②

事实上，在雅典历史上，不同时期总是有某位政治领袖在政治生活中具有相当的影响力，而他们的政策也在民主政治生活中占据主导地位。比如麦加克勒斯、克桑提波司和阿里斯提德放逐之后是地米斯托克利的兴起和海军的发展；伴随地米斯托克利的放逐是西蒙的兴起和亲斯巴达

---

① M. I. Finley, "Athenian Demagogue", in *Past and Present*, Vol. 21, No. 2 (1962), p. 15.
② Ian Worthington, "Demosthenes' (In)activity during the Reign of Alexander the Great", in Ian Worthington (ed.), *Demosthenes: Statesman and Orator*, London: Routledge, 2000, p. 91.

和反波斯的政策；西蒙放逐之后是伯里克利的兴起和对斯巴达关系的中断，① 以及公元前 346—前 324 年间是德摩斯提尼的长达 22 年的反马其顿政策等。而修昔底德所谓的"第一公民"指的正是伯里克利运用演说自由控制、领导民众的影响力，其结果就是"他领导他们，而不是他们领导他"②。所以哈维·余尼斯评价说："伯里克利是通过演说术而不是武力控制民众的。语言，这一民主政治中的演说家可以获得的唯一可能的控制方式，也是控制自由民众的最恰当的方式。"③ 其实，德摩斯提尼曾在演说中明确指出自己是通过演说确立对民众的领导，以至于城邦的政策其实就是他的政策。他说："每当关键的时刻，我都显示出自己是一个最优秀的发言者，城邦一切事务都是根据我的法令、我的法律和我的外交使团执行的。"④

因此，在雅典民主政治中，政治领袖是平民领袖即"领导民众的人"。他们就是那些公认的经常在公民大会上发表演说提出建议的人和在公共案件中与对手竞争的人，即演说家。在雅典民主政治中，虽然政治领袖没有直接掌握权力，但是通过对演说的掌握和运用，他们在民众中间获得了政治影响力，建立了对民众的领导，从而可以影响甚至左右民众的决策。从根本上说，政治领袖是具有影响力的人，他们的影响力与民众的决策权具有同等重要的地位和意义。

二、"舞台下"的民众

在古希腊语中，与民众对应的术语是 demos。如果严格按照字面解释，demos 指的是全体公民，即拥有公民权的人。因此在雅典民主政治中，民众首先是指雅典公民，即拥有公民权的雅典人。正因为如此，demos 经常被用于指代公民大会，成为公民大会的代名词，尽管每次参加公民大会的人数仅占雅典公民的少数部分。而公民大会的法令总是以 edoxe toi demoi 的格式开头，即"它是民众的决定"。但是一般而言，de-

---

① Lionel Pearson, "Party Politics and Free Speech in Democratic Athens", in *Greece & Rome*, Vol. 7, No. 19 (Oct., 1937), pp. 41–50.

② 〔古希腊〕修昔底德：《伯罗奔尼撒战争史》，谢德风译，北京：商务印书馆1960年版，第150页。

③ Harvey Yunis, *Taming Democracy: Models of Political Rhetoric in Classical Athens*, London: Cornell University Press. 1996, p. 150.

④ Demosthenes 18. 320.

mos 却常常用于指称普通人（他们当然是公民）或者地位较低的人，而且是与贵族和富有者相对而言的。① 辛克莱尔分析指出，"对那些经常称自己为'较好的人'（beltious）、'最好的人'（beltistoi，aristoi）、'出身良好的人'（eugeneis，gennaioi）、'高贵的人'（gnorimoi）或者'有用的人'（khrestoi）而言，demos 具有贬抑的意思，一般用于指'暴民'（okhlos）、'穷人'（penetes）、'邪恶之人'（kheirous）、'粗俗之人'（poneroi）和'一般人'（phauloi）等。因此在严格意义上，demos 是指一般的和地位较低阶层的公民，而并非指全体公民。"②

在《雅典的政治领袖》（The Athenian'Politicians'）一文中，汉森将雅典公民划分为四类：一是从来没有参加公民大会和公民法庭的公民，他们是伯里克利在葬礼演说中公开指责的消极公民。二是参加公民大会和公民法庭的公民，但是他们仅限于聆听和投票而从来不发表演说。三是恪守民主政治理念的公民。他们偶尔自愿参与城邦的政治生活，但是避免任何经常或职业性地卷入政治。他们着重申明自己是自由个体（idiotai）。四是一些为数不多的、经常在公民大会上发言提出法律和政令的公民和经常作为公诉人的公民。他们就是雅典政治领袖，rhetor 就是指这一部分公民。但是他们还被称为 politeuo menoi，有时称为 sumbouloi，也偶尔称为 demagogoi，只有一次称为 politikoi。③ 因此，根据汉森的分类，从广义上说，民众应是指除去政治领袖 rhetor 的雅典公民，即四类雅典公民中的前三类，这与欧贝尔对雅典民众的界定似乎不谋而合。根据欧贝尔的定义，民众是指非精英群体的雅典公民，即拥有政治权力但却"普通"的雅典公民。④ 但是，如果伯里克利所指责的雅典消极公民确实存在的话，显然，将他们归入民众的范畴未免有失偏颇。因为尽管他们拥有公民权，但是他们却没有实际利用这一权力，参与公民大会和公民法庭。因此，从严格意义上说，民众是指参加公民大会和公民法庭的地

---

① 参见〔古希腊〕亚里士多德：《政治学》，吴寿彭译，北京：商务印书馆 1965 年版，第 189 页。

② R. K. Sinclair, *Democracy and Participation in Athens*, Cambridge: Cambridge University Press, 1988, p. 15.

③ Mogens Herman Hansen, "The Athenian'Politicians', 403 – 322 B. C.", in *Greek, Roman, and Byzantine Studies* 24 (1983), pp. 33 – 55.

④ Josiah Ober, *Mass and Elite in Democratic Athens: Rhetoric, Ideology and the Power of the People*, Princeton: Princeton University Press, 1989, p. 11.

位较低且贫穷的普通雅典公民。

在词源学上，民主政治一词的英文 democracy 源于古希腊语 demokratia，由 demos（即民众）和 kratos（即统治）组合而成。因此，民主政治一词的意思是民众的统治。但是学术界对雅典民主政治中民众的权力问题存有争议。一种是否定民众的权力，从而也就否定了雅典民主政治的存在。罗纳德·塞姆（Ronald Syme）很早就明确指出，"在所有年代，不论政府统治的形式和名称是君主制，还是共和制或者民主制，其实质就是寡头制。"① 通过对雅典五百人议事会决策的考察和分析，德·拉伊克斯（R. A. de Laix）认为，在雅典民主政治中，由富人和贵族所构成的议事会是最重要的决策实体，而公民大会只不过是对议事会的事先决策的一种附和罢了。因此雅典民主政治其实就是贵族和富人的统治。② 在国内学术界，很长时间，学者们一直将雅典民主政治视为奴隶主贵族阶级的统治，指出："雅典公民群体各个等级都是大大小小的奴隶主……雅典民主政治是古代奴隶主阶级实行统治的一种手段。"③ 与上述观点截然相反的是，有些学者认为雅典民主政治是真正意义上的民主政治，民众掌握决策大权。芬利认为，雅典公民大会是最高的权力机构，有权作出所有决策，和公民法庭一样，它们都是民众直接行使绝对权力的一种表现。④ 欧贝尔指出，如果民主政治是指民众的统治，那么雅典民主政治是真正的民主政治，民众通过对公共话语的控制来维持他们的统治，精英阶层屈从于民众意识形态的霸权。⑤

如何认识雅典民主政治中民众的角色和权力呢？从演说在雅典民主政治决策中的作用，我们可以看出民众的确是民主政治的决策者，他们拥有对城邦内外事务最终的决策权。无论是公民大会的决策还是公民法庭的判

---

① Ronald Syme, *The Roman Revolution*, Oxford: Oxford University Press, 1939, p. 7.

② Roger Alain de Laix, *Probouleusis at Athens: A Study of Political Decision-Making*, Berkeley: University of California Press, 1973, pp. 139 – 142, 189 – 192.

③ 吴于廑、齐世荣主编：《世界史》古代史编（上卷），北京：高等教育出版社 1994 年版，第 262—263 页。另见刘家和主编：《世界上古史》，长春：吉林人民出版社 1980 年版，第 250—253 页；李天祜：《古代希腊史》，兰州：兰州大学出版社 1991 年版，第 318—319 页。

④ M. I. Finley, "Athenian Demagogue", in *Past and Present*, Vol. 21, No. 2 (1962), pp. 9 – 10.

⑤ Josiah Ober, *The Athenian Revolution: Essays on Ancient Greek Democracy and Political Theory*, Princeton: Princeton University Press, 1996, pp. 19 – 20. Josiah Ober, *Mass and Elite in Democratic Athens: Rhetoric, Ideology, and the Power of the People*, Princeton: Princeton University Press, 1989, p. 332.

决,其最后都是由民众集体投票表决。民众拥有实实在在的决策权。

我们知道,在公民大会上,民众的集体决策是在政治领袖的演说提议之后进行。所以,当政治领袖走上公民大会的讲坛,采用演说的方式提议,试图运用演说术说服民众接受自己而不是他人提议的时候,这本身就表明民众是拥有权力的决策集体,因为他们是试图运用演说说服民众而不是像专制君主那样向臣民下达命令。换言之,如果政治领袖直接拥有决策权的话,他们也就无须运用演说说服民众接受自己的提议了。不仅如此,当政治领袖走上讲坛发表演说的时候,他们也确实把民众置于决策者的位置,而把自己看作是提议者。比如,在一篇题为《论克塞尼斯》的演说中,德摩斯提尼说:"毫无疑问,你们都知道,提摩塞乌斯在公民大会上发表演说力劝我们派兵拯救优卑亚人,以免遭受底比斯人的奴役……提摩塞乌斯发表演说提议,而雅典公民作出决定……现在一样,我已作了演说,但必须由你们作出决定"。① 在《第三篇反腓力》中,德摩斯提尼说:"这是我要说的话,也就是我的建议;要是执行了,我相信,到如今,事情也还是可以挽救的。要是有人有更胜一筹的建议,就请他献出来,让大家来审议。总之,无论你们怎样决定,我都向众神祝祷,但愿希腊能有个好结果。"②

在公民法庭上,不论是政治领袖还是民众,当他们决定将争执提交公民法庭,以演说的方式进行辩论,最后交由民众组成的陪审员来判决的时候,这正是对雅典民主政治中陪审员集体审判的权力的赋予和认可,这也就表明陪审员是拥有权力的决策群体。正因为如此,诉讼人在结束演说陈词的时候总是向陪审员说"我将陈述完毕,你们已经听到了。权力就在你们手中,你们投票表决吧"之类的话。比如,安提丰的诉讼委托人在演说结束的时候说:"就我而言,我已经作了陈述,而且站在死者和法律一边。剩下的是你们所考虑的事情了,并根据正义的原则投票判决。"③ 吕西阿斯的一位诉讼委托人也在演说结束的时候说:"我不知道这些论点是不是还需再加论述。我请求你们对忒翁涅托斯投定罪票,你们要考虑到,对我来

---

① Demosthenes 8.74–75.
② 〔古希腊〕德摩斯提尼:《第三篇反腓力》,见罗念生编译:《希腊罗马散文选》,长沙:湖南人民出版社1983年版,第135页。
③ Antiphon 1.31.

说，再没有比这样的案子更为严重的诉讼。"① 苏格拉底在申辩结束的时候也对陪审员说："尊敬的陪审员们，我比我所有的原告都更笃信神，我把对我的判决权交给你们和神，事实上这将对我和你们都最有利。"②

由此可见，无论是在公民大会还是在公民法庭上，政治领袖的演说行为和对演说术的运用就是对雅典民主政治"主权在民"即民众集体决策权力最好的诠释。事实上，民众也确实是雅典民主政治的最终决策者。比如，关于西西里远征问题。尽管尼西阿斯、亚西比德、厄基斯泰人抑或其他人都可以在公民大会上演说提议反对或者支持这次远征，但是最终决定是否远征是民众的投票表决。这正如修昔底德所评论的那样："当他们（雅典人）知道这的确是事实的时候（指西西里远征失败的消息），他们转而攻击那些赞成远征的演说家，好像他们自己没有表决赞成似的。"③ 关于密提林战俘问题，当民众投票表决将密提林全体男子处死、妇女和儿童变卖为奴隶的时候，他们便派了一艘战舰前去密提林通知雅典将领帕撒斯执行这一决议。而在第二次大会上，当民众又投票否决先前处死密提林全体男子的提议的时候，他们就又派了一艘战舰加快前去通知这一新的决议，结果避免了一场大屠杀。而一个极具讽刺的例子是公元前 411 年雅典公民大会投票废止了民主政治。撇开这次公民大会特殊性暂且不论，④ 但是它至少说明了民众的表决是具有决定性的，民众才是民主政治的决策者。在埃斯基涅斯诉克提斯丰一案中，尽管克提斯丰的提议是非法的，但是最后埃斯基涅斯败诉，公民法庭宣判克提斯丰无罪，并同意授予德摩斯提尼王冠。而在苏格拉底的审判中，不论苏格拉底究竟是否犯有败坏青年和渎神的罪状，但是当陪审员投票赞成他有罪时，他就有罪，当陪审员投票判处他死刑时，他就要被处以死刑。所以凯里（C. Carey）评价说："（在雅典，）法律本身不具有权力，它们是

---

① 〔古希腊〕吕西阿斯：《控告武翁涅托斯辞》，见罗念生编译：《希腊罗马散文选》，长沙：湖南人民出版社 1983 年版，第 39 页。

② 〔古希腊〕柏拉图：《申辩》，见《柏拉图对话集——苏格拉底的最后日子》，余灵灵、罗灵平译，上海：上海三联书店 1997 年版，第 58 页。

③ 〔古希腊〕修昔底德：《伯罗奔尼撒战争史》，谢德风译，北京：商务印书馆 1960 年版，第 567 页。

④ 对公元前 411 年雅典发生这次寡头政变，黄洋教授分析指出，由于雅典民主政治的坚强捍卫者贫苦公民构成的雅典舰队远在爱琴海作战，结果导致公民大会为贵族寡头派所控制，通过了废止民主政治的决议。参见黄洋：《雅典民主政治新论》，载《世界历史》1994 年第 1 期，第 60—66 页。

没有直接的作用。只有通过陪审员的实施，法律才成为维护社会秩序的一种力量。"①

对于民众在雅典民主政治中的决策者的角色，欧贝尔的评论既具有概括性又较为中肯，他说："当民众在公民大会上投票赞成与斯巴达战争时，公民大会就宣布处于战争状态；当陪审员投票赞成苏格拉底有罪时，他就是一个罪人。"② 一句话，在雅典民主政治中，民众是拥有决策权的权力公民集体。

三、政治领袖与民众的"共治"

我们知道，在雅典民主政治中，一方面，政治领袖即平民领袖即为演说家，他们一般出自贵族或者富裕阶层，是雅典的贵族或者富有者。通过对演说的掌握和运用，他们获得了政治影响力并建立了对民众的领导，他们领导者的角色则是通过在公民大会上发表演说提议实现和完成的。这种影响力虽不是直接的权力，但却是实实在在的看不见的权力，因为它可以影响甚至左右民众的决策。另一方面，相对于政治领袖而言，民众是指参加公民大会和公民法庭的普通公民，他们一般出身低下且较为贫穷，他们是民主政治权力的直接拥有者，城邦一切政策法令和司法审判都源于民众的集体表决。那么，作为雅典民主政治的参与者，如何看待政治领袖与民众之间的关系呢？或者更具体地说，如何看待政治领袖的领导权与民众的决策权之间的关系呢？

在雅典民主政治中，政治领袖（的领导权）与民众（的决策权）之间首先是一种相互依赖、彼此共存的关系。一方面，政治领袖的影响力、地位和荣誉依赖于民众的投票认可，即政治领袖的领导权依赖于民众的决策权。雅典政治领袖没有直接的权力，如果说有的话，那么他们的权力就是在公民大会上发表演说提议或者在公民法庭上提起公诉。因此政治领袖影响力或者领导权是通过他们在演说中不断地战胜对手来获得、确立和巩固，直至他们在演说中被新的对手击败，为新的政治领袖领导核心所取代。换言之，政治领袖影响力或者领导权的获得、确立和巩固

---

① C. Carey, "Nomos in Attic Rhetoric and Oratory", in *The Journal of Hellenic Studies*, Vol. 116 (1996), pp. 33–46.

② Josiah Ober, *The Athenian Revolution: Essays on Ancient Greek Democracy and Political Theory*, Princeton: Princeton University Press, 1996, p. 156.

就是通过民众对其一次又一次提议的投票赞同和认可、通过陪审员对其诉讼案件不断地投票支持来实现的。以伯里克利为例，其"第一公民"领导权力和地位的确立并非来自将军的职位，而是源于其在公民大会上提议的一次又一次的成功，从而树立起在民众中的领导地位。同样，德摩斯提尼在雅典民主政治中长达22年的领导核心地位的确立也正是通过其与埃斯基涅斯在公民大会和公民法庭上的一次又一次的演说斗争，不断地赢得民众的支持，直至"诉克提斯丰"一案，埃斯基涅斯被彻底击溃。所以辛克莱尔评论说："雅典人的决策是简洁的，而且对个人具有直接的影响。民众领袖直接从民众那里获得他的影响力。而他权力的秘密在于他持续不断的说服能力和提议的不断成功。"① 因此，在雅典民主政治中，政治领袖的影响力、地位和荣誉依赖于民众的投票认可，也就是政治领袖的领导权依赖于民众的决策权。

另一方面，民众对城邦内外事务的决策又依赖于政治领袖的演说提议和领导，即民众的决策权依赖于政治领袖的领导权。欧贝尔说："民众从来不可能没有领导。"② 众所周知，雅典民主政治是直接民主，城邦一切内外事务均由民众在公民大会上投票决定。但是，民众进行决策的依据是什么呢？他们又是如何就某一个议题达成多数票的认识呢？通过演说在民主政治决策过程中作用的分析，我们知道，民众的决策是在政治领袖演说提议之后进行，这也正与伯里克利所说的我们的决策是在提议经过适当讨论的基础之上进行的论断不谋而合。换言之，民众的决策是在政治领袖演说提议的基础之上进行，民众的决策依赖于政治领袖的演说提议。这主要为民众自身条件所限制和制约。我们知道，由于民众是出自地位低下且较为贫穷的公民，相对政治领袖而言，他们既没有时间也没有能力去接受从事政治所必需的专业教育和训练，所以他们不仅缺乏政治领袖所必备的演说才能，而且还缺少对城邦"赋税问题、战争与和平问题、国家的保卫问题、进出口问题、立法问题"等常见政治问题的系统了解。因此，在就这些问题进行决策的时候，民众就需要对此问题熟悉的和有经验的政治领袖为其解释，并提出他们自己认为是最好的

---

① R. K. Sinclair, *Democracy and Participation in Athens*, Cambridge: Cambridge University Press, 1988, p. 82.

② Josiah Ober, *Mass and Elite in Democratic Athens: Rhetoric, Ideology, and the Power of the People*, Priceton: Princeton University Press, 1989, p. 161.

政策供民众选择，何况公民大会的提议、辩论和投票决策全过程是在一天（有时甚至是半天）之内完成。也就是说，民众在决策的时候需要政治领袖向他们阐明政策的利益之所在。更为重要的是："政治领袖的演说提议和公开辩论可以带来互相理解，进而形成民众多数人的见解，成为民众共同的行为准则和进行表决的基础。"① 因此，在雅典民主政治中，民众的决策权依赖于政治领袖的领导权。其实，民众接受政治领袖的领导也是不可否认的事实，比如伯里克利和德摩斯提尼即是雅典两个典型的平民领袖。所以欧贝尔评论说："没有演说家提出合理的建议，政府也许会瘫痪和偏离。在国家危机的时候如果没有领导，固有的民主决策缓慢可能会导致灾难。"②

因此，在雅典民主政治中，政治领袖（的领导权）与民众（的决策权）相互依赖、相互依存。但是，我们知道，在雅典，政治领袖大多出身贵族和富有者家庭，这使得他们在阶级出身和经济上占有绝对的优势。而民众则出身卑微，家境相对贫寒。因此雅典民众与政治领袖在社会上处于一种不平等的状态。而民众与政治领袖之间的这种基于出身和经济上的不平等又导致两者在教育和能力上的差异和不平等，即雅典公民从事政治所需掌握的演说术主要为政治领袖所掌握和获得。所以，虽说雅典公民在政治上人人平等，都可以享有在公民大会上自由发言的权利，都可以对任何他认为危害城邦利益的人提起公诉，但是由于演说术主要为政治领袖所掌握，因而这种政治上的平等事实上却转化为政治领袖的特权。所以，为了防止政治领袖的阶级出身和经济优势以及他们在政治上的特权转化为政治上的寡头统治，民众在接受政治领袖领导权的同时还以不同的方式限制政治领袖领导权，也就是影响力的膨胀和扩张，从而形成了民众对政治领袖的单方面制约。

一方面，民众以集体决策的权力制约政治领袖的个人权力。雅典政治领袖与现代政治领袖的一个显著区别就是，前者不像后者那样需要一个强大的党派支持。"在雅典民主政治中，即使不乏基于友谊、利益、联

---

① Harvey Yunis, *Taming Democracy: Models of Political Rhetoric in Classical Athens*, London: Cornell University Press, 1996, p. 280.
② Josiah Ober, *Mass and Elite in Democratic Athens: Rhetoric, Ideology, and the Power of the People*, Princeton: Princeton University Press, 1989, p. 323.

姻等因素而组成的政治领袖小集团，但他们也只是暂时的结合。"① 所以，当政治领袖在公民大会上发表演说提议的时候，他们是作为一个独立的个体，而非某一集团、党派利益的代表。因此对于政治领袖的领导权即发表演说提议的"特权"，民众可以通过集体的赞同或者否决来加强集体权力的意识，从而达到制约政治领袖个人权力的效果。这正如德摩斯提尼在演说中所言："我想这就是让你们每个人震惊的地方。这就是你们为什么应该团结一致的原因所在：就单独个人而言，不论是在朋友、财富还是其他什么方面，你们每个人都比他们（指演说提议的人）弱小；但是一旦联合起来，你们就比他们每个人强大得多，而且也可以阻止他们的傲慢无礼。"② 德摩斯提尼在演说中所说的正是民众的集体权力与政治领袖个人权力之间的制约关系。显然，作为个体，民众无法与政治领袖相抗衡，但是通过联合起来集体决策的权力，民众就可以制约政治领袖的个人权力。所以，辛西亚·法拉尔（Cynthia Farrar）评论道："在雅典，政治权力掌握在参与公民大会的民众手中，但是作为单个个体，他们却没有权力。"③ 因此，对于不合自己口味的政治领袖的演说提议，民众可以用集体呐喊、鼓噪甚至是沉默④等不同的方式来表示自己的不满。正是意识到民众这种集体的权力对政治领袖的制约，所以伊索克拉底在演说中说："要是我的话同我的题材、我的名声和我所费的时间——不仅是我为这篇演说所花的时间，而且包括我一生的岁月——不相称的话，请你们不要饶恕我，而要讥笑我和藐视我。"⑤ 著名的政治领袖德摩斯提尼就是在发表演说提议的时候被民众哄下讲坛的。⑥

另一方面，制定各种法律加强对政治领袖的牵制和制约。其中最常见的是"非法提议的指控"（graphe paranomon），即任何公民（主要是政

---

① Lynette G. Mitchell & P. J. Rhodes, "Friends and Enemies in Athenian Politics", in *Greece & Rome*, 2nd Scr., Vol. 43, No. 1 (Apr., 1996), pp. 11–30.

② Demosthenes 21.140–142.

③ Cynthia Farrar, *The Origins of Democratic Thinking: The Invention of Politics in Classical Athens*, Cambridge: Cambridge University Press, 1988, p. 27.

④ 席尔瓦·蒙提格里奥认为在话语就意味着权力的古希腊，沉默并不一定意味着屈服于他人的权力。参见 Silva Montiglio, *Silence in the Land of Logos*, Princeton: Princeton University Press, 2000.

⑤〔古希腊〕伊索克拉底：《泛希腊集会辞》，见罗念生编译：《希腊罗马散文选》，长沙：湖南人民出版社1983年版，第46页。

⑥ Demosthenes 5.14–15.

治领袖）如果认为某项提议不合理或与现行的法律条文相悖，就可以对其进行起诉。在案件受理期间，此项议题在公民大会上停止表决，已经表决的就暂时停止使用，等待法庭的判决。如果判决为合法，则继续使用，反之，则废止该提议，并且原提议人要赔偿约 1000 德拉克马数额的罚金。关于"非法提议的指控"，英国著名古典学家芬利评论道："我们不能确定'非法提议的指控'是否是在公元前 5 世纪引入制定的，我们也不知道促使制定这一法律的事件是什么，但是它显然具有双重的政治功能：一是给言论自由加以纪律约束；二是给民众一个重新考虑自己决定的机会。"① 也就是说，在"非法提议的指控"下，民众在公民大会上通过的任何一位政治领袖的提议都不是绝对的，都有可能被民众重新讨论甚至否决，因此，"非法提议的指控"是民众制约政治领袖权力的一条重要法律。无论如何，它至少可以在一定程度上防范和限制一些具有私人野心的政治领袖利用演说在公民大会上欺骗民众，引导民众误入歧途，从而使城邦濒临危机。正因为如此，"非法提议的指控"也成为政治领袖利用相互打击、攻击对手的一种常用的工具，从而也在政治领袖之间形成一种竞争和制约。我们所知的第一个"非法提议的指控"的案例是在公元前 415 年。当时，斯伯乌希普斯向雅典议事会提议将安多基德斯的父亲莱奥戈拉斯作为一个渎神的同谋关进监牢。莱奥戈拉斯提出"非法提议指控"，控告斯伯乌希普斯的提议是一个错误的指控。结果莱奥戈拉斯说服公民法庭否决了斯伯乌希普斯的提议。② 在公元前 406 年公民大会判处领导海战的雅典十将军集体死刑的案例中，提出此动议的卡利克赛诺斯等人事后被控欺骗民众而接受公民法庭的审判。③ 而普鲁塔克说戴马狄斯受到七次非法提议指控，被判有罪，而且偿付不起罚金。④ 当然，最著名的"非法提议的指控"的案例当是公元前 336—前 330 年埃斯基涅斯诉克提斯丰一案。当时，克提斯丰在议事会上提议授予德摩斯提尼王冠，埃斯基涅斯控告便提出"非法提议指控"，控告克提斯丰的提议为非法。这次，审判的结果是埃斯基涅斯彻底地失败，克

---

① M. I. Finley, *Democracy Ancient and Modern*, London: The Hogarth Press, 1985, p. 27.
② Andocides 1. 17.
③ Xenophon, *Hellenica* 1. 7. 34.
④ Plutarch, *Phocion* 26. 2.

提斯丰的提议合法，德摩斯提尼被授予王冠。① 由此观之，"非法提议的指控"既是民众用于制约政治领袖权力的一种有效的工具又是政治领袖之间相互竞争和制约的一种有效的工具。

其实，从雅典一些著名政治领袖的结局我们就可以看出民众对政治领袖个人权力的制约。根据希罗多德记载，政治领袖米尔提亚戴斯，马拉松战役的功臣，当他出征帕洛司失败时在公民大会上受到了弹劾。尽管他当时身受重伤不能出庭辩护，但仍被处以50塔兰特的罚金。② 地米斯托克利，波斯战争期间领导取得萨拉米海战胜利的著名政治领袖，由于被认为通敌，而被雅典公民大会放逐。③ 米尔提亚戴斯的儿子，著名的政治领袖喀蒙（即西蒙），由于雅典人民反对其与斯巴达结盟政策而于公元前461年将其放逐。④ 由于安菲波利斯的失陷，当时任雅典将军的历史学家修昔底德被公民大会放逐20年。⑤ 即便是伯里克利和德摩斯提尼，雅典最具影响力的两位政治领袖也先后被分别处以罚金和放逐。⑥ 诚如芬利所言："如果连伯里克利都遭到处罚，那还有谁能够幸免呢？"⑦ 因此，在雅典民主政治中，政治领袖的领导权受到民众决策权有效的制约。其实，民众对政治领袖单方面的制约也正说明了后者权力的存在和前者对后者权力存在的担心和顾虑。

总之，在雅典民主政治中，民众是拥有决策权的公民权力集体，政治领袖是具有影响力的公民权力个体，他们彼此之间相互依赖、相互依存。一方面，政治领袖的领导权或者说影响力依赖于民众决策的认可；另一方面，民众的决策权依赖于政治领袖的演说提议和领导，两者相互依赖，互为条件，共存于雅典民主政治之中。但是，为了防止政治领袖

---

① Demosthenes18；Aeschines 3.
② 参见〔古希腊〕希罗多德：《历史》，王以铸译，北京：商务印书馆1959年版，第459页。
③ 参见〔古希腊〕修昔底德：《伯罗奔尼撒战争史》，谢德风译，北京：商务印书馆1960年版，第94页。
④ 参见〔古希腊〕普鲁塔克：《希腊罗马名人传》，黄宏煦主编，北京：商务印书馆1990年版，第399、470页。
⑤ 参见〔古希腊〕修昔底德：《伯罗奔尼撒战争史》，谢德风译，北京：商务印书馆1960年版，第373页。
⑥ 参见〔古希腊〕修昔底德：《伯罗奔尼撒战争史》，谢德风译，北京：商务印书馆1960年版，第144—149页。Plutarch, *Life of Demosthenes* 26.
⑦ M. I. Finley, "Athenian Demagogue", in *Past and Present*, Vol. 21, No. 2 (1962), pp. 3–24.

个人影响力的膨胀进而转化为寡头统治，民众对政治领袖还可以通过集体决策权力或者以"非法提议指控"等法律方式对政治领袖形成单方面的制约。这正说明了政治领袖个人权力的存在。因此，欧贝尔评论说，在雅典人的决策过程中，政治领袖实际有效的领导与民众实实在在的统治是共存的。① 在《现代政治分析》中，罗伯特·达尔指出，"权力往往被想象成似乎是单一的、坚硬的、打不碎的硬块。它可以从一个人手中传到另一个人手中，但却不能为人分享。某人要么有权力，要么没有权力。……但是，在社会和政治中，很少有什么事情可以截然一分为二，或仅仅分成两堆。这种相互排斥的分类方法常常会把人引入歧途。"② 在雅典民主政治中，民主政治的权力显然也不是一个"单一的、坚硬的打不碎的硬块"，它既不是完全意义上的"主权在民"，也并非奴隶主阶级或者贵族和富人的统治，而是民众与政治领袖的共治，或者说是穷人与富人的共治。雅典民主政治中政治领袖与民众的这种共治正是通过政治领袖的演说得以实现。

小 结

让·韦尔南说："城邦制度意味着话语具有压倒其他一切权力手段的特殊优势。话语成为重要的政治工具，国家一切权力的关键，指挥和统治他人的方式。"③ 在城邦公民大会上，就城邦的内政外交等事务发表演说提议，充分讨论之后，再由参会公民集体表决。因此，演说在公民大会的决策中居于核心的地位。政治领袖若想自己在公民大会上的演说达到最佳的说服效果，他应该懂得从演说的实施者即演说家的品质、演说的内容和演说的接受者即民众等不同方面施展演说的技巧，比如赞扬自己的优秀品质、宣扬自己的演说有益于城邦以及能够审时度势，充分地利用民众的心理状态和变化也就是情感来产生预期的、理想的说服效果等。作为雅典著名的将军，伯里克利在公民大会上的提议之所以能够通

---

① See "Preface" in Josiah Ober, *Mass and Elite in Democratic Athens: Rhetoric, Ideology, and the Power of the People*, Princeton: Princeton University Press, 1989.
② 〔美〕罗伯特·达尔：《现代政治分析》，王沪宁、陈峰译，上海：上海译文出版社1987年版，第32—33页。
③ 〔法〕让·韦尔南：《希腊思想的起源》，秦海鹰译，北京：生活·读书·新知三联书店1996年版，第37页。

过,在很大程度上也是取决于他的演说才能,而不是他的将军职位。对此,普鲁塔克评价道:"他以他的演说证明,演说术的确像柏拉图所说的,是'灵魂的接引者',它的功能就在于研究人的性情和情绪,这等于是灵魂上的音和弦,要很好地拨弄弹奏。"① 而修昔底德所谓的伯里克利"第一公民"的地位指的正是他的演说才能。这也就是说,伯里克利是通过演说而不是武力自由地控制人民,"当他看见他们过于自信的时候,他会使他们感觉到自己的危险;当他们没有真正的理由而丧失勇气的时候,他会恢复他们的自信心"②。与伯里克利不同,德摩斯提尼从来没有做过将军,因此没有从战绩中获得声誉。而且尽管他拥有财富,但是他不是出身于受人崇敬的贵族家庭。因此,相形之下,无论是在公民大会上还是在公民法庭上,德摩斯提尼比伯里克利更加需要巧妙地利用演说来说服民众。但是,作为一个政治领袖,德摩斯提尼是在雅典民主政治的范围内运用演说,因为他试图引导民众作出对城邦最有利的决策。这正是他能够建立近22年领导地位的原因。

在城邦公民法庭上,在大多数情况下,在公民法庭审理案件的时候,虽说陪审员宣誓将依据公民大会通过的法令公正地对案件进行判决,不偏不倚,但是他们对案件的判决大多数是依据他们自己对正义和是非判断的标准,而非法律条文本身。也就是说,虽然陪审员在任职的时候要进行宣誓依法判决,但是在实践中,陪审员并不受制于运用法律,更不用说具体的法律条文,所以有正当的理由相信他们在案件的审判上有广泛的自主权。"那就是陪审员对城邦习俗的理解和他们的正义感最终决定了他们是如何甚至是是否运用法律。"③ 因此,对于诉讼人而言,无论是起诉人还是辩护人,决定他们能否胜诉的关键就在于看谁能够在多大程度上说服陪审员,使得陪审员相信自己而不是对手的陈述。这正如斯蒂芬·约翰斯通所言:"雅典的法律本质上是一种修辞。没有律师,没有法官,没有公诉人,仅仅是两个诉讼人面对几百个陪审员发表演说。在没有权威的法律专家的情况下,法律在雅典存在的唯一的历史意义就是诉

---

① 〔古希腊〕普鲁塔克:《希腊罗马名人传》,黄宏煦主编,北京:商务印书馆1990年版,第478页。

② 〔古希腊〕修昔底德:《伯罗奔尼撒战争史》,谢德风译,北京:商务印书馆1960年版,第150页。

③ Matthew R. Christ, *The Litigious Athenian*, London: The John Hopkins University Press, 1998, p. 41.

讼演说。在雅典人的法庭上，诉讼人言辞的可靠性并不是在于对演说者预先存在的信任，而是在很大程度上是通过诉讼演说本身建立和确立的。"① 正因为如此，古希腊城墙上的一则铭文告诫道，"不研习演说术的人将会成为它的牺牲品。"② 正是因为演说对公民法庭陪审员的判决具有决定性的影响，所以诉讼人往往在演说中提醒陪审员注意不要陷入对方演说的陷阱。这正如埃乌克希奥斯在诉讼演说中所说的："陪审员们，我真希望我的演说能力和实践经验与我的不幸和遭受的厄运一样。而事实是我遭受更多的不幸，而演说能力又是多么欠缺。因为当我由于这不公正的控告而遭受身体虐待时，我毫无经验来帮助我，既然我不得不用真实的陈述来保护我的安全，而我作为演说者的能力的欠缺却又毁了我的案件。至今许多不擅长演说的人，他们虽然陈述的是事实，但是很难得到信任，因此诉讼失败，而许多有能力的演说者，虽然他们说的是谎言，但是却得到了陪审员的信任，从而挽救了他们，因为他们说谎成功。"③ 在色诺芬的《回忆苏格拉底》中，苏格拉底在受审前，海尔莫盖尼斯对苏格拉底说："苏格拉底，你难道看不出雅典法官们由于受到言辞的影响已经把许多无辜的人处死，但同时却把许多有罪的人释放了吗？"④ 因此斯蒂芬·约翰斯通说："雅典法律十分明显地将原告和被告区别开来，对诉讼人而言，诉讼能否获胜的关键问题不是在于哪一个正确，而是在于他们是如何进行辩论的。"⑤ 比如就"埃斯基涅斯诉克提斯丰"一案而言，尽管埃斯基涅斯所指控的罪状——克提斯丰提议时德摩斯提尼还在任公职；克提斯丰的提议不是在公民大会上；德摩斯提尼没有像克提斯丰在提议中所说的那样给民众提供最好的政策——都是正确的，具有法律依据，但是这并不重要，重要的是德摩斯提尼懂得如何进行辩护演说，他能通过陈述自己过去对城邦的公德和荣耀而巧妙地避开了这些问题，从而赢得了陪审员的赞同。而相比之下，埃斯基涅斯却在演说中更多

---

① Steven Johnstone, *Disputes and Democracy: The Consequences of Litigation in Ancient Athens*, Austin: University of Texas Press, 1999, pp. 1 – 2.

② Omar Swartz, *The Rise of Rhetoric and Its Intersections with Contemporary Critical Thought*, Colorado: Westview Press, 1998, p. 34.

③ Antiphon 5. 1 – 3.

④ 〔古希腊〕色诺芬：《回忆苏格拉底》，吴永泉译，北京：商务印书馆 1984 年版，第 186 页。

⑤ Steven Johnstone, *Disputes and Democracy: The Consequences of Litigation in Ancient Athens*, Austin: University of Texas Press, 1999, p. 5.

地谈及公元前 336—前 330 年间雅典的败绩，甚至在演说结束的时候还要求陪审员不要忘记最近的历史，从而激起了陪审员的憎恨。这正如沃汀顿所评价指出的："德摩斯提尼为什么要详细叙述公元前 336—前 330 年间所发生的事件从而在希腊人的伤口上撒一把盐，使得部分重要的陪审员产生敌意呢？……如果有人错误判断时局的话，那人就是埃斯基涅斯——判决的结果证明了这一点。他谈论这几年比德摩斯提尼要多得多。"① 因此，诉讼人要想演说术发挥应有的说服作用，赢得诉讼的胜利，他们在演说中除了充分利用自己的优秀品质，将自己的诉讼与城邦的利益相联系之外，还应该能够像德摩斯提尼那样审时度势，充分利用陪审员的心理来赢得诉讼。一句话，诉讼人在公民法庭演说中要善于运用演说赢得诉讼。所以，爱德华·哈里斯说："今天的学生在阅读古代作家的评论之后很容易下结论说：雅典的法庭完全在具有说服力的演说家的控制之下，而很少关注法律条文。"② 哈里斯的评论虽有言过之嫌，但却很能反映演说与公民法庭运作的关系，前者对后者影响之大确是不争的事实。

在古希腊城邦政治中，政治领袖一般出身城邦贵族或者富有家庭，是贵族和富有者，他们首先是平民领袖，即"领导民众的人"，扮演了领导者的角色。在没有像现代政治领袖所具有的绝对权力的情况下，城邦政治领袖对民众的领导就是利用演说术，通过在公民大会上发表演说提议。因此，政治领袖同时又是演说家，扮演了提议者的角色。即便在贵族寡头政体下的斯巴达也是如此。③ 与政治领袖相比较而言，雅典民众一般出身卑微且较为贫穷，他们一般指参加公民大会和公民法庭的普通雅典公民，他们在公民大会上很少甚至根本不发表演说提议，只是聆听政治领袖的演说和进行表决。他们扮演了决策者、审议者、受众和受教育者的角色，而决策者是最根本的角色。在古希腊城邦政治中，作为领导者的政治领袖与作为决策者的民众之间处于一种相互依存、相互制约的关系。一方面，政治领袖的领导权依赖于民众决策认可。反之，民众的决策权依赖于政治领袖的演说提议和领导，两者相互依赖，互为条

---

① Ian Worthington, "Demosthenes' (In)activity during the Reign of Alexander the Great", in Ian Worthington (ed.), *Demosthenes: Statesman and Orator*, London: Routledge, 2000, p. 99.

② Edward M. Harris, "Law and Oratory", in Ian Worthington (ed.), *Persuasion: Greek Rhetoric in Action*, London: Routledge, 1994, p. 130.

③ 关于斯巴达城邦政治的论述参见晏绍祥：《演说家与希腊城邦政治》，载《历史研究》2006 年第 6 期，第 159—163 页。

件，共存于雅典民主政治之中。另一方面，民众在承认政治领袖领导权的同时又通过集体决策权力或者以"非法提议指控"等法律方式对政治领袖的领导权给予相应的制约。反之，政治领袖可以利用自己领导才能如演说术或者经济上的优势来承担城邦社会捐助等方式达到与民众的决策权相抗衡，甚至是制约。实际上正是政治领袖与民众之间的这种既相互依赖、彼此共存又相互影响、彼此制约的关系使得政治领袖的领导权与民众的决策权之间达到一种相对平衡的状态，古希腊城邦体制也一直处于相对稳定的状态，直到其在遭受外来势力即马其顿入侵的情况下才宣告彻底退出历史舞台。

其实，任何社会的公民在地位、出身、经济、才能等诸多方面都不可避免地会存在着差异和不平等状态，以至于导致一些公民享受他人无法享有的特权也是不可避免，而在政治领袖与民众之间则更是如此。与其他古代社会相比较而言，古希腊城邦尤其是雅典的独特之处就在于，民众能够容忍这种差异、不平等和特权的存在，而不是要彻底消灭它们。相反，雅典民众一方面承认政治领袖演说提议的领导特权，另一方面又将对城邦内外事务的决策权掌握在自己手中；一方面允许社会贫富差距的存在，另一方面又让富裕者履行社会捐助，承担城邦公共事务活动的费用和开支。在雅典民主政治中，民众对政治领袖在地位、出身、经济、才能等诸多方面的差异和不平等状态具有有效的制约方式，虽说政治领袖也可以利用自己的演说术在公民大会上演说提议对民众施加影响，但是城邦最终的决策权是掌握在民众自己的手中，民众才是城邦一切内外事务的决策者。另外，富有的诉讼人在演说中特别强调，通过承担宗教祭仪活动、戏剧津贴和三列桨战舰等社会捐助义务，他们使得公民同胞从他们的财产中受益。因此作为一种回报，在法庭上，陪审员应该通过支持他们反对诬告者来回报这种恩惠，这不仅是正当的，而且也是有益的，因为在保护诉讼人即捐助者的财产中，他们也有自己的既得利益，会继续得到诉讼人的捐助。显然，这里还涉及雅典社会中感恩或者回报的观念。斯蒂芬·约翰斯通说："感激是古希腊社会关系中一个重要的结构性原则。感激的观念就是收到一件礼物一定要给予回报。古希腊各种交往的社会关系是在感激的原则下进行的。"[①] 其实，雅典公民之间这种

---

① Steven Johnstone, *Disputes and Democracy: The Consequences of Litigation in Ancient Athens*, Austin: University of Texas Press, 1999, p.101.

感恩或者回报的观念推及到个人与城邦或者民众之间就是：富人承担城邦的社会捐助义务，而城邦则在适当的时候回馈于他们。比如吕西阿斯的诉讼委托人在演说中说："我为城邦提供服务而且是满怀热情地履行。作为交换，我现在要求你们给予报答。既然我在极其危险的关头维护了你们，既然你们喜欢这种信任，那么我希望你们高度评价我和我的孩子们。我确信你们认为如果我们因为这样的控告而丧失公民权的话，或者如果我们由于被剥夺财产而变得穷困，不得不在困境中徘徊，遭受那些不应有的痛苦的话，那这对于我们来说是可怕的，而对你们也是耻辱。"① 显然，诉讼人在演说中既阐明了城邦中的感恩或者回报的观念，又突出了自己的利益与城邦的利益联系，即维护他们的利益就是维护陪审员自己的利益。

---

① Lysias 21.25.

第五章　演说与古希腊战争激励

> 在希腊罗马时代，战争演说不仅是一种交流方式，更是一种鼓舞士气的手段。
>
> ——H. F. 哈丁

亚里士多德的《修辞学》是第一部系统论述古希腊演说的专著。从演说的定义、演说的题材、演说的分类、演说的形式到演说的方法等，亚里士多德对古希腊修辞学进行全面而系统的论述。然而遗憾的是，亚里士多德在书中对战争演说却只字未提。这或多或少给后世学者对古希腊演说的研究带来一定的困惑。因此学者对战争演说存疑且持有较大争议也就不足为奇。古希腊社会是否存在战争演说？或者说战争演说在古希腊是否像政治演说、诉讼演说一样普遍？如果战争演说确实普遍存在，那么亚里士多德在《修辞学》中为什么没有相关记载和论述？战争演说在古希腊战争中到底具有什么样的功用？在分析阐释古希腊演说的政治功用之后，本章重点论述古希腊演说在战争中的激励作用。

第一节　古希腊战争演说的学术争论

古希腊是否存在战争演说？西方古典学者对此持有不同看法，学界存有较大分歧。如果就《修辞学》的内容来看，亚里士多德确实没有将战争演说作为古希腊演说重要的一类。而且在整部《修辞学》著作中，亚里士多德从头至尾也没有提及战争演说。其实无论是以高尔吉亚为代表的智者，还是以伊索克拉底为代表的修辞学教育家，他们所讨论的主要也是亚里士多德划分的政治审议演说、司法诉讼演说和公共典礼演说。这也就是说，在修辞学家那里，古希腊演说的类型只有政治审议演说、司法诉讼演说和公共典礼演说三种类型。此外，亚里士多德进一步指出三种演说之间的差异：政治审议演说涉及的是未来的事情，它关注的是利益；司法诉讼演说涉及的是过去的事情，它关注的是正义；公共典礼演说涉及的是过去、现在或者未来之事，它关注的颂扬或者批评。

但是，公元前2世纪历史学家波里比乌斯在其著作中将古希腊演说分为三类，即公民大会和议事会演说，将军对士兵发表的激励演说和使者演说。① 显然，波里比乌斯自己撰写的历史正是遵从这一模式。② 但是对于古希腊盛行的诉讼演说，波里比乌斯在历史中却没有提及，这正如亚里士多德在《修辞学》中没有提及战争演说一样。为什么波里比乌斯没有将诉讼演说列入自己的演说类型进行写作呢？难道他不知道亚里士多德在《修辞学》中对演说的分类吗？显然不是。不过对这一问题我们暂且搁置一旁不论。在这里，波里比乌斯将战争演说单独列出来，这一问题似乎更加值得关注，于是学者开始对历史学家尤其是修昔底德著作中的演说词进行研究分类。最早对修昔底德著作中演说词进行排列分类研究的学者是弗雷德里克·布拉斯（Friedrich Blass）。他在1868年出版的《阿提卡演说家》（Die Attische Beredsamkeit）中列出了修昔底德《伯罗奔尼撒战争史》中的41篇演说词。后来理查德·杰布（Richard Claverhouse Jebb）在1880年发表的论文中也同样列出了修昔底德著作中的41篇演说词。他们都将修昔底德著作中的演说词划分为审议演说、诉讼演说和典礼演说，其中典礼演说1篇，诉讼演说2篇，审议演说38篇。③ 但是，奥托·卢施纳特（Otto Luschnat）注意到修昔底德《伯罗奔尼撒战争史》中审议演说、诉讼演说和典礼演说三类演说分类的模糊性。他认为，仅就两者都是关注听众对未来事件的态度而言，在公民大会上的演说和将军战前激励士兵的演说都属于审议演说，但是两者相似的地方也就仅此而已。前者表示向公民大会建议，可能接受，也可能被拒绝，演说者的目的是说服。然而在后者当中，将军仅仅需要激励他的士兵。……因此就方法而言，将军的战争演说应该被认为是独特的

---

① Polybius 12. 25 a 3, 13.
② Andrew Erskine, "Rhetoric and Persuasion in the Hellenistic World: Speaking up for the Polis", in Ian Worthington (ed.), A Companion to Greek Rhetoric, Oxford: Blackwell Publishing, 2007, p. 274.
③ Richard Jebb, "The Speeches of Thucydides", in E. Abbott (ed.), Hellenica: A Collection on Greek Poetry, Philosophy, History, and Religion, London: Rivingtons, 1880, pp. 266-323.

一类。① 在这里，我们明显能够看到学者对待战争演说的模糊性认识：一方面学者对修昔底德著作中演说词的分类还是修辞学意义上的三类，即审议演说、诉讼演说和典礼演说；另一方面，他们又关注到《伯罗奔尼撒战争史》中战争演说的存在，但是对其界定却又模糊不清。

1993 年丹麦著名古典学家汉森在古典学杂志《历史》上发表一篇题为《古代历史著作中的战争演说：事实还是虚构?》的文章，通过对古希腊罗马历史文本中的演说词系统地分析研究，指出尽管历史文本中有将军对军队发表的演说，但是，"这些战争演说是历史著作中的一种类型而非修辞学著作中的类型。它仅以文学形式著称，因此有很好的理由怀疑它作为一种战前发表的真正的演说类型的存在"②。所以，"古代历史著作中的战争激励是一种文学作品，并非历史学家对事实上已发表演说的记述"③。显然，汉森明确否定了历史著作中战争演说的真实性。不仅如此，汉森还认为战争演说是修昔底德的发明。他说："在希罗多德的《历史》中，我们还没有发现任何真正意义上的战争演说。应该是修昔底德开创了这种风格，然后被后来的历史学家采用，而且变得越来越修辞。"④ 综上，汉森认为古希腊历史著作中将军对士兵的战争演说是历史学家的一种修辞建构。事实上，它们从来都没有发生过。

汉森对古希腊战争演说的观点立刻受到其他古典学者的质疑和挑战。1994 年普利切特在出版的《古希腊历史论文集》一书第二章集中阐述了古希腊战争中的将军演说这一问题，指出古希腊战争演说不仅存在，而且还十分常见。他说："敌对双方的将军正在对士兵演说，清楚地说明古希腊战争中的战争演说是一个常见现象。"⑤ "战前发表的演说不仅是实

---

① See William C. West III, "The Speeches in Thucydides: A Description and Listing", Philip A. Stadter (ed.), *The Speeches in Thucydides*, Chapel Hill: the University of North Carolina Press, 1973, p. 4.

② Mogens Herman Hansen: "The Battle Exhortation in Ancient Historiography: Fact or Fiction?", in *Historia: Zeitschrift für Alte Geschichte*, Bd. 42, H. 2 (1993), pp. 165 – 166.

③ Mogens Herman Hansen: "The Battle Exhortation in Ancient Historiography: Fact or Fiction?", in *Historia: Zeitschrift für Alte Geschichte*, Bd. 42, H. 2 (1993), p. 172.

④ Mogens Herman Hansen: "The Battle Exhortation in Ancient Historiography: Fact or Fiction?", in *Historia: Zeitschrift für Alte Geschichte*, Bd. 42, H. 2 (1993), p. 173.

⑤ W. K. Pritchett, *Essays in Greek History*, Amsterdam: Brill, 1994, p. 65.

实在在发表过的，而且还不是简短的格言警句。"① 不仅如此，普利切特还对古希腊三大史学家希罗多德、修昔底德和色诺芬著作中的战争演说的类型和功能进行具体划分。H. F. 哈丁也同样承认战争演说的存在。他指出："在希腊和罗马时代，演说是所有政治生活的基础。在战争中，演说不仅仅是一种交流的方式，而且更重要的它还是一种鼓舞士气的手段。"② 埃尔哈特认为将军战前对士兵发表战争演说是战前一项程序，是战争例常工作的一部分。③ 约翰·布利斯也指出："至少，众多数量的战争演说词体现了一种广泛存在的观念，即这种战争激励适宜、重要且有效。"④ 在《战争演说》一书中，凯斯·叶琳将战争与修辞学结合起来，把演说视为战争中将军十分重要的一门领导技艺。他说："我知道，事实上，战士经常在战前变得优柔寡断。一种反应是恐惧、逃跑或者躲避，或者表现很差；另一种反应是面对威胁，而且理性迎战。将军的语言激励可能会产生后一种反应。"⑤ 爱德华·安森也指出，战争演说确实发生过，战前演说也是一种常见的事情。⑥

综上所述，学术界对古希腊战争演说的研究存在较大的分歧。在以汉森为代表对古希腊战争演说持否定的观点和以普利切特为代表对古希腊战争演说持肯定的观点之间有这么几个问题需要进一步厘清：

首先是关于战争演说的内涵问题，战争演说是指战前动员演说还是指战争期间激励演说。在汉森看来，战前演说与战争演说明显不同。他指出："可以肯定的是将军在战前通常会对他的士兵说点什么。"而且，"士兵经常被召集参加士兵会议就像城邦公民被召集到公民大会一样；将领聚集开会商议正如贵族参加议事会商讨为公民大会准备议程一样"。⑦

---

① W. K. Pritchett, *Ancient Greek Battle Speeches and A Palfrey*, Amsterdam: J. C. Gieben Publisher, 2002, p. 24.

② H. F. Harding, *The Speeches of Thucydides*, Lawrence: Coronado Press, 1973, p. 177.

③ C. T. H. R. Ehrhardt, "Speeches Before Battle?" in *Historia: Zeitschrift für Alte Geschichte*, Bd. 44, H. 1 (1st Qtr., 1995), p. 121.

④ John R. E. Bliese, "Rhetoric Goes to War: The Doctrine of Ancient and Medieval Military Manuals", in *Rhetoric Society Quarterly* 24 (1994), pp. 105 – 130.

⑤ Keith Yellin, *Battle Exhortation: The Rhetoric of Combat Leadership*, Columbia: the University of South Carolina Press, 2013, p. 6.

⑥ Edward Anson, "The General's Pre-Battle Exhortation in Graeco-Roman Warfare", in *Greece & Rome*, Vol. 57 (Oct. 2010), pp. 304 – 318.

⑦ Mogens Herman Hansen: "The Battle Exhortation in Ancient Historiography: Fact or Fiction?", in *Historia: Zeitschrift für Alte Geschichte*, Bd. 42, H. 2 (1993), pp. 161 – 180.

接着汉森进一步分析指出:"将军在军队会议上对他的士兵的演说属于审议演说,而战争演说是一种激励。战争演说中,对于进行战争是否有益的问题无须辩论;同时只有统帅发表演说,没有两个或者更多的演说提出反对的观点。最后,士兵不对战或不战的问题进行投票表决。战争演说属于展示性演说,而不是审议性演说。它的目的是激励,而不是劝服。"① 这里汉森认为战争演说属于展示性的典礼演说应该没什么问题,其功能主要是激励士兵,而不是说服士兵参加战斗。但是汉森把战前将军召集士兵集会发表演说等同于政治领袖在公民大会上发表演说,将其归于审议演说。一般而言,战前将军召集士兵集会无非也是进行战前动员,鼓舞和激励士兵,而不是进行什么战争审议。要知道,古希腊城邦时代,决定是否对外进行战争是城邦公民大会的权力,城邦一切内政外交事务理应都由公民大会表决。比如伯罗奔尼撒战争前,雅典对斯巴达的战争政策就是通过公民大会讨论最后民众投票作出决定。再比如公元前415年雅典出兵远征西西里的政策也是经由公民大会讨论商议最后公民投票表决通过。一旦战争政策出台,将军召集士兵集会更多的是对士兵进行激励。当然,我们也不能排除战争期间将军召集士兵和将领集会作出临时决策的可能。比如色诺芬在《长征记》(Anabasis)提到,在士兵集会上,将军或指挥官会对士兵发表演说,然后商议可能导致全体士兵的投票表决。根据色诺芬的记载,全体在场的人都举了手。② 总之,无论是出征前将军对士兵发表的战前演说,还是战争期间将军对士兵发表的战争演说,本质上,它们都是将军对士兵进行鼓舞和激励,都不需要后者进行审议,更不需要表决。一方面,战争是一种上级对下级下达的命令,不需要审议,必须绝对服从。另一方面,作为普通人的士兵,无论天性勇敢还是怯懦,他们在战前需要获得鼓舞和激励。那样的话,原先勇敢的人更加渴望战争到来,怯懦的人也会因他人的激励和鼓舞而变得勇敢起来,积极地投入到战斗中去。其实从本质上说,战争演说包括战前演说、战争期间演说和战后演说,因为在战争爆发前或者每一次战斗打响之前,或者说是战争的间歇期,或者战争结束之后,将领都有可能发表演说。一般而言,将领不可能,没有时间,也不允许在战争进

---

① Mogens Herman Hansen: "The Battle Exhortation in Ancient Historiography: Fact or Fiction?", in *Historia: Zeitschrift für Alte Geschichte*, Bd. 42, H. 2 (1993), pp. 161-180.
② 〔古希腊〕色诺芬:《长征记》,崔金戎译,北京:商务印书馆1985年版,第68页。

行的过程中发表演说。

其次,关于历史著作中的战争演说和现实中的战争演说问题。汉森探讨更多的是历史学家著作中战争演说的真实性问题,他认为历史著作中的战争演说是历史学家的建构,是虚构的,是一种历史的修辞,并非现实发表过的演说。这也就是说,汉森并没有从根本上否定现实中战争演说的存在,并指出它应该属于以激励为目的的展示性演说。而普利切特等学者更多的是从现实出发论证战争演说的客观真实性,而不是历史学家虚构、想象的一个演说类型。通过对比分析,我们发现汉森与普利切特观点的冲突和对立主要是源于所讨论问题对象的差异,而并非针对同一个问题。但是即便如此,他们之间的对立还依然存在。显然,普利切特等学者对古希腊战争演说的研究主要还是依据历史学家著作中的战争演说。如果这些战争演说都是历史学家虚构的,那么普利切特等学者的观点也将受到质疑。诚如米歇尔·克拉克(Michael Clark)所说:"如果汉森是正确的话,这对我们理解古代的历史学家将会产生重要的影响。这就意味着对历史学家的绝对信任正面临危机。"①

从学者们的争论中,我们可以肯定的是:学者们都认为战争演说是古希腊战争中存在的一个历史现象。第一,尽管亚里士多德在《修辞学》中没有提及战争演说,尽管古希腊流传下来的演说词没有一篇涉及战争演说,但是从古希腊诗人和历史学家的相关记述中,我们依然能够判断战争演说的存在。在荷马史诗中,英雄的演说才能被视作与其做事的能力一样重要。阿基琉斯不仅学会勇敢杀敌的本领,他还是雄辩的演说家。老人涅斯托尔就是教授他这两样本领的人。我们还能够看到特洛伊统帅赫克托耳在战争中训斥帕里斯的场景,结果后者勇敢地投入到战斗中去。在希罗多德的《历史》中,在萨拉米斯海战前,雅典将军地米斯托克利对希腊军队发表的慷慨激昂的战争演说,我们有理由相信希罗多德没有详细记载这次战争演说的具体内容是因为没有人知道,而不是地米斯托克利没有发表这场战争演说。第二,根据修昔底德的记述,到伯里克利时代为止,雅典将军同时兼有政治领袖和演说家的身份足以说明演说技能对于将军的重要性。比如,地米斯托克利、米尔提亚戴斯、西蒙、伯里克利等既是雅典著名的政治领袖、将领,同时又以演说著称。

---

① Michael Clark, "Did Thucydides Invent the Battle Exhortation?", in *Historia*: *Zeitschrift für Alte Geschichte*, Bd. 44, H. 3 (3rd Qtr., 1995), pp. 375–376.

伯里克利之后，即便政治领袖和演说家不一定是将军，如德摩斯梯尼、埃斯基涅斯等，但是将军一般都是演说家，也同样善于演说，如亚西比德、尼西阿斯等。这也就是说，伯里克利之后，尽管政治领袖与将军开始分化，但是演说家依然是两者共有的身份，演说是两者都要掌握的一门技能。在《经济论》中，色诺芬评论道："农场主必须常常鼓励他的劳工，正如一个将军必须鼓励他的士兵一样。"① 这也就是说，对于将军而言，发表演说激励士兵是十分常见的事情。演说是将军必须掌握的一门技能。同样，在《苏格拉底回忆》中，苏格拉底在和一位骑兵指挥官的对话中论及后者的职责。骑兵指挥官问道："你的意思是说，一个骑兵将领，除了具备其他资格之外，必须还是一个会演说的人？"苏格拉底回答道："难道你会以为，一个骑兵将领必将是一个沉默寡言的人吗？"② 骑兵指挥官与苏格拉底之间的对话明显透露出将军掌握演说技能的自然之理。不仅如此，苏格拉底还进一步指出学习语言的重要性。他继续说道："难道你没有想过，我们按照惯例所学得的最好的东西，也就是说，我们所借以认知生活的一切事务，都是通过语言学来的；我们所学得的其他一些有用的知识也都是通过语言学来的；最好的教师是最会运用语言的人；懂得最重要道理的人都是最会讲话的人吗？"③ 难怪哈丁评论道："战争演说是军队统帅的一个标志。"④ 这正如普利切特所说："没有一个城邦会选择一个缺乏有效演说能力的将军率领军队。"⑤ 第三，修昔底德和色诺芬虽是古希腊著名的历史学家，但是他们同时又都是雅典将军，都有过带兵打仗的亲身经历。他们应该清楚战争中的演说激励对于鼓舞士气的重要。他们也许不记得具体的战争演说词是什么，但是他们知道将军应该在什么场合发表什么样的演说。换句话说，历史著作中的战争演说词可能是历史学家重新创作的，但是战争演说应该是实实在在发生过的。

---

① 〔古希腊〕色诺芬：《经济论》，张伯健、陆大年译，北京：商务印书馆1961年版，第18页。
② 〔古希腊〕色诺芬：《回忆苏格拉底》，吴永泉译，北京：商务印书馆1984年版，第92页。
③ 〔古希腊〕色诺芬：《回忆苏格拉底》，吴永泉译，北京：商务印书馆1984年版，第92页。
④ H. F. Harding, *The Speeches of Thucydides*, Lawrence: Coronado Press, 1973, p. 1.
⑤ W. K. Pritchett, *Ancient Greek Battle Speeches and A Palfrey*, Amsterdam: J. C. Gieben Publisher, 2002, p. 51.

再者,关于历史著作中战争演说虚构的问题。如果说战争演说是一种真实的演说类型,那么如何理解汉森关于历史著作中战争演说虚构的观点?历史学家为什么要虚构战争演说?虚构的战争演说是否具有史料价值?

我们知道,历史著作中的战争演说,更准确地说应该是战争演说词的虚构问题是由汉森明确提出。前文已经指出学者们对此问题争论的焦点应该有所差异。但是即便如此,对于历史著作中战争演说不能如此简单定性,应该给予客观的分析。根据古希腊三大历史学家著作中对战争演说的记载来看,希罗多德《历史》中涉及战争演说的有7处,但是希罗多德一般都只是提及将军在战前发表演说,而且也没有记载具体的演说内容。其中最有名的就是地米斯托克利在萨拉米斯海战前对士兵的演说。修昔底德《伯罗奔尼撒战争史》中记载了18次战争演说,大多有演说的具体内容。色诺芬《希腊史》和《长征记》各记载战争演说2次和7次,而且也记录了演说的内容。如前所述,修昔底德和色诺芬本人都做过将军,都带过兵打过仗,但是两位历史学家在著作中记载的战争演说却没有涉及本人。换句话说,两位历史学家所记载的战争演说都未必是他们的亲身经历。所以汉森有理由怀疑这些战争演说词的真实性,进而指出它们是历史学家的虚构。但是问题不能仅仅停留在历史著作中的战争演说是否是虚构这一层面。历史学家为什么要虚构战争演说?原因很明显,在生死存亡、性命攸关的战争场合,将军的战争激励演说是随时即兴发表的,他们不需要、没有时间和精力事先去撰写演说词。而且由于很快将投入战斗,在当时没有任何现代化录音设备的情况下,没有人会刻意记忆将军发表的演说内容。因此,一场战争演说之后,对于处于情绪异常亢奋、激动状态下的将军和士兵而言,没有人去关注演说的具体内容,因而很快就会被遗忘。凯斯·叶琳研究指出战争演说短暂性的特征。他说:"越接近战争,话语就越即刻,因此也就更加易于遗忘。"[①] 这正是为什么没有一篇战争演说词得以流传下来的原因所在。所以当历史学家还原战争演说的时候,诚如修昔底德所说的,他让将军在合适的场合说出他们可能说的话,这也完全在情理之中。但是我们不能因为希罗多德没有虚构战争演说词,修昔底德、色诺芬虚构了战争演说

---

① Keith Yellin, *Battle Exhortation: The Rhetoric of Combat Leadership*, Columbia: the University of South Carolina Press, 2013, p. 2.

词，就简单地认为希罗多德比修昔底德和色诺芬更加客观，就相信希罗多德的记载，对修昔底德和色诺芬的记载持怀疑态度。可以肯定的是，即便是这些虚构的战争演说也仍然具有重要的史料价值和研究意义。第一，修昔底德和色诺芬在历史著作中对战争演说词的虚构是他们对历史的一种合理的想象。诚然，历史想象是十分常见但却又非常重要的一种历史研究方法，它是对常规的历史逻辑推理方法的有效补充。当历史学家因历史资料的缺失而无法进行正常的逻辑推理论证的情况下，合乎逻辑的历史想象便发挥其应有的作用。如前所述，修昔底德和色诺芬本人就是古希腊著名的将军，都具有带兵打仗的亲身经历。他们在著作中对战争演说的虚构应该是凭借自身的经验而进行的合理的历史想象。因为他们知道将军在战争期间对士兵说什么话，发表什么演说。与其说战争演说词是他们对历史的虚构，不如说是他们对历史的还原。这也就是说，历史著作中战争演说词未必是原来发表过的，但是它们确实在一定程度上还原并再现了当时战争演说的历史场景。因此对于研究古希腊战争演说具有同样的价值和意义。第二，修昔底德本人被誉为客观实证主义史学的创始人，以著史严谨著称。对于其著作中的战争演说词，他也一定会谨慎对待，合理想象。更为重要的是，他和色诺芬的历史著作都是当代人记述当代史，而且很多当时希腊人可能就是历史经历者和历史著作的读者。因此他们没有理由毫无边际地、随意去虚构战争演说。因此普利切特评论道："一个写当代历史并声称真实的人通常会谨慎对待他的著作，尤其是意识到他的一些读者就是资料来源，而且有可能是事件的亲历者。"① 因此，修昔底德著作中战争演说词肯定具有历史价值。第三，虽然修昔底德等历史学家著作中的战争演说词未必是战场上将军发表演说的原文，但是历史学家们尽可能为后人还原了古希腊战争演说场景。这正如乔治·肯尼迪所言："公元前5世纪的演说肯定与修昔底德杜撰的那些演说者的演说没有什么不同。"② 因此，在没有一篇战争演说词流传下来的情况下，历史学家对战争演说的还原就显得尤为珍贵。历史学家对战争演说词的想象和建构也正说明战争演说的存在，说明了演说在古希腊城邦公民政治军事生活中的重要性。

---

① W. K. Pritchett, *Essays in Greek History*, Amsterdam: Brill, 1994, p. 107.

② George A. Kennedy, *The Art of Persuasion in Greece*, Princeton: Princeton University Press, 1963, p. 47.

最后，关于修辞学著作中战争演说缺失问题。如前所述，战争演说是古希腊军事战争中十分常见的历史现象，演说也是将军在指挥士兵作战过程中必须具备的一项技能，这与古希腊雅典政治领袖从政必须掌握演说技能一样。古希腊历史著作中的战争演说词也是历史学家对战争演说场景合乎逻辑的合理想象。那么，亚里士多德《修辞学》中为什么没有提到战争演说呢？这主要涉及战争演说的属性。弄清楚战争演说的属性有助于理解这一问题。

众所周知，亚里士多德将演说分为政治演说、诉讼演说和典礼演说三类。根据学者的研究，政治演说主要指公民大会和议事会中的审议，演说的目的是影响民众的表决。诉讼演说主要是指涉及司法纠纷案件中的控告和辩护。同政治演说一样，诉讼演说的目的也是影响陪审员的表决。但是与政治演说和诉讼演说不同，典礼演说主要是指公共场合的颂扬或者训诫演说，演说的结果不会带来听众的表决。汉森指出，士兵不需要对战或不战的问题进行投票表决。[1] 同汉森一样，多数学者研究区分典礼演说与政治演说和诉讼演说之间的不同主要是看演说的结果，即典礼演说不需要听众表决，而政治演说和诉讼演说都需要听众表决。笔者注意到，学者们的这一区分有一个明显的误区，即政治演说和诉讼演说后的民众或者陪审员的表决是城邦政治机构运作的一个环节，与演说本身没有什么必然的关系。在公民大会和公民法庭的运作过程中，演说和投票表决都是城邦政治机构运作的一个环节，表决并非演说的环节或者结果。因此以听众是否对演说的内容进行表决来理解甚至区别三种演说类型显然不妥。撇开听众的表决不看，就单从演说说服的这一特性来说，政治演说、诉讼演说和典礼演说并没有什么差别。

如前所述，奥托·卢斯纳特已经注意到政治演说、诉讼演说和典礼演说这三类演说分类的模糊性。其实，政治演说和诉讼演说都属于审议演说，它们是在议事，无论是过去的事还是现在的事，抑或将来的事。政治演说和诉讼演说的划分主要是基于它们运用的场合和演说的主题不同：前者是运用于公民大会、议事会上，主要关注城邦内政外交事务，

---

[1] Mogens Herman Hansen: "The Battle Exhortation in Ancient Historiography: Fact or Fiction?", in *Historia: Zeitschrift für Alte Geschichte*, Bd. 42, H. 2 (1993), pp. 161–180.

即城邦政事；后者主要是发生在公民法庭上①，涉及公民纠纷和各种诉讼案件，仅此而已。至于典礼演说，它可以被视为除政治演说和诉讼演说之外一切演说的统称，又被称为展示演说。亚里士多德说："典礼演说的目的在于指出行动是光荣的或是不光荣的，但也涉及其他一切问题。"② 学者们提及最多的典礼演说当属雅典一年一度的葬礼演说和古希腊各种节日和竞技会上的节庆演说。它们一个共同的特点不是议事，而是演说者是向听众展示某种东西，其可以是颂扬，也可以是斥责，还可以是激励。无论是颂扬、斥责，还是激励，演说者展示的目的当然是要说服听众接受。汉森明确指出，"战争演说是一种激励。对于进行战争是否有益的问题无须辩论；只有统帅发表演说，没有两个或者更多的演说者提出反对的观点。"③ 显然战争演说既不是政治演说，更不是诉讼演说，而应该是典礼演说。战争演说也符合亚里士多德对典礼演说的界定。其实即便是葬礼演说和节庆演说，亚里士多德也没有在《修辞学》中明确提出，但是它们的确为后世学者所更多地关注和研究。

综上，与葬礼演说和节庆演说一样，战争演说也是典礼演说的一种。作为典礼演说的类型，它们都没有被亚里士多德提及。笔者认为，这可能也是限于《修辞学》的篇幅，亚里士多德没有必要对典礼演说展开进行详细论述。

第二节 古希腊战争演说类型

虽说古希腊没有一篇真正发表过的战争演说词流传下来，但是古希腊历史学家在著作中对战争演说的还原和记述还是为我们提供了古希腊战争演说的鲜活画面，呈现出不同类型的战争演说，再现了古希腊战争的真实场景。

与政治演说、诉讼演说一样，战争演说最早在荷马史诗中就能找到

---

① 公元前5世纪中期雅典民主派领袖厄非阿尔特改革之前，公民大会和战神山会议也具有相应的审理司法诉讼案件的职能。厄非阿尔特改革之后，除了战神山会议还保留宗教案件审判的职能外，其他诉讼案件全部由公民法庭审理。

② 〔古希腊〕亚里士多德：《修辞学》，罗念生译，北京：生活·读书·新知三联书店1991年版，第30页。

③ Mogens Herman Hansen: "The Battle Exhortation in Ancient Historiography: Fact or Fiction?", in *Historia: Zeitschrift für Alte Geschichte*, Bd. 42, H. 2 (1993), pp. 161–180.

原型和范例。比如,根据《伊利亚特》第三卷的描述,当特洛伊王子帕里斯在战场上见到斯巴达国王墨涅拉奥斯时,他往后退却,手脚颤抖,脸面发白,迅速退到特洛伊人的队伍中间躲藏起来。赫克托耳看见之后,就用羞辱的话谴责他:

> 不祥的帕里斯,相貌俊俏,诱惑者,好色狂,
> 但愿你没有出生,没有结婚就死去。
> 那样一来,正好合乎我的心意,
> 比起你成为骂柄,受人鄙视好得多。
> 长头发的阿开奥斯人一定大声讥笑,
> 认为一个王子成为一个代战者
> 是由于他相貌俊俏,却没有力量和勇气。
> 你是不是这样子在渡海的船舶上面
> 航过大海?那时候你召集忠实的伴侣,
> 混在外国人里面,把一个美丽的妇人、
> 执矛的战士们的弟妇从遥远的土地上带来,
> 对于你的父亲、城邦和人民是大祸,
> 对于敌人是乐事,于你自己则可耻。
> 你不等待阿瑞斯喜爱的墨涅拉奥斯吗?
> 那你就会知道你占去什么人的如花妻子,
> 你的竖琴、美神的赠品、头发、容貌
> 救不了你,在你躺在尘埃里的时候。
> 特洛伊人太胆怯,否则你早就穿上
> 石头堆成的衬袍,因为你干的坏事。①

在被赫克托耳谴责、训斥之后,帕里斯鼓起心中的勇气,主动要求和斯巴达国王墨涅拉奥斯决斗。史诗中像这样在战争中斥责、激励的场面不胜枚举,其中不乏诸神鼓舞激励希腊或者特洛伊英雄的场面。所以罗伊斯曼评论道:"尽管《伊利亚特》是一部战争史诗,但是书中的英雄们却花费更多的时间在说话而不是打仗。涉及人物试图相互劝说根据

---

① 〔古希腊〕荷马:《伊利亚特》,罗念生、王焕生译,北京:人民文学出版社1997年版,第68页。

自己的提议行事的正式讨论充斥公民大会、议事会，无论是在希腊人和特洛伊人的军营，还是在奥林帕斯山众神聚会上。这些场合的讨论和争吵形成了史诗的行动和战争场景，因此产生更多的兴趣和冲突。"① 荷马史诗中众多战争演说的主旨正是斥责、颂扬或激励，与后来古希腊历史学家著作中战争演说的主旨一样。

希罗多德在《历史》中涉及的战争演说共计7处。除了著名的雅典将军地米斯托克利在萨拉米斯海战前慷慨激昂的演说之外，还有波斯国王薛西斯和波斯统帅马尔多纽斯的战前演说等。关于地米斯托克利的战争演说，希罗多德是这么记载的：希腊人终于相信铁诺斯人所讲的话，于是便准备作战了。那正是刚刚破晓的时候，他们把士兵召集起来开会，地米斯托克利就在会上作了一次比其他任何人都精彩的演说。他的演说的要旨始终是把一个人的本质和天性当中好的东西和坏的东西加以对比，而劝告他们选择好的东西。演说结束之后，他便命令他们上船了。② 可见希罗多德并没有详细记载地米斯托克利这次战争演说的具体内容。

真正描述战争演说场景是从修昔底德的《伯罗奔尼撒战争史》开始。书中涉及战争演说场景的有18次之多。尼西阿斯在西西里远征惨败后对士兵发表的演说就是其中的一例。修昔底德记述道："当他看见军队因为完全失望而沮丧的时候，他沿着军队的行列行走，尽力鼓舞他们，安慰他们。当他一行一行走过去的时候，他把嗓子提得愈来愈高，他渴望他的言辞能够对他们有点益处，同时希望尽量多的人能够得到他的言词所能引起的益处。"③接着，修昔底德还原了尼西阿斯演说的原文。此外，色诺芬在《希腊史》和《长征记》中也记载相关的战争演说词。尽管索伊多（Juan C. I. Zoido）认为："荷马的战争演说范式直接影响了修昔底德的战争演说。"④ 但是通过对比，修昔底德的战争演说与荷马史诗和希罗多德《历史》中的战争演说显然还是有所不同：荷马史诗中主要

---

① Hanna M. Roisman, "Right Rhetoric in Homer", in Ian Worthington (ed.) , *A Companion to Greek Rhetoric*, Oxford: Blackwell Publishing, 2007, p. 429.
② 参见〔古希腊〕希罗多德：《历史》，王以铸译，北京：商务印书馆1959年版，第592页。
③ 〔古希腊〕修昔底德：《伯罗奔尼撒战争史》，谢德风译，北京：商务印书馆1960年版，第555页。
④ Juan Carlos Iglesias Zoido, "The Battle Exhortation in Ancient Rhetoric", in *Rhetorica: A Journal of the History of Rhetoric*, Vol. 25, No. 2 (Spring 2007) , pp. 141 – 158.

是英雄之间的对话，比如赫克托耳与帕里斯之间的对话，阿伽门农与墨涅拉奥斯之间的对话等；希罗多德《历史》中主要是提到战争演说，比如地米斯托克利的战争演说等，不涉及具体的演说内容；修昔底德的《伯罗奔尼撒战争史》则记载了将军发表的整篇战争演说词。乔治·肯尼迪评论道：与修昔底德的《伯罗奔尼撒战争史》相比，同荷马史诗里的一样，希罗多德《历史》中比较好的直接话语是对话而非演说。① 肯尼迪的论述同样适用于他们对战争演说的记载和描述。那么古希腊战争演说有哪些类型或者方式呢？根据相关文献记载和描述，古希腊战争演说主要有以下几种类型。

　　首先，从演说发表的时间来看，古希腊战争演说有战前演说、战间演说和战后演说。顾名思义，战前演说是指战争爆发前，军队将领发表的激励士兵的演说。比如伯罗奔尼撒战争爆发前，当斯巴达领导的伯罗奔尼撒同盟决定入侵阿提卡的时候，等到斯巴达人把所有同盟的军队的三分之二兵力集中好之后，军队统帅斯巴达国王阿基达马斯召集了各国的将军和重要人物，发表了演说，激励各盟军邦将领。修昔底德在著作中再现了阿基达马斯这次演说的场景。阿基达马斯首先分析了先辈的传统、自己的优势，同时又提醒注意不能过于轻敌。他说："伯罗奔尼撒人和各国同盟者：我们的祖先在伯罗奔尼撒境内和境外参加过许多战役，我们部队里的老辈对于战争不是没有经验的，但是我们从来没有集合比今天更大的兵力从事过远征。我们人数之多和士气之高是过去从来没有过的；同样，我们所进攻过的城市，其力量也发展到了最高峰。我们不要作我们祖先的不肖子孙，也不要玷污我们自己的名誉。整个希腊注视着我们的行动，因为大家都仇恨雅典，大家都希望我们取得胜利。因此，我们虽然挟着巨大的军力进攻雅典，虽然我们的敌人不敢冒险来抵抗我们，我们不可因为这些优势而减低我们行军时的警惕：各国的官长和士兵应该在受到威胁的各个地方准备随时单独作战。在战争中，许多事情是预料不到的，攻击动作往往发生于一时的冲动。在数字上占劣势的军队，常常因为小心翼翼，而击败了过于自信而疏忽警戒的优势敌人。当然，我们应当满怀信心地攻入敌国，但是为了策划完全计，我们在敌人境内也必须采取一切实际措施。这样的军队，才可能在进攻时勇猛精进，

---

① George A. Kennedy, *The Art of Persuasion in Greece*, Princeton: Princeton University Press, 1963, p.44.

在防卫时持重可靠。"① 紧接着，阿基达马斯从战术、荣耀和纪律等方面继续进行阐释。他接着说道："我们所进攻的敌人绝对不是没有自卫力量的。他们在各方面都是装备得异常完好的，我们应当知道，敌人很可能整军出来和我们接战；纵或在我们进攻之前，敌人不出来迎战，但是他们看见我们在他们的领土内，破坏他们的土地，毁坏他们的财产的时候，他们一定会出来和我们作战的。人们受到过去从来没有受过的痛苦，而这些痛苦的事情都是在自己的眼前进行，他们自然会愤怒。他们不是等着事变而加以考虑的，而是自身受到冲动的刺激而投入行动的。这一做法，在雅典人尤其是可能的，因为他们自己认为他们享有特权，处于至高无上的地位，他们总是惯于侵略和毁灭别人的土地，而很少看见自己的领土被别人入侵的。大家要知道你们是进攻一个很大的城邦；要想到你们可能给你们的祖先和你们自己带来光荣，也可能带来耻辱，如果你们受到挫折的话。记住这个指示，跟着你们领导者走，严格注意你们的纪律和安全。如果大军的纪律特别好，使整个军队的行动恰如一个人的行动一样，那是最好的事情，也是最安全的事。"②

战间演说，通常是指战争间歇期，也就是一次战役结束后，下一次战役爆发前统帅发表的用于激励士兵的演说。它也包括战争进行过程中统帅随机发表的简短演说。前文提到的雅典将军地米斯托克利在萨拉米斯海战前对士兵发表的演说即是一例。修昔底德在《伯罗奔尼撒战争史》中记载了大量的战间演说。比如，战争第三年，即公元前429年夏，纳莫斯和伯拉西达率领的斯巴达人与福密俄率领雅典人在赖昂姆海域对峙，准备新一轮的战斗。斯巴达海军大将纳莫斯希望在雅典的援兵还没有到的时候，赶快作战。但是他看见，因为上次进攻阿开纳尼亚的第一次海战失败的影响，大部分士兵的士气低沉，完全没有作战的热忱。因此他召集士兵集会，发表演说来激励他们，提高他们的士气："伯罗奔尼撒人！如果因为上次战争的结果，你们中间有人害怕战争的话，那么，现在我们又将作战了；我们应当说，这种畏惧是毫无理由的。在上次战役中，你们知道，我们没有作好准备；我们航行出去的目的不是想在海

---

① 〔古希腊〕修昔底德：《伯罗奔尼撒战争史》，谢德风译，北京：商务印书馆1960年版，第112—113页。
② 〔古希腊〕修昔底德：《伯罗奔尼撒战争史》，谢德风译，北京：商务印书馆1960年版，第113页。

上作战,而是想在陆地上作战的。并且当时有许多因素对我们不利;同时,我们缺乏经验也是我们第一次海战失败的一部分原因。因此,我们上次战役中的失败,不是由于我们这一方面的懦弱;也不要因为偶尔发生的事故而挫折了我们的毅力;我们知道,我们的毅力不是暴力所能屈服的,我们的毅力还有许多需要辩白的。我们要记住,所有的人都可能遭遇着意外的事故,但是真正的勇敢是绝对不会变更,真正勇敢的人绝对不会以缺乏经验作为懦弱的借口的。以你们来说,你们也许缺乏敌人所有的经验,但是你们比他们勇敢,这就不只补偿了你们的缺点。你们所害怕的是他们的技能,但是这种技能也必须和勇敢结合起来的,那么,在危急的关头,他们要记住怎样去运用他们在教训中所学来的东西。但是,如果缺乏勇敢精神的话,所有的技能,在面临危机的时候就会毫无用处了。所以当你们想到他们有更多经验的时候,你们应该也想到你们自己有更大的勇气;当你们因为上次遭到失败而感到恐惧的时候,你们要记住,那时候,你们丧失了警惕,没有作好准备。在你们方面,你们确实有许多优点:你们有强大的舰队,你们在自己的海岸附近作战,有重装步兵支援你们。一般说来,胜利总是属于人数众多、配备良好一边的。因此,没有一个理由可以认为我们是会失败的。就是上一次我们所犯的错误,现在也成为我们一个有利的因素;因为从这些错误中,我们可以得到教训。我们希望舵手们和水手们同样满怀信心地履行他们的义务,任何人不得离开他被指定的岗位。我们自己的能力也一定不会弱于你们以前的司令官,一定要准备战争,不让任何人有作为懦夫的借口。如果任何人要作懦夫的话,他应当得到他所应有的处罚;但是勇敢的人们一定要受到他们所应得的奖励。"[1] 同样,当雅典将军福密俄发现自己的部下士气消沉、惧怕斯巴达军队数量的时候,他把雅典士兵召集起来,发表演说,从作战经验、战争资源和战略战术等方面鼓舞士气。演说最后,福密俄再次用经验鼓励士兵。他说:"我再要提醒你们一次,这个舰队的大部分船舰是已经被你们打败过了的;曾经被击溃的人,当他们再来碰着同样的危险的时候,绝对没有和前次一样的毅力的。"[2]

---

[1] 〔古希腊〕修昔底德:《伯罗奔尼撒战争史》,谢德风译,北京:商务印书馆 1960 年版,第 168—169 页。

[2] 〔古希腊〕修昔底德:《伯罗奔尼撒战争史》,谢德风译,北京:商务印书馆 1960 年版,第 171 页。

公元前422年安菲波利斯战役之前，斯巴达统帅伯拉西达决定在雅典援军还没有到达的时候对雅典军队发起突然袭击。因此，伯拉西达召集全军集会，发表演说，一面鼓励军心，一面说明作战计划。首先伯拉西达援引斯巴达军队勇敢作战的传统激励士兵。他说："伯罗奔尼撒人：用不着我多说，我只提几件实事：我们来自一个勇敢常常保全了自由的国家；你们是多利亚人，你们现在正要和那些常常被你们击溃的敌人爱奥尼亚人作战了。"① 接着伯拉西达阐述的自己战术。他说："我所要讲的就是说明我们的作战方法，使你们不必因为我们只用一部分军队而没有用全部兵力来进攻我们的敌人，就担心我们会处于不利的地位。照我的估计，因为敌人轻视我们，因为他们绝对料想不到有人会进攻他们的，所以他们这样毫无戒备地跑到阵地上来了。他们现在是毫无纪律可言的。但是当敌人正在犯着这种错误的时候，如果有人看得比较清楚，知道充分地利用自己的部队，不采用显明为人所共知的方式，而采用最合于实际形势的方式作战，他必然会取得胜利的。这时候，正当敌人还富于自信心而没有作准备的时候，据我所见，正当他们想怎样逃跑而不想坚守阵地的时候，正当他们的精神涣散，还没有振作起来的时候，我建议快步向前，在可能的范围以内，对于敌人的中心予以猛烈的袭击。"② 最后，伯拉西达从荣誉、纪律和战败的悲惨后果等方面进一步激励士兵。他是这样说的："你们要记住，一个好军人的品质就是敏于作战，富于荣誉心，严守纪律；今天你们如果表现你们是大丈夫的话，你们就会获得自由，争得斯巴达同盟军的称号，不然的话，就会当雅典人的奴隶，你们所希望的当然不是被牵到奴隶市场去发卖，或者是被杀掉；如果不这样打算，你们的奴隶生活将比过去你们所知道的更要残酷，你们将使希腊其他各地方的人民得不到解放。不，你们知道这是多么重要的关头，你们绝对不会屈服的。至于我个人，我会让大家知道，我不仅对别人出主意，而且能够把我所说的话在行动中实现出来。"③ 演说之后，伯拉西达依照商定的办法，准备冲出作战。有意思的是，当伯拉西达发现雅典

---

① 〔古希腊〕修昔底德：《伯罗奔尼撒战争史》，谢德风译，北京：商务印书馆1960年版，第360页。
② 〔古希腊〕修昔底德：《伯罗奔尼撒战争史》，谢德风译，北京：商务印书馆1960年版，第360页。
③ 〔古希腊〕修昔底德：《伯罗奔尼撒战争史》，谢德风译，北京：商务印书馆1960年版，第360—361页。

将领克里昂准备率军撤退，避开与敌军作战、准备等待援军的时候，他对军队士兵发表十分简短的演说："这些敌人永远不能抵抗我们了；从他们的毛和矛头彼此相互碰撞的情况中，我们很明显地可以看出这一点来。军队这样纷乱，就没有应付敌人的力量了。让我们打开城门，赶快打出去，我们一定会胜利。"① 显然战争期间，战机不允许将领发表长篇大论，否则战机稍纵即逝。说完，伯拉西达走出长城的第一道城门，快步沿着大路一直向前走去，从山上最陡峭的地方向下进攻雅典的军队。

战后演说就是将军在战役无论是失败还是胜利之后对全军士兵发表的演说，旨在鼓舞士气，激励士兵勇敢地面对下一次即将到来的战役。与战前演说和战间演说相比，历史著作中对战后演说的记载寥寥无几。根据修昔底德的记载，公元前414年，斯巴达统帅吉利普斯率军和叙拉古人和同盟者的军队与尼西阿斯率领的雅典军队在普利姆密里昂要塞展开激战。战争失败之后，吉利普斯把军队召集起来发表了演说，总结战争失败的原因，同时激励士兵为下一次战役作好充分的准备。尽管修昔底德对这次战争演说的记载没有之前的详细，但依然还是记录了演说的大致内容。主要是说：这次战败不是由于他们的过失，而是由于他自己的过失，因为他使军队的队形太深入两道城塞所包围的地区内，以至于他们的骑兵和标枪手不能支援他们。为了鼓舞士气，激励士兵勇敢地投入下一次战斗，他接着说：他们应当记着，以物资而论，他们足以对抗敌人；以军纪而论，如果伯罗奔尼撒人和多利亚人没有信心去战败和驱逐爱奥尼亚人、岛上居民和那些跟他们在一起的乌合之众的话，这是不能容忍的。②

其次，从演说的对象来看，有将帅面对全军的演说，也有不同将帅面对同一个队伍或者不同队伍分别发表演说。除了雅典将军地米斯托克利在萨拉米斯海战前对全军发表演说外，希罗多德《历史》还记载了弗息斯人哈尔摩库戴斯知道波斯骑兵将要进攻弗息斯人的1000名重武装兵时，哈尔摩库戴斯对弗息斯全体士兵发表演说，激励他们。他说："波奇斯人（即弗息斯人）啊，既然非常明显，我猜想由于我们受到帖撒利亚

---

① 〔古希腊〕修昔底德：《伯罗奔尼撒战争史》，谢德风译，北京：商务印书馆1960年版，第362—363页。

② 参见〔古希腊〕修昔底德：《伯罗奔尼撒战争史》，谢德风译，北京：商务印书馆1960年版，第503页。

人的谗诬，我们不仅一定会死在这些人的手里，因此你们每一个人都应该行动得像个男子汉大丈夫。因为与其由于一次极不名誉的死亡而俯首甘使自身灭亡，那反而是做些什么事情并战斗而后死亡好些了。不，我们要叫他们懂得，他们这些异邦人所打算要杀死的人们是希腊人。"① 于是弗息斯人便聚拢起来，尽力密集他们的队伍而从各方面迎击波斯骑兵。但是，当波斯骑兵看到弗息斯人准备自卫的时候，便害怕自己也会受到伤害，于是就骑着马回去了。根据修昔底德的记载，公元前 425 年，斯巴达人进攻雅典军队驻守的派娄斯前，雅典驻军首领德摩斯提尼集合了他的重装步兵，对全体将士发表演说，激励士兵。他说："士兵们：我们都在一块儿，我不愿意你们中间有人仔细地估计我们处境的危险，以表现自己的聪明；我所盼望你们的，只是勇往直前，不要瞻前顾后，要有克服困难的信心。我们已经被迫而处于这个状况，瞻前顾后是没有用的；我们要迅速地决定，把一切的一切作为孤注一掷。事实上，我们还是处于优势，只要我们坚守阵地，不为敌人的人数众多吓到而放弃我们的优超地位。我们一个有利的条件就是在这个地方很不容易登陆，但是只有我们坚守我们的阵地的时候，这点才是对我们有利的。假使我们退却的话，无论怎样难于进攻的地方，敌人也会大踏步地走进来的，因为没有人去抵抗他们。以后纵或我们想要设法赶走他们，我们更难对付他们了，因为敌人的退却是崎岖困难的。当敌人还在船舰上面的时候，他们是最容易被驱逐的；因为一到了陆地上，他们作战的条件就和我们平等了。至于人数，不要为此而恐惧。他们的人数虽多，不论怎么的多，但是他们只能分批作战，因为敌人不能把所有的船舰都靠拢海岸边。我们不是在相等的条件下和人数超过我们的敌人在陆地上作战。反转来说，他们是在船舰上作战；海上的战斗必须有许多条件有利地配合起来，才能发生效力的。我认为我们的人数虽少，敌人的困难足以和这个缺点相抵消。雅典人从亲身经验中，都知道在外国登陆是怎么一回事；如果驻防军守着阵地，不因为害怕风涛，或害怕扬帆直进、气势汹汹的敌人而放弃职责的话，要想赶退守军是多么不可能的。因此，我要求你们记着这一点，坚守你们的阵地，在海边击退敌人，以保全这个地方，保全我们的生命！"听了德摩斯提尼振奋人心的演说后，雅典人增强了信心，开拔前

---

① 〔古希腊〕希罗多德：《历史》，王以铸译，北京：商务印书馆1959年版，第630页。

线，在海边迎击敌人，并最终赢得了派娄斯战役的胜利。①

在公元前 413 年西西里的普利姆密里昂海战前，斯巴达统帅吉利普斯和叙拉古将领赫摩克拉底先后分别对叙拉古士兵发表了演说。吉利普斯说："现在他们应该尽量地配备船舰上的船员，企图在海上作战，他希望海上战斗会对于整个战局有利，这是值得冒一切危险去作的。"② 他得到了叙拉古将领赫摩克拉底的支持。赫摩克拉底和吉利普斯一起鼓励叙拉古人勇敢地和雅典人在海上作战。他说，雅典人的海军经验不是天生的，也不会永远保持着的；事实上，雅典人比起叙拉古人来，更是陆地上的人，他们只是为波斯人所迫而从事航海事业的。他说，像雅典人一样勇敢的人，如果遇着对方有同样的勇敢，就会感到棘手了；有时候，雅典人并没有优越的力量，他们惯于利用勇敢进攻的方法来恐吓他们的邻国；叙拉古人现在可以用同样的方法来进攻雅典人。他很有把握，认为叙拉古人这样出乎意料地英勇抵抗雅典的海军，将使敌人发生恐慌；这个优点就足以充分抵偿他们因雅典人的航海技术和他们自己的缺乏经验所受到的损失。③

将军分别对自己的士兵单独发表演说主要发生在盟军中，即各军统帅分别对自己的士兵发表演说激励。根据修昔底德的记述，公元前 418 年门丁尼亚战役前，阿尔戈斯同盟军（阿尔戈斯人、门丁尼亚人和雅典人等）各将领分别对自己的士兵发表演说，鼓励士气。"门丁尼亚的将军对门丁尼亚人说，他们是为祖国而战；这次战争是获得权力或将为奴隶的关键，那就是说，不是保持他们已经获得了的权力，就是依然恢复到从前被奴役地位的问题。阿尔戈斯的将军对阿尔戈斯人说，他们是为了恢复他们过去的霸权而战，为了在伯罗奔尼撒保持从前已经取得了的平等地位，使之永不失坠而战，同时也是为了报复敌人以及邻邦对他们所作的许多暴行而战。雅典的将军对雅典人说，如果他们和许多勇敢的同盟军并肩作战，而表现他们并不弱于那一个的话，他们会赢得他们的光荣，在伯罗奔尼撒打败了斯巴达人，会使他们自己的力量更加强大，

---

① 参见〔古希腊〕修昔底德：《伯罗奔尼撒战争史》，谢德风译，北京：商务印书馆 1960 年版，第 270—271 页。

② 〔古希腊〕修昔底德：《伯罗奔尼撒战争史》，谢德风译，北京：商务印书馆 1960 年版，第 512 页。

③ 参见〔古希腊〕修昔底德：《伯罗奔尼撒战争史》，谢德风译，北京：商务印书馆 1960 年版，第 512 页。

更加巩固,会使别人永远不敢对雅典领土进行侵略。"①

最后,从演说者的演说方式来看,有的指挥官站到队伍最前列或队伍中间发表演说,也有指挥官穿行于队伍中间,边走边说。公元前415年,当雅典人和同盟者的军队列好队形准备进攻西西里叙拉古城邦的时候,雅典将领尼西阿斯沿着士兵的行列跑去列队最前面,发表了演说,尤其从远离本土作战要置之死地而后生的角度,用简短的言辞鼓励全军以及军队中的各族人。他说:"我用不着把长篇的演说来鼓励你们,因为我们都是在同一个战斗中。我认为我们的军队本身比那些只有弱兵为后盾的美好言辞更足以鼓励我们的信心。因为我们阿尔戈斯人、门丁尼亚人、雅典人和最优秀的岛民都在一个精兵部队的大联合军中,我们怎么没有胜利的信心呢?特别是和我们作战的是来自群众的征兵,不是和我们一样的精选部队,从西西里人征募而来的士兵也是一样,他们可能轻视我们,但是不能抵抗我们,因为,作为士兵,他们虽然勇敢,但是没有经验。同时也要记着这一点:我们远离家乡,在邻近地区我们没有友邦,除非你们用战争来争取友邦。事实上,我相信,我对你们所说的话和敌人鼓励他们自己的话正相反:他们说,他们面前的战斗是为着他们自己的祖国;而我说,我们面前的战斗不是在我们的祖国,如果我们不胜利的话,我们将无法逃生,因为他们的大队骑兵会追着我们。因此,那么全体都要记着你们自己的责任,勇敢向前,进攻敌人;你们要知道,我们目前的需要和如果失败我们所将遭遇着的困难,比起对抗敌军来,更为可怕。"②根据色诺芬在《希腊史》中的记载,公元前403年,在对三十僭主作战之前,"色拉绪布卢斯命令士兵把盾牌放在地上,他自己也放下盾牌,但仍穿着盔甲,站到队伍一个中心的位置,然后对士兵发表演说"③。

公元前424年第力安战役前,为了鼓舞士气,激励士兵与彼奥提亚人作战,雅典将军希波克拉底把士兵列好阵势之后,沿着军队的行列行走,边走边用下面的演说鼓励他们:"雅典人:我对你们只说几句话,但

---

① 〔古希腊〕修昔底德:《伯罗奔尼撒战争史》,谢德风译,北京:商务印书馆1960年版,第403—404页。
② 〔古希腊〕修昔底德:《伯罗奔尼撒战争史》,谢德风译,北京:商务印书馆1960年版,第471页。
③ Xenophon, *Hellenica* 2.4.12.

是对于勇敢的人说话,简短的演说和长篇的演说一样地有益的。我不想激动你们的情感,只提醒你们一些事实。我希望你们不要因为我们在外国,就以为我们所处的危险是和我们没有重大关系的。我们虽然在他们的国境内作战,但是我们是为了我们自己的国家而作战。如果我们胜利了的话,伯罗奔尼撒人得不到彼奥提亚人的骑兵的帮助,绝对不会再侵略我们的国家;在这次战役中,你们将获得彼奥提亚,同时也解除了雅典危险。你们是我们都自豪称为希腊第一个城邦的公民,你们的父辈曾经在迈隆尼德领导之下,在恩诺斐塔打败过他们的,那么,他们应该以伟大城邦公民的精神,像你们的父辈一样,勇往直前,和他们会战吧!"① 根据修昔底德的记载,由于彼奥提亚人已经发起进攻,当希波克拉底沿着行列走到一半的时候,便不得不停止演说。普利切特认为古希腊将军对士兵发表演说最常见的方式就是边走边演说。② 显然,边走边演说比站在原地发表演说更易于调动演说者和听者的情绪,这对鼓舞、激励性质的战争演说更加有效。

所以说古希腊战争演说类型多种多样。有的将领是在战前发表演说,有的是在战争期间发表演说,还有的是在战后发表演说。有的将领是站在士兵列队最前面发言,有的是站在士兵队列中间发言,还有的是行走在士兵列队中间发表演说。有的是一个将领面对全军发表演说,有的是多个将领对全军分别发表演说,还有的是每个将领分别对自己士兵发表演说。一句话,将领发表战争演说的方式多种多样,这体现出战争演说类型的丰富性和多样性。

第三节 古希腊战争演说功能

索伊多指出,战争演说的关键不在于它所运用的其他演说常用的东西,而是在于这一类型演说所具有的从修昔底德时代就具有的各种不同的功能。③ 在实际战争过程中,古希腊战争演说具有哪些不同的功能?

---

① 〔古希腊〕修昔底德:《伯罗奔尼撒战争史》,谢德风译,北京:商务印书馆1960年版,第324页。
② W. K. Pritchett, *Ancient Greek Battle Speeches and A Palfrey*, Amsterdam: J. C. Gieben Publisher, 2002, p. 51.
③ Juan Carlos Iglesias Zoido, "The Battle Exhortation in Ancient Rhetoric", in *Rhetorica: A Journal of the History of Rhetoric*, Vol. 25, No. 2 (Spring 2007), pp. 141–158.

本节将重点分析讨论古希腊战争演说的功能问题。

提到战争演说的功能，首先当是它的激励作用。哈利卡尔那索斯的狄奥尼索斯在《修辞学技艺》(Techne Rhetorike) 一书中明确谈到战争演说对士兵的激励作用。① H. F. 哈丁也认为，"在战争中，演说不仅仅是一种交流的方式，而且更重要的它还是一种鼓舞士气的手段。"② 虽然汉森认为古代历史著作中的战争激励是一种文学作品，并非历史学家对事实上已发表演说的记述，但是他也承认战争演说的目的是激励。③ 诚如凯斯·叶琳所言，"事实上，战士经常在战前变得优柔寡断。我知道，一种反应是恐惧、逃跑或者躲避，或者表现很差；另一种反应是面对威胁，而且理性迎战。我知道激励语言可能或产生后一种反应。"④ 对战争的畏惧或许是人本能的一种反应，在某种程度上，战争演说可以起到激励士兵、鼓舞士气的作用。但是需要指出的是：

第一，虽说战争演说可以起到激励士兵的作用，但是，它不是激励士兵唯一的方式。根据修昔底德、普鲁塔克等古典作家的记载，战争激励的方式可以有多种方式。修昔底德记载了激励斯巴达将士的是他们的歌声、笛声、舞蹈、集体行走的节律以及各种熟悉的呐喊声。⑤ 普鲁塔克在《希腊罗马名人传》中记载："斯巴达的歌曲创作是用来唤醒他们的精神，激励他们全身心地投入到有效的行动中。"⑥ 修昔底德记载道，斯巴达人一路唱着战歌，在军笛节奏悠扬的声调中从容前进。⑦ "来吧，哦，伯拉西达的孩子们，饱含着男子汉气概和勇气，左手握着盾牌向前冲，勇敢地挥舞着手中的长矛，不要苟且偷生，怜惜你的生命。因为这

---

① Dionysus, *Techne Rhetorike* 7.2; 7.3.
② H. F. Harding, *The Speeches of Thucydides*, Lawrence: Coronado Press, 1973, p.177.
③ Mogens Herman Hansen: "The Battle Exhortation in Ancient Historiography: Fact or Fiction?", in *Historia: Zeitschrift für Alte Geschichte*, Bd.42, H.2 (1993), pp.161–180.
④ Keith Yellin, *Battle Exhortation: The Rhetoric of Combat Leadership*, Columbia: the University of South Carolina Press, 2013, p.6.
⑤ 参见〔古希腊〕修昔底德：《伯罗奔尼撒战争史》，谢德风译，北京：商务印书馆1960年版，第324、404页。
⑥ 〔古希腊〕普鲁塔克：《希腊罗马名人传》，黄宏煦 主编，北京：商务印书馆1990年版，第113—114页。
⑦ 参见〔古希腊〕修昔底德：《伯罗奔尼撒战争史》，谢德风译，北京：商务印书馆1960年版，第324、404页。

不是斯巴达人祖先的习俗。"① 这就是流传下来的斯巴达战争歌曲。修昔底德还记载了奖励金银作为激励士兵作战的手段。公元前424年在斯巴达军队进攻勒西修斯的时候，斯巴达统帅伯拉西达曾经说过：第一个爬上城墙的人，他将给予三十个银米那的奖金。② 这正如维克多·戴维斯·汉森（Victor Davis Hanson）所言："在古希腊战争中，传统上是一天的战斗，然而战前的环境——重装步兵方阵中的大声喊叫和唱歌，战前畅饮葡萄酒，指挥官的演说等都是激励士兵去进攻而不是防御。"③

第二，虽说战争演说可以起到激励士兵的作用，但是，它并非激励士兵必需的方式。翻阅修昔底德《伯罗奔尼撒战争史》，我们发现，伯罗奔尼撒战争爆发前，斯巴达统帅阿基达马斯对全军发表演说，但是作为统帅的伯里克利将军并没有对雅典军队发表演说来鼓舞士气，迎接与斯巴达的战争。这正如爱德华·安生所言："战前对士兵的激励演说十分常见，但绝对不是必需的。"④

第三，虽说战争演说可以起到激励士兵的作用，但是，有人也对它提出质疑。一方面，怀疑甚至贬低战争演说的有效性。色诺芬认为指挥官的演说声音不可能一直传播到队伍的尽头。⑤ 的确，士兵方阵的规模大小会对战争演说的效果产生一定的影响，但是不至于从根本上否定它的效果。那么，多大规模的士兵方阵有利于将领的演说？约翰·基根（John Keegan）认为，将领可以有效地纵深10排5000人规模的方阵发表演说。⑥ 但是爱德华·安森认为，鉴于各种可变因素，战争集合的时候，能够成功向人群发表演说的最大人数，一个可能合理的估计应该是1200人。⑦ 如果按5000人方阵的规模来看，这与古代雅典公民大会人数最多

---

① Ian Rutherford, *Pindar's Paeans: A Reading of the Fragments with a Survey of the Genre*, Oxford: Oxford University Press, 2001, pp. 44 – 45.

② 参见〔古希腊〕修昔底德：《伯罗奔尼撒战争史》，谢德风译，北京：商务印书馆1960年版，第338页。

③ Hanson, *The Western Way of War: Infantry Battle in Classical Greece*, New York: Oxford University Press, 1990, p. 139.

④ Edward Anson, "The General's Pre-Battle Exhortation in Graeco-Roman Warfare", in *Greece & Rome*, Vol. 57 (Oct. 2010), pp. 304 – 318.

⑤ 参见〔古希腊〕色诺芬：《居鲁士的教育》，沈默译，北京：华夏出版社2007年版，第171—173页。

⑥ John Keegan, *The Mask of Command*, New York: New York University Press, 1988, p. 55.

⑦ Edward Anson, "The General's Pre-Battle Exhortation in Graeco-Roman Warfare", in *Greece & Rome*, Vol. 57 (Oct. 2010), pp. 304 – 318.

6000 人的规模相当。但是考虑到相关的管理和纪律等因素，战争演说的效果应该比公民大会演说的效果更好。学者研究指出，士兵方阵规模或许就不能成为战争演说的障碍，因为聆听到战争演说的士兵会把将领激励的话语传给身边的其他士兵。这就是说，战争激励的精神可以在士兵之间互相感染，相互传递下去。凯斯·叶琳指出，"许多士兵无法听到他或者听不清楚，但是那些听到一句或两句能够知道他们的军团指挥官仍然活着，在指挥战斗，向他们喊话。如果这些人被激励鼓舞的话，那么他们重新得以鼓舞的精神可以再去感染激励其他人。"① 所以爱德华·安森认为，军队的规模，或者更严格地说战斗列队的长度限制了这种演说活动，但是并没有完全妨碍或者阻止演说。② 甚至战斗队列规模也无法阻止战争演说对士兵的激励效果。

另一方面，把战争演说与战争技能对立起来。色诺芬明确指出战士的战争技能比将领的战争演说更加重要。他说："先前训练比现场演说对战斗中士兵的心理更加重要。……还没有激励演说如此伟大以至于它能够使得那些本来不优秀的人在听到它指挥在一天之内就变得优秀。演说不能塑造出一个优秀的水手，除非他们先前认真训练过，投矛兵和骑兵也同样如此。"③ 色诺芬显然没有看到演说能够给予士兵作战勇气的伟大力量。然而，在修昔底德看来，如果缺乏勇气，士兵的战争技能将无用武之地。在公元前 429 年在科林斯地峡海战前，斯巴达海军指挥官纳莫斯对士兵的演说中明确指出：尽管海军技能十分重要，但是它不能胜过勇气。如果缺乏勇敢精神的话，所有的技能，在面临危机的时候都会毫无用处。④ 色诺芬和修昔底德分别走上了两个极端：一个强调战争技能的重要性，一个突出战争演说的伟大作用，从而把两者对立起来。其实战争技能与战争演说的关系并非彼此对立，而是相互促进。在日常作战训练足以保证士兵作战技能的前提基础上，将领的战争演说应该是锦上

---

① Keith Yellin, *Battle Exhortation: The Rhetoric of Combat Leadership*, Columbia: the University of South Carolina Press, 2013, p. 29.

② Edward Anson, "The General's Pre-Battle Exhortation in Graeco-Roman Warfare", in *Greece & Rome*, Vol. 57 (Oct. 2010), pp. 304–318.

③ 〔古希腊〕色诺芬：《居鲁士的教育》，沈默译，北京：华夏出版社 2007 年版，第 171—173 页。

④ 参见〔古希腊〕修昔底德：《伯罗奔尼撒战争史》，谢德风译，北京：商务印书馆 1960 年版，第 168 页。

添花。其实修昔底德后来对两者之间关系的论述也发生了微妙的变化。公元前418年门丁尼亚战前,"在斯巴达人一方面,彼此鼓励的言辞,传到了每一个士兵,他们一路唱战歌,要他们作战的伙伴们秉着英勇的气概,记住他们所知道得很清楚的事迹,晓得长久作战的纪律训练比起仓卒的演说来,是一个更有效的保证,不管那些临时的演词说得如何巧妙。"①

第四,将领发表战争演说目的是激励士兵,但同时这也在激励将领们自己,在给自己打气。众所周知,与荷马时代英雄个人决斗的作战方式不同,古希腊城邦时期的战争主要是重装步兵作战。它是以方阵的形式进行整体推进的方式作战。在这种战争方式下,任何个体,哪怕你是像阿基琉斯一样勇猛,在方阵面前都将显得渺小和无力。当面对战争杀戮的时候,身为统帅的将领也需要从士兵身上汲取能量和战斗热情。因此,将领对士兵发表的战争演说,是说给士兵听,也是在说给自己听,在激励士兵的同时,也是在激励自己。更重要的是,将领可以从受到激励士兵身上的热情获得感染。要知道,人的激情是可以传染和相互感染的。这正如凯斯·叶琳所说:"相互作用的战争激励演说,即自上而下和自下而上的相互激励可以鼓舞军队士兵和指挥官。通过这种对话,军队传出信号,即他们已经准备好投入战斗。"②

既然战争演说的主要功能就是激励士兵,鼓舞士气,那么,古希腊将领是如何在演说中激励士兵的呢?通过对古希腊历史著作中战争演说词的梳理研究,笔者认为古希腊将军在战争演说中激励士兵的方式主要有以下几种。

首先,对比敌我双方军事力量,突出自己一方军事优势,增强士兵作战信心和必胜的信念。公元前429年为准备对雅典将军福密俄领导的海军进行第二次战役,斯巴达海军统帅纳莫斯在战争演说中充分分析了自己一方军事力量强大的优点。他说:"你们有最强大的舰队,你们在自己的海岸作战,有重装步兵支援你们。一般说来,胜利总是属于人数众

---

① 〔古希腊〕修昔底德:《伯罗奔尼撒战争史》,谢德风译,北京:商务印书馆1960年版,第404页。
② Keith Yellin, *Battle Exhortation: The Rhetoric of Combat Leadership*, Columbia: the University of South Carolina Press, 2013, p. 39.

多、配备良好一边的。因此，没有一个理由可以认为我们是会失败的。"①

其次，颂扬先辈过去的战争功绩，以此来激励士兵。比如伯罗奔尼撒战前，斯巴达统帅、国王阿基达马斯发表战争演说，他说："我们的祖先在伯罗奔尼撒境内和境外参加过许多战役，我们部队里的老辈对于战争不是没有经验的，……我们不要作我们祖先的不肖子孙，也不要玷污我们自己的名誉。"② 公元前424年第力安战役前，雅典将军希波克拉底在对士兵简短的激励演说中就援引祖辈的功绩。他说："你们是我们都自豪称为希腊第一城邦的公民，你们的父辈曾经在迈隆尼德的领导之下，在恩诺斐塔打败过他们的，那么，你们应该以伟大城邦公民的精神，像你们的父辈一样，勇往直前，和他们会战吧！"③

再次，对比战胜后的荣誉和战败的悲惨下场，以此来激励士兵为荣誉和生存而战。公元前422年安菲波利斯战役之前，斯巴达统帅伯拉西达对士兵说："你们要记住，一个好军人的品质就是敏于作战，富于荣誉心，严守纪律；今天你们如果表现你们大丈夫的话，你们就获得自由，争得斯巴达同盟军的称号，不然的话，就会当雅典人的奴隶，你们所希望的当然不是被牵到奴隶市场去发卖，或者是被杀掉；如果不这样打算，你们的奴隶生活将比过去你们所知道的更要残酷，你们将使希腊其他各地方的人民得不到解放。"④ 公元前413年叙拉古海上最后决战战前，斯巴达统帅吉利普斯对士兵发表演说，鼓励士兵要为荣誉和避免被奴役而战。他说："我们认为你们大多数人都知道我们所已经取得了的光荣和我们在这次战役中所将要取得的光荣；不然的话，你们是不会这样勇敢地投入战斗的。……雅典人到这个国家来的目的，首先是想奴役西西里；其次，如果奴役西西里成功的话，就奴役伯罗奔尼撒和希腊其余的地方。……你们不久以前已经在海战中打败了他们；很有理由可以推测得

---

① 〔古希腊〕修昔底德：《伯罗奔尼撒战争史》，谢德风译，北京：商务印书馆1960年版，第168—169页。
② 〔古希腊〕修昔底德：《伯罗奔尼撒战争史》，谢德风译，北京：商务印书馆1960年版，第112页。
③ 〔古希腊〕修昔底德：《伯罗奔尼撒战争史》，谢德风译，北京：商务印书馆1960年版，第324页。
④ 〔古希腊〕修昔底德：《伯罗奔尼撒战争史》，谢德风译，北京：商务印书馆1960年版，第360页。

到，这次你们也会战胜他们的。"①

最后，渲染敌人的邪恶，激励士兵为正义而战。公元前412年叙拉古海上最后决战之前，斯巴达统帅吉利普斯在鼓励士兵演说的最后特别强调了雅典的邪恶和战争的正义性。他说："我们应当相信，在对付敌人的时候，要求对侵略者复仇，以泄心中的愤怒，是最正义的，是最合法的；同时，我们也应当相信，诚如谚语所说的，对敌人复仇是最痛快的。他们不仅是敌人，而且是你们每个人所知道的敌人中最恶毒的敌人，因为他们到此地来的目的是想奴役你们的国家；如果他们真的成功了的话，他们会给我们的人民以最大的痛苦，给我们的妻室子女以最大的侮辱，给整个城市以最大的恶名。"②

小　结

战争演说，顾名思义，是指战争中将领口头发表的、出于战争心理需求、用于激励士兵的演说。它既可以在战前或者战争期间发表，也可以在战争结束后发表。从古希腊荷马时代的英雄，比如阿伽门农、阿基琉斯、奥德修斯、墨涅拉奥斯等，到城邦时代的地米斯托克利、米尔提亚戴斯、西蒙、伯里克利、阿基达马斯、伯拉西达等著名将领，再到现代的麦克阿瑟（Douglas MacArthur）、马歇尔（George Catlett Marshall）等著名将军，他们既是著名的士兵统帅，同时又都因擅长演说闻名天下。鉴于战争演说属于即兴演说和战争这一特殊事件，历史上没有一篇发表过的战争演说流传于世也就不足为奇。这正如凯斯·叶琳所言："即便在现代高级军官当中，战争演说也很难寻觅。麦克阿瑟就是一个例证。他或许是美国最著名的战士，尤其以他雄辩的演说著称，但是麦克阿瑟纪念性的演说是对西点军校学员，对国会议员，对菲律宾人，对新闻出版界发表的演说。他作为一个军队尉官的演说没有被记录下来。"③ 尽管没有一篇真正发表过的战争演说词流传下来，但是相关事实说明战争演说

---

① 〔古希腊〕修昔底德：《伯罗奔尼撒战争史》，谢德风译，北京：商务印书馆1960年版，第544—545页。

② 〔古希腊〕修昔底德：《伯罗奔尼撒战争史》，谢德风译，北京：商务印书馆1960年版，第546页。

③ Keith Yellin, *Battle Exhortation: The Rhetoric of Combat Leadership*, Columbia: the University of South Carolina Press, 2013, p. 2.

在古希腊战争中确实普遍存在。汉森的论述只是从史料研究的角度去否定古代历史学家著作中战争演说词的真实性,他并没有从根本上否定古代战争演说的真实存在。① 从某种意义上,他的论证也正好说明战争演说词很难或者根本就没有流传下来。即便如此,古代历史学家著作中的战争演说词也同样具有重要的史料价值。它们在还原并再现古希腊战争演说场景、了解将领的战争思想和历史学家的历史撰写方法等方面具有不可替代的作用。诚如 H. F. 哈丁评价修昔底德著作中的战争演说词所说:"但是即使演说语言风格和用词不是真实的,我们也不能怀疑亚西比德所表达的思想的有效性。"② "它们不仅有助于解释战争,而且它们还向读者表明了为什么希腊人或者他们的敌人胜利或失败。"③ 作为众多典礼演说中的一类,亚里士多德没有在《修辞学》中提及战争演说再正常不过了,因为他也没有提及葬礼演说或者节庆演说等其他典礼演说形式,这或许就不是《修辞学》这本小册子内容所能容纳了的,所谓的葬礼演说或者节庆演说也不过是后来学者在研究过程中提出来的而已。

根据古希腊历史著作的相关记载和描述,古希腊战争演说类型多种多样。从演说发表的时机来看,古希腊战争演说可以分为战前演说、战间演说和战后演说。从演说发表的形式来看,古希腊将领发表战争演说的形式不一,有的将领是站在士兵列队最前面发表演说,有的是站在中间发表演说,还有的是行走在士兵列队中间,边走边发表演说。从演说者和演说对象来看,古希腊战争演说中,有的是一个将领面对全军发表演说,有的是多个将领对全军分别发表演说,还有的是每个将领分别对自己的士兵发表演说。

古希腊演说在战争中的激励作用不言而喻,亦当明了。虽说战争是将领对下级下达命令,必须无条件执行,但是在战争中,士气却不是将领命令就能解决的问题,显然士气需要将领的激励,演说就是比较常见的一种将领激励士兵的方式。将领的战争演说不仅激励士兵,而且也是

---

① 亨利·伊默瓦尔(Henry R. Immerwahr)对修昔底德著作中演说词的真实性持相对乐观的态度。他认为演说在一定程度上反映了演说者的真实话语。他指出演说词的戏剧化和学术功能并不能否定他们的真实性。参见 Henry R. Immerwahr, "Pathology of Power and the Speeches in Thucydudes", in Philip A. Stadter (ed.), *The Speeches in Thucydides*, Chapel Hill: the University of North Carolina Press, 1973, p. 23。

② H. F. Harding, *The Speeches of Thucydides*, Lawrence, Kansas: Coronado Press, 1973, p. 135.

③ H. F. Harding, *The Speeches of Thucydides*, Lawrence, Kansas: Coronado Press, 1973, p. 177.

对将领自身的一种激励。毫无疑问，被演说激励的士兵所烘托起来的氛围反过来也会感染发表演说的将领，激励将领自己。尽管战争演说激励未必能决定战争的胜败，换句话说，尽管不是每一次战争演说都能影响到战争的结局，但是，战争演说的激励作用却是的的确确存在的。所以H. F. 哈丁评论道："修昔底德《历史》中有 13 篇战争演说。它们不仅有助于解释战争，而且它们还向读者表明了为什么希腊人或者他们的敌人胜利或失败。一些清晰的案例表明将军的演说确实影响到战争的结果。"① 其实，除了激励士兵和将领自己外，战争演说对于将领塑造自身的品质和声望具有重要的作用。也许对某些将领和士兵来说，实际作战能力远比演说口才重要，但是对于大多数古希腊将领和士兵来说，两者统一于一身似乎更加完美。这就是为什么古希腊人总是称自己的将领为将军及演说家的原因。因为在他们看来，与指挥作战、率军打仗一样，演说是古希腊将军必须具备的一种技能。这对塑造将军自身形象和声望也至关重要。即便斯巴达人以寡言少语著称，但是修昔底德在评价斯巴达国王、士兵统帅伯拉西达时，明确说："对于一个斯巴达人来说，他绝对不是一个拙于言辞的人。"② 这也就是说，作为士兵统帅，伯拉西达也擅长演说。如果说战争是对士兵的荣誉、勇气和男子气概的一种检验，其实演说就是战前敌我双方士气的较量，是一场没有硝烟的战争。它不仅可以激起士兵的荣誉、勇气和男子气概，也可以树立将领自己的勇敢和男子气概形象。这正如 H. F. 哈丁评论所言："优秀的演说家听起来就像胜利者。像尼西阿斯这样的失败者听起来就是一个弱爆的人，战争没开始他们就已经被打败了。"③

---

① H. F. Harding, *The Speeches of Thucydides*, Lawrence: Coronado Press, 1973, p. 177. 引文中的《历史》即《伯罗奔尼撒战争史》。此外，由于标准不一，学者对修昔底德著作中战争演说篇幅的统计亦有出入。

② 〔古希腊〕修昔底德：《伯罗奔尼撒战争史》，谢德风译，北京：商务印书馆 1960 年版，第 317 页。

③ H. F. Harding, *The Speeches of Thucydides*, Lawrence: Coronado Press, 1973, p. 178.

第六章　演说与古希腊公民教育

> 雅典是全希腊的学校。
>
> ——伯里克利

伯罗奔尼撒战争期间，雅典著名政治家、演说家伯里克利在阵亡将士的国葬典礼上说："雅典是全希腊的学校。"① 伯里克利不仅道出了雅典城邦的开放性，同时也指出了古希腊教育的社会性。我们知道，古希腊城邦没有公共的教育机构。除了私人教育之外，古希腊公民主要通过积极参与城邦公共生活来接受各个方面的教育。内尔·卡鲁里（Neil Croally）评价古希腊城邦教育说：一方面，城邦没有正式的公共教育体制；另一方面，雅典人对教育体现出极大的兴趣，而且他们也相信他们的整个城市不仅对他们自己，而且对其他人都是一种教育。② 显然，公共演说与体育竞技、宗教节庆、戏剧表演等公共生活一道，成为古希腊城邦公民教育的方式之一。演说对城邦公民主流意识形态教育、伦理教育、族群认同教育以及演说教育等方面具有不可替代的作用。

第一节　演说与古希腊城邦公民
主流意识形态教育

詹尼弗·托尔伯特·罗伯茨（Jennifer Tolbert Roberts）说："君主制无须受欢迎才能持续存在，僭主制、贵族制和寡头制亦是如此；但是，

---

① 〔古希腊〕修昔底德：《伯罗奔尼撒战争史》，谢德风译，北京：商务印书馆1960年版，第133页。
② Neil Croally, "Tragedy's Teaching", in Justina Gregory (ed.), *A Companion to Greek Tragedy*, Malden: Blackwell Publishing, 2005, pp. 55–70.

在一个自治的希腊城邦中，**除非大多数拥有投票权的男性自由民对民主政治表示接受**，否则从定义上看，民主制无法得以为继。"① 显然，无论何种统治若想在城邦被普遍接受，城邦对其公民实施主流意识形态教育理应不可避免。即便在雅典民主政治发达的城邦，反民主的寡头政变还时有发生。因此对公民进行民主政治主流意识形态的教育也是雅典政治领袖的必修课。与街谈巷语②等非正式的民主政治观念传播的方式相比较而言，政治领袖在公民大会、公民法庭、国葬典礼、节庆集会、体育竞技会等公共场合发表的演说起着对公民进行主流意识形态教育的作用，其中以典礼演说最为明显。

典礼演说是指在各种公共集会和葬礼等典礼场合发表的演说。③ 与政治演说和诉讼演说相比，典礼演说至少有三点不同之处：一是其主要用于公共集会和葬礼等典礼场合，目的主要是在于颂扬或者谴责；二是演说者一般是由公民事先选举出来的、"最有智慧和最享有盛名的人"，因此不仅他是代表城邦发表演说，而且他的演说也具有一定的权威和影响力；三是听众的范围更加广泛，除了雅典公民之外，一般还有外邦人和妇女，而且他们无须对演说者的演说作出表决，只需聆听并接受教诲。所以相形之下，典礼演说具有更强的社会功能，④ 其主要是用于城邦主流意识形态的宣传和教育。在典礼演说中，以雅典城邦的葬礼演说更为重要。

在雅典，城邦每年都要为牺牲的战士举行公共葬礼，全城邦公民、妇女和外邦人都可参加。根据修昔底德的记载，公共葬礼的仪式是这样举行的：在葬礼的前两天，人们将死者的遗骨安置在一个事先建筑好的幕篷中，然后拿出各种祭品向死者献祭。献祭之后举行葬礼游行。在游

---

① Jennifer Tolbert Roberts, *Athens on Trial: the Antidemocratic Tradition in Western Thought*, Princeton: Princeton University Press, 1994, p. 34.

② 弗吉尼亚·亨特认为，雅典公民经常聚集在一些公共场合如市镇广场、工厂、小型零售商店、鞋店等地进行闲聊，彼此交流信息。正是通过这种聚集闲谈的方式，一个信息和流言网络可以延伸到雅典城邦的各个角落。显然，公民之间的这种街谈巷语就成为城邦各种信息和观念传播的手段和方式之一。参见 Virginia Hunter, "Gossip and the Politics of Reputation in Classical Athens", *Phoenix* 44 (1990), pp. 299–352。

③ 参见〔古希腊〕亚里士多德：《修辞学》，罗念生译，北京：生活·读书·新知三联书店1991年版，第30页，注解①。

④ Harvey Yunis, *Taming Democracy: Models of Political Rhetoric in Classical Athens*, London: Cornell University Press, 1996, p. 82.

行的时候，每个部落将自己部落成员的遗骨放置在同一个棺材里，然后用四轮车子载着棺材游行。除此之外，还有专为那些在战争中失踪而尸体没有找着的人设有一个空枢架。不论是公民或外国人，只要其愿意都可以参加游行。游行之后，将死者的遗骨埋葬在雅典郊外的公共墓地。然后，城邦民众推选一个他们认为最有智慧和最享盛名的人发表演说，以歌颂死者。演说完毕之后，葬礼结束。①

与政治演说和诉讼演说一样，从葬礼演说诞生的那天起，② 它已经成为雅典民主政治体制化的一部分。在这一体制下，葬礼演说显然已经成为一种话语制度，即演说者在每一次演说中对死者的赞扬已经转变成为对雅典城邦政治体制或者雅典民众的一种普遍化的称赞，是雅典城邦政治意识形态的一种宣传、教育、强化和巩固。换句话说，葬礼演说所歌颂和宣扬的主要是雅典城邦民主政治意识形态，而不是死者的个人英勇事迹。这正如尼戈·罗侯所言："我们可以将葬礼演说视为一种民主政治话语形式，在缺乏任何民主政治理论的情况下，它展示了对民主政治体制的一种颂扬，一种贵族般的颂扬。"③ 显然，在没有民主政治理论和报刊、广播、电视以及网络等现代媒介的情况下，葬礼演说就成为雅典民主政治意识形态宣传、教育、强化和巩固的一种最重要手段和方式。那么典礼演说对城邦主流意识形态的宣传和教育主要体现在哪些方面呢？演说者又是如何进行宣传的呢？下面我们就来具体分析一下公元前431年冬季伯里克利在雅典阵亡将士国葬典礼上的演说，即著名的"伯里克利葬礼演说"。

"伯里克利葬礼演说"保存在古希腊历史学家修昔底德的《伯罗奔尼撒战争史》中。通观整篇演说，伯里克利通过将雅典的民主政治与其他政体尤其是斯巴达的寡头政治进行对比，高度地赞扬了雅典民主政治，向民众宣扬雅典政治的优越。因而"伯里克利葬礼演说"是一种典型的

---

① 参见〔古希腊〕修昔底德：《伯罗奔尼撒战争史》，谢德风译，北京：商务印书馆1960年版，第127—128页。

② 法国学者尼戈·罗侯认为第一次葬礼演说始于公元前508—前460年间，也就是克里斯提尼和厄菲阿尔特时期，并在民主制度下得到进一步发展。见 Nicole Loraux, *The Invention of Athens: The Funeral Oration in the Classical City*, translated by Alan Sheridan, Massachusetts: Harvard University Press, 1986, p. 30。

③ Nicole Loraux, *The Invention of Athens: The Funeral Oration in the Classical City*, translated by Alan Sheridan, Massachusetts: Harvard University Press, 1986, p. 218。

对民主政治意识形态的宣传和教育。

第一，颂扬雅典政治制度，阐释"主权在民"思想。众所周知，古代雅典城邦的民主政治与现代民主政治一个根本性的区别就在于：前者是直接民主，即城邦全体公民直接参与城邦事务的决策和管理，这是一种真正的"主权在民"；而后者是间接民主，即由公民选举的代理人来行使对国家的统治和管理，又称代议制民主，因而其所谓的"主权在民"与前者有着本质的区别。伯里克利在演说中首先就赞扬了雅典民主政治制度，明确阐述了"主权在民"思想，向民众宣扬"主权在民"的观念。他说："我要说，我们的政治制度不是从我们邻人的制度中模仿得来的。我们的制度是别人的模范，而不是我们模仿任何其他的人的。我们的制度之所以被称为民主政治，因为政权是在全体公民手中，而不是在少数人手中。"① 显然，伯里克利所说的"政权是在全体公民手中，而不是在少数人手中"即是指雅典民主政治的"主权在民"原则，而他向民众灌输的也正是"主权在民"观念，即伯里克利所谓的"我们雅典人自己决定我们的政策"。可以说，这是对雅典民主政治"主权在民"原则第一次明确的、理论性的表述。

第二，颂扬雅典法律，阐释"依法治国"的理念。的确，民主政治的一个显著特征即是城邦的生活以法律为依归，而且在法律面前人人平等，古希腊人称之为 isonomia。伯里克利在演说中集中颂扬雅典法律，阐释了雅典民主政治生活中的"依法治国"原则，宣扬了"依法治国"的理念。他说："（我们在）解决私人争执的时候，每个人在法律上都是一律平等的；让一个人负担公职优先于他人的时候，所考虑的不是某一个特殊阶级的成员，而是他们有的真正才能。任何人只要能够对国家有所贡献，绝对不会因为贫穷而在政治上湮没无闻。……在我们私人生活中，我们是自由和宽恕的；但是在公家的事务中，我们遵守法律。这是因为这种法律深使我们心悦诚服。……我们服从法律本身，特别是那些保护被压迫者的法律，那些虽未写成文字、但是违反了就算是公认的耻辱的法律。"② 在这里，伯里克利明确指出不论是处理私人争执的私事还是城

---

① 〔古希腊〕修昔底德：《伯罗奔尼撒战争史》，谢德风译，北京：商务印书馆1960年版，第130页。
② 〔古希腊〕修昔底德：《伯罗奔尼撒战争史》，谢德风译，北京：商务印书馆1960年版，第130页。

邦任用公职人员的公务①，城邦都依照法律，给每个雅典公民一个平等的机会。而且伯里克利还在演说中将雅典未写成文字的法律即习惯法或者说祖律和成文法提到同等重要的高度，从而将"依法治国"的观念进一步细化和具体化。

第三，称赞雅典的政治决策方式，阐释"自由"思想。亚里士多德在《政治学》中说："平民政体的精神为自由。通常都说每一平民政体莫不以自由为其宗旨，大家认为只有在平民政体中可以享有自由。"② 显然，在创建民主政治的同时，雅典人也开辟了自由之风。伯里克利在演说中高度颂扬雅典的政治决策，阐释了"自由"思想。他说："我们雅典人自己决定我们的政策，或者把决议提交适当的讨论；因为我们认为言论和行动间是没有矛盾的；最坏的是没有适当地讨论其后果，就冒失开始行动。这一点又是我们和其他人民不同的地方。"③ 在这里，伯里克利赞扬雅典人的政治决策方式，指出他们是在集体讨论之后再作出决策和行动，并将这种讨论视为城邦正确和成功决策的最佳方式。其实，伯里克利赞扬的正是古希腊人所谓的 isegoria，即在公民大会上自由发言的权利。因此，伯里克利通过对雅典政治决策的赞扬阐释了雅典政治生活中的自由，这正如他所说的："我们的政治生活是自由公开的，我们彼此间的日常生活也是这样的。"④ 这正如美国学者肯尼斯·米格诺（Kenneth Minogue）评价所言："公共政策的决策被拿到光天化日之下进行，接受公开的批评，这在人类历史上是破天荒的事情。"⑤ 然而需要指出的是，伯里克利在演说中所宣扬的自由主要是指公民积极参与城邦政治生活的自由，是公民在城邦政治生活和决策中享有平等发言和讨论权利的

---

① 雅典城邦的公职一般都是由城邦公民抽签选举产生，但是某些公职如将军和财务官需要担任的公民具备相当的素质，因而不是人人都能够胜任。所以，此类公职由雅典公民大会推选、公民举手表决的方式产生。伯里克利在演说中所说的公职应该是指将军和财务官这一类公职。

② 〔古希腊〕亚里士多德：《政治学》，吴寿彭译，北京：商务印书馆1965年版，第311—312页。

③ 〔古希腊〕修昔底德：《伯罗奔尼撒战争史》，谢德风译，北京：商务印书馆1960年版，第132页。

④ 〔古希腊〕修昔底德：《伯罗奔尼撒战争史》，谢德风译，北京：商务印书馆1960年版，第130页。

⑤ 〔美〕肯尼斯·米格诺：《政治学》，龚人译，沈阳：辽宁教育出版社1998年版，第14页。

自由，即以赛亚·伯林（Isiah Berlin）所谓的"积极自由"。① 而这也正是雅典民主政治自由观念的核心内容。因此，城邦对参加公民大会、公民法庭和观看喜剧的公民发放津贴，对在公民大会上积极发言并向城邦提出良好提议的人授予"王冠"的荣誉，而对那些不积极参与城邦政治生活的公民给予一定的处罚。

第四，颂扬雅典的公民精神，阐释"城邦高于个人"的思想。我们知道，虽然"自由"是雅典民主政治中一个重要的观念，但是如上所述，古代雅典城邦所宣扬的自由是公民积极参与城邦政治生活的自由，是公民在城邦政治生活和决策中享有平等发言和讨论权利的自由。因此，与这种"积极自由"的观念相一致，雅典城邦还宣扬"城邦高于个人"的观念，强调城邦的利益绝对高于个人的利益。换言之，当个体公民的自由危害到城邦安全和利益的时候，个体公民的自由将会被无情地扼杀，正如雅典人民决定判处苏格拉底死刑一样。所以伯里克利在葬礼演说中赞扬"自由"的时候也没有忘记颂扬雅典的公民精神，阐释"城邦高于个人"的思想。他说："在我们这里，每一个人所关心的，不仅是他自己的事务，而且也关心国家的事务：就是那些最忙于他们自己的事务的人，对于一般政治也是很熟悉的——这是我们的特点：一个不关心政治的人，我们不说他是一个注意自己事务的人，而说他根本没有事务。"② 显然，在伯里克利的这段话中，他宣扬"城邦高于个人"，个人存在的意义是以城邦的存在为前提，这正是雅典城邦的"公民精神"精要所在。由此观之，伯里克利在葬礼演说中颂扬死者其实就是颂扬城邦，激励在场的每一位公民为城邦服务，乃至不惜牺牲生命。这正是雅典葬礼演说的主旨。所以，伯里克利在演说中说："那么，这就是这些人为它慷慨而战、慷慨而死的一个城邦，因为他们只要想到丧失了这个城邦，就

---

① 以赛亚·伯林将自由的含义区分为消极自由和积极自由。消极自由回答的问题是主体（一个人或人的群体）被允许或必须被允许不受别人干涉地做他有能力做的事、成为他愿意成为的人的领域是什么。积极自由回答的问题是什么东西或什么人是决定某人做这个、成为这样而不是做那个、成为那样的那种控制或干涉的根源。黄洋对伯林的两种自由作了进一步的解释，他指出消极自由是指个人自由，即个人按照自己的愿望选择其生活方式而不受国家干预之自由；积极自由是指政治自由，即个人参与政治活动的自由。参见〔英〕以赛亚·伯林：《自由论》，胡传胜译，南京：译林出版社2003年版，第189页。黄洋：《民主政治诞生2500周年？——当代西方雅典民主政治研究》，载《历史研究》2002年第6期，第123—130页。

② 〔古希腊〕修昔底德：《伯罗奔尼撒战争史》，谢德风译，北京：商务印书馆1960年版，第132页。

不寒而栗。很自然地，我们生于他们之后的人，每个人都应当忍受一切痛苦，为它服务。"①

因此，通过对雅典的政治制度、法律、政治决策方式以及公民精神的颂扬，伯里克利在演说中系统地阐释了民主政治的意识形态，弘扬了雅典民主政治中"主权在民""依法治国""自由"和"城邦高于个人"等基本的民主观念。这不仅是雅典民主的基本观念，更是雅典民主的基本精神。所以，瓦尔考特评价说："伯里克利的葬礼演说是向读者展现公元前5世纪雅典辉煌的一面，是强调雅典民主的精神而不是民主政治的形式。因此，可以与林肯的葛底斯堡演说相提并论。"②

除了"伯里克利葬礼演说"之外，雅典流传下来的其他几篇葬礼演说都不同程度地体现了对城邦民主政治意识形态的宣传和教育。公元前390年吕西阿斯在科林斯战争（Corinthian War）期间阵亡将士的国葬典礼上发表了一篇葬礼演说。在演说中，吕西阿斯颂扬了雅典的民主、自由和法制。他说："我们的祖先是这块土地的最初居民，他们当时是唯一驱逐独裁者和建立民主政治的人。他们相信最伟大的和谐是人人自由，他们让每个人在危难之时充满了希望，以自由之精神统治自己。他们依据法律惩恶扬善。他们认为凭借武力相互控制是动物的行为，但是人类应当依法裁决，以理服人；他们的行为也应当服务于这两个目的。"③ 虽然许佩理德斯在公元前322年为拉米安战争中阵亡的雅典将士发表的葬礼演说摒弃了葬礼演说的传统，即颂扬雅典的人种、先辈的业绩、雅典城邦的教育、训练和政治制度的优越等，非同寻常地凸显颂扬莱奥斯提尼斯的个人英雄行为，但是即便如此，在演说中他还是同样宣扬了雅典的民主和法制，贬斥了马其顿的君主独裁。他说："我们简直无法想象整个世界将处于一人统治之下，而希腊将被迫容忍接受他的意志和法律吗？简言之，马其顿的傲慢而不是正义的力量使得其高高在上。……而如果人类要获得幸福，应该是法律而不是统治者至高无上。"④

在雅典的典礼演说中，除了一年一次的葬礼演说之外，其他各种节

---

① 〔古希腊〕修昔底德：《伯罗奔尼撒战争史》，谢德风译，北京：商务印书馆1960年版，第133页。

② P. Walcot, "The Funeral Speech: A Study of Values", in *Greece & Rome*, 2nd Ser., Vol. 20, No. 2 (Oct., 1973), pp. 111–121.

③ Lysias 2.18–19.

④ Hyperides 6.20–24.

日集会，如泛希腊运动会、泛雅典娜节等集会上的演说也是雅典民主政治意识形态宣传和教育的重要手段和方式。其中最著名的一篇是伊索克拉底的《泛希腊集会辞》。由于演说的目的号召希腊各邦联合起来对抗波斯，所以赞美雅典民主政治、斥责波斯的专制统治自然成为演说的内容之一。这既是伊索克拉底泛希腊主义思想的体现，① 同时又是对公民进行民主政治意识形态的宣传和教育。比如他在演说中说："这种政体（指民主政治）在我看来，用不着长篇大论加以赞扬，因为三言两语就能说明它的性质：我们在这种政体下生活了70个年头，没有遭遇过专制的压迫，没有忍受过蛮夷的统治，没有经历过内讧的痛苦，同全世界的人和平相处。"② 毋庸置疑，当伯里克利、吕西阿斯、许佩理德斯、伊索克拉底等雅典"最有智慧和最享盛名"的贵族精英在全城邦规模的葬礼或者是全希腊规模的集会典礼上发表演说、颂扬雅典城邦民主政治的时候，这正是对城邦公民进行民主政治主流意识形态的一种宣传和教育。

第二节　演说与古希腊城邦公民伦理、情感和族群认同教育

如果说古希腊城邦公民接受主流意识形态的教育主要是通过政治领袖的演说宣讲，那么城邦公民接受伦理教育和族群认同教育更多是通过政治生活实践，即通过聆听公民大会上政治领袖演说后的决策和聆听公民法庭上诉讼人演说辩论后的判决来实现。这正如乔西亚·欧贝尔所言："鉴于民主的直接性特征——在民众和城邦之间没有政府介入干预，这就意味着不仅法律必须尽可能地公正，而且公民大会的决议和公民法庭上的判决也具有重要的教育功能。好的决策可能会使公民变得更好。一个糟糕的决策可能把民众变坏。"③ 琳恩·鲁宾斯坦（Lene Rubinstein）评论雅典公民法庭说："当前案件通过的判决将会教育其他公民什么是可以

---

① 关于伊索克拉底泛希腊主义思想的研究，参见何瑊：《伊索克拉底的〈泛希腊集会辞〉与泛希腊主义》，载《世界历史》2015年第2期，第126—138页。
② 〔古希腊〕伊索克拉底：《泛希腊集会辞》，见罗念生编译：《希腊罗马散文选》，长沙：湖南人民出版社1983年版，第74页。
③ Josiah Ober, "Ability and Education: The Power of Persuasion", in Edwin Carawan (ed.), *The Attic Orators*, Oxford: Oxford University Press, 2007, p. 277.

接受的行为，什么是不被接受的行为。"①

一、政治演说与公民伦理教育

根据修昔底德的记载，在伯罗奔尼撒战争爆发前的雅典公民大会上，伯里克利发表演说，反对向斯巴达作出让步，并从人力、物力、军力、海上实力和历史等层面向民众详细阐释了战争政策。雅典人认为伯里克利的发言最好，所以就照他的意见表决。但是在经历了斯巴达人的两次入侵和瘟疫的袭击之后，雅典人的精神发生了转变，开始谴责伯里克利的战争政策。为了鼓舞雅典人的士气，伯里克利召集了公民大会，并在大会上发表了演说，阐述了自己的战争政策。在演说中，伯里克利通过对比的方式颂扬了民主政治意识形态中的自由，激励民众要为雅典的自由而战。首先，在称赞自己的品格之后，伯里克利说："如果一个人有选择的自由，能够安静地生活下去的话，那么，进行战争是绝对愚笨的。但是如果被迫而选择——不是屈服而马上变为奴隶，就是冒着危险以求生存的希望——的话，那么，我宁愿作那个勇敢地冒着危险的人而不愿意作那个逃避危难的人。"② 显而易见，伯里克利在这里试图通过与奴役相对比，颂扬民主政治中自由的观念及其重要性，进而主张雅典人应该冒险为城邦和民众的自由而战。但是雅典人后来还是谴责伯里克利的战争政策给城邦带来了灾难和痛苦，进而罢免其将军职务，并处以50塔兰特的罚金。然而，随着战事的推进，鉴于伯里克利的人格，雅典人最后还是重新任命他为将军，领导雅典人继续作战。可以说，从伯里克利的每一次演说中，从雅典人在公民大会上对伯里克利提议的每一决策中，以及在每一项政策的执行过程中和执行之后的反思中，雅典公民在不断地成长，接受着自由与奴役、正义与利益等教育。公元前427年雅典关于"密提林事件"前后两次截然不同的决议也同样体现了公民在政治决策中不断受到教育。雅典公民大会体制正好也给予公民自我反省和自我教育的机会。

---

① Lene Rubinstein, "Differentiated Rhetorical Strategies in The Athenian Court", in Michael Gagarin & David Cohen (eds.), *The Cambridge Companion to Ancient Greek Law*, Cambridge: Cambridge University Press, 2005, p. 133.

② 〔古希腊〕修昔底德：《伯罗奔尼撒战争史》，谢德风译，北京：商务印书馆1960年版，第145页。

公元前4世纪雅典著名的政治活动家和伟大的演说家德摩斯提尼不仅为法庭上的诉讼人代写演说词，而且自己还经常参与政治活动，在法庭和公民大会上发表演说。由于德摩斯提尼生活于雅典和希腊历史上发生巨大的政治和军事变化的时期，即雅典和整个希腊经历了在马其顿霸权面前的独立的丧失。因此，作为雅典反马其顿政策的代表人物，德摩斯提尼在公民大会上发表演说，宣扬自由、平等和独立的思想，号召雅典民众为拯救雅典乃至全希腊的自由和独立而战斗。例如，在一篇题为《论罗德斯的自由》(*On the Liberty of Rhodes*)的演说中，德摩斯提尼极力颂扬雅典民主政治下的自由，而贬抑寡头政治，说寡头政治是民主政治的天然的、永远的敌人，国王总是想方设法摧毁民主政治，特别是像雅典这样的民主城邦，因为她总是作为自由的代言人来反对潜在的僭主。演说一开始，德摩斯提尼就宣称雅典民主政治中每位公民都享有平等、自由的权利。他说："雅典人啊，在讨论重大问题的时候，我想每位参与者都有发言的自由"。① 紧接着，在谈论对寡头政府战争的目的时，他说："不错，我会毫不犹豫地说只要希腊人处于民主政治之下，而不是寡头政治之下，那么即使他们都成为我们的敌人，那也比他们在寡头政治之下，作为我们的朋友要好得多。而且，和自由政府交往时，往往很容易获得和平，而与寡头政府，即便是友谊也不可靠。在寡头政治和民主政治之间，即在寻求权力和追求平等之间根本就不会有好的感觉。"② 可见，在演说中，德摩斯提尼不仅强调指出雅典民主政治的自由和平等，表现出对民主的渴望和对寡头的憎恨，而且还激励民众将寡头看作是所有热爱自由的人的共同敌人，并声称他相信让全希腊人对寡头作战对雅典更加有利。德摩斯提尼的几篇反腓力演说则是直指马其顿君主腓力的专制统治，认为民主政治对付僭主安全有效的方式就是不信任后者，并与之对抗。在《第二篇反腓力》(*Philippic* II)的演说中，德摩斯提尼说："看护好她；坚信她；如果你保有她，你将永远不会遭受任何可怕的经历。你们还在寻求什么呢？自由。那么，你们还不明白即使是腓力这个名字就与之迥异吗？任何国王和任何僭主不都是自由的敌人和法制社会的死敌吗？"③ 在这里，德摩斯提尼正是通过对僭主和国王的抨击向民

---

① Demosthenes 15.1.
② Demosthenes 15.18–19.
③ Demosthenes 6.24–25.

众进行主流意识形态的宣传和教育。而在一篇题为《论克塞尼斯》(*On the Chersonese*) 的演说中,德摩斯提尼也同样直指腓力,他告诉听众,腓力发动战争首先就破坏了雅典的法律。因为腓力知道只要雅典还是民主政治,那么他就不能安全地拥有他的所得。德摩斯提尼指出雅典人必须把腓力看作是他们的自由法律和民主政治的不可调和的死敌,而雅典的天性就是保护所有遭受侵略的牺牲品。[①] 虽然德摩斯提尼的反马其顿政策影响雅典很长一段时间,尽管期间他也被雅典公民授予王冠的称号,但是随着马其顿腓力对希腊城邦的征服,雅典民众也在反思他的政策,最终选择将他流放。在德摩斯提尼的演说和政策中,民众接受民主与专制、正义与利益的教育。其实,"密提林辩论"在正义与利益上对民众的教育最为明显。显然,克里昂是从正义的一方,站在道德的制高点上进行演说,戴奥多都斯是从利益的角度,以最有利于雅典的方式进行说服。在密提林前后两次公民大会的辩论中,公民充分体会到正义与利益的伦理教育。

二、诉讼演说与公民情感教育

诉讼演说是指公民法庭上的控告与答辩。[②] 虽说诉讼演说的目的在于说服陪审员,影响他们对案件的裁决,但是诉讼人在演说中为了说服陪审员,他们往往会强调民主政治下法律的公正性和抨击寡头政治下法律的任意性,频繁地引用法律条文和陪审员的誓词,强化民众对民主、法律的热爱和对寡头的憎恨。

在诉讼演说中,诉讼人一般会强调民主政治下法律的公正性。例如,吕西阿斯的诉讼委托人在演说中突出强调雅典法律的权威性和公正性,并呼吁陪审员依照法律进行公正的判决。他说:"陪审员们,他(被告)不会为他的罪行辩解,而是坦白承认,并且恳求不要死亡而是支付罚金。但是就我而言,我不会同意他的罚金。我认为法律的权威更伟大,而且当有人犯有如此的罪行时,需要施加你们认为最公正的惩罚。"[③] 吕西阿

---

① Demosthenes 8.41–42.
② 参见〔古希腊〕亚里士多德:《修辞学》,罗念生译,北京:生活·读书·新知三联书店1991年版,第30页,注①。
③ Lysias 1.29.

斯的诉讼委托人在演说中对民主政治下法律公正性和权威性的强调其实就是一种颂扬，同时也是对民主政治意识形态的传播。同样，安多基德斯在一篇题为《论秘仪》的演说词中也向陪审员强调"依法治国"的观念。他说："我相信正义和你们公正的裁决，不至于使我由于我的敌人而被错误地处死，而你们要根据正义、根据雅典的法律、根据你们在投票前的誓言来保护我"①。与大多数诉讼人一样，安多基德斯还不断强调并援引陪审员的誓言——"我既不会有任何邪念，也不会引诱别人去这样做，但我将依据法律投上一票"②——来强调陪审员要依据法律进行判决。吕西阿斯的另一位诉讼委托人在演说中也有类似的陈述。他说："请你们记住这些论证，拯救我和我的父亲，维护既定的法律和你们发过的誓言。"③ 对此，斯蒂芬·约翰斯通评论指出："许多诉讼人，特别是公共案件中的诉讼人对陪审员法律誓言的强调主要意味着对雅典政治和民主的维护。"④ 其实这也是强化公民对法律和民主政治的热爱。

不仅如此，在诉讼演说中，诉讼人经常援引陪审员誓词和雅典法律或者法令，让法庭书记员当庭大声朗读法律条文。在演说中安多基德斯不断援引雅典法令，其中一段内容体现了雅典民众对民主政治的拥护和对僭主政治的憎恨。法令原文如下：

> 在雅典，如果任何人颠覆民主制度，或者如果任何人在民主政治被颠覆后新建的政府中任职，那么他将成为全雅典人的敌人并被诛杀，他的财产将被城邦没收，其中的十分之一祭献给女神，而"凶手"不受到任何惩罚。任何诛杀或参与策划诛杀这样人的人将是清白无罪的，而且所有雅典人都将以无辜的受害者的名义，一个部落一个部落、一个德谟一个德谟地逐个发誓要诛杀这样的人，即：如果有能力的话，不论是通过誓言还是行动，是用投票权还是用双手，我将诛杀任何企图颠覆雅典民主政治的人，或者任何在民主政治被颠覆后任职的人，或者任何要自立为僭主的人，或者任何参与

---

① Andocides 1.2.
② Andocides 1.91.
③ 〔古希腊〕吕西阿斯：《控告忒翁涅托斯辞》，见罗念生编译：《希腊罗马散文选》，长沙：湖南人民出版社1983年版，第39页。
④ Steven Johnstone, *Disputes and Democracy: The Consequences of Litigation in Ancient Athens*, Austin: University of Texas Press, 1999, p.40.

建立僭主政治的人。如果任何其他人杀了上述各色人等，我将认为他无罪并宣扬他杀了雅典的敌人，我还会卖掉被诛杀者的所有财产，把其中的一半奖给"英雄"，而我一点也不"贪污"。如果有人在诛杀的过程中牺牲，我将做些对他和他孩子有益的事情，就像对待哈摩狄乌斯和阿里斯托斋吞一样。①

因此可以说，安多基德斯在演说中一方面援引的是雅典法令，而另一方面它体现的是法律的正义、神圣和不可抗拒，民众对法律的热爱。

其实，诉讼演说的方式既体现了雅典民众心中"一切以法律为依归"即"依法治国"的观念，又是对民众法律和民主政治热爱的情感教育。众所周知，雅典人以好打官司闻名于整个希腊世界。对此，克里斯特评价道："在公民法庭为雅典人提供了希腊其他城邦无法比拟的诉讼水平的时候，它们也给予雅典人一个公共论坛来陈述和宣讲对争执和冲突的关注，而这也是其他城邦所不能相提并论的。"② 的确，当雅典人相互之间发生争执的时候，他们一般所寻求的是法律渠道，将争执提交公民法庭，以演说而不是其他什么方式来解决。一个典型的案例是德摩斯提尼的《诉美狄阿斯》(Against Meidias)。据说美狄阿斯在公共场合同德摩斯提尼发生了争执，并打了德摩斯提尼一巴掌。对此，德摩斯提尼并没有以同样的方式进行还击，而是提起诉讼，对美狄阿斯进行控告。显然，德摩斯提尼的行为很好地体现了雅典公民"依法治国"的观念和他们对公民法庭审判权力的认可。因此，当德摩斯提尼在公民法庭上发表演说进行控告的时候，他的演说行为正是对雅典民众"依法治国"观念的一种宣传和教育。所以，克里斯特评价道："如果德摩斯提尼认为他的起诉比其所遭受一巴掌是更大打击的话，那么他没有给予身体上还击的这一事实具有重大意义：法庭给德摩斯提尼和其他雅典人提供了一个可以替代暴力冲突的场所。"③ 因此，不论是贵族政治家还是普通民众，当他们决定将争执提交公民法庭，以演说的方式进行辩论，最后交由普通民众

---

① Andocides 1.97–98.
② Matthew R. Christ, *The Litigious Athenian*, London: The John Hopkins University Press, 1998, p. 161.
③ Matthew R. Christ, *The Litigious Athenian*, London: The John Hopkins University Press, 1998, p. 192.

组成的陪审员来判决的时候，这本身就是对公民的一种热爱法律情感的教育。

诉讼演说对公民情感教育又一个重要体现是怜悯情感的教育。虽说诉讼人在演说中乞求陪审员的怜悯是一种演说技巧的运用，但是当陪审员在判案中对诉讼人尤其是被告施以怜悯时，这无疑是在教育公民怜悯他人是希腊人的传统美德。作为一种友善的情感，希腊人从不拒绝合理的怜悯。这就是诉讼演说在对公民进行怜悯情感教育的示范性作用。这也正是古希腊司法诉讼的独特之处。

三、典礼演说与族群认同教育

在论述族群认同问题时，徐晓旭教授说："某一族群的存在是以其他族群的存在为条件的，不同族群之间的界限所标明的就是各个族群的认同，但族群之间的界限有时候是不明确的、模糊的，甚至是弹性的、摆动的和有争议的；这种动态的族群界限，是根据一定的历史和社会环境，依靠话语人为地划定的。"① 这段表述涉及了族群认同中的三个重要特征，即相对性、动态性、主观性。这也就是说，当族群认同的参照对象即"他者"发生变化时，族群认同本身即"自我"的内涵也相应地发生改变。古希腊族群认同即明显地体现族群认同的这一特征。其实，古希腊演说就是古希腊人在利用语言话语人为地在不断地进行不同族群认同的想象和建构，对公民进行族群认同教育。此处仅以典礼演说为例进行分析。

伯里克利葬礼演说是修昔底德记载古希腊历史上最有名的一次葬礼演说，这次演说是发生在伯罗奔尼撒战争第一年岁末雅典为在战争中阵亡的将士举行的国葬典礼上。根据亚里士多德对演说的分类，葬礼演说属于典礼演说，旨在颂扬死者，慰藉亲友；颂扬城邦，激励生者。由于演说是在战争期间举行，战争又是在以雅典与斯巴达为首的两大同盟之间展开，所以伯里克利在演说中自然而然以斯巴达为参照对象，想象建构一个不好的斯巴达"他者"形象，突出了好的雅典"自我"形象，从而强化了雅典人的认同感和凝聚力。在政治制度上，伯里克利将雅典和斯巴达的政治制度起源对立起来，突出雅典政治制度的优秀。他讽刺斯

---

① 徐晓旭：《马其顿帝国主义中的希腊认同》，载《世界历史》2008年第4期，第34页。

巴达政治制度是对他人体制的克隆，赞扬雅典政治制度不仅没有克隆他人，反而是其他城邦的范本。他说："我要说，我们的政治制度不是从我们邻人的制度中模仿得来的。我们的制度是别人的模范，而不是我们模仿任何其他的人的。"① 在国家安全上，伯里克利赞扬雅典的开放、透明，讽刺斯巴达的封闭、黑暗。他说："我们的城市，对全世界的人都是开放的；我们没有定期的放逐，以防止人们窥视或者发现我们那些在军事上对敌人有利的秘密。这是因为我们所依赖的不是阴谋诡计，而是自己的勇敢和忠诚。"② 在教育制度上，伯里克利指出雅典与斯巴达之间的巨大差异，即斯巴达的国家强制和雅典的顺其自然。他抨击斯巴达教育说："从孩提时代起，斯巴达人即受到最艰苦的训练，使之变得勇敢。"在谈到雅典人的教育时，他说："我们的勇敢是从我们的生活方式中自然产生的，而不是国家法律强迫的；我认为这些是我们的优点。我们不花费时间来训练自己忍受那些尚未到来的痛苦。"③ 尽管雅典与斯巴达在教育制度上差异较大，但是在伯里克利看来，斯巴达人通过艰苦训练得来的勇敢品质，雅典人同样具备，可以和斯巴达人一样，随时勇敢地对付同样的危险。他甚至讥讽斯巴达人的勇敢是一种愚勇。他说："他人的勇敢，由于无知；当他们停下来思考的时候，他们就开始疑惧了。"④ 所以，伯里克利说："我所知道的国家中，只有雅典在遇到考验的时候，证明是比一般人所想象的更为伟大。在雅典的情况下，也只有在雅典的情况下，入侵的敌人不以战败为耻辱；受它统治的属民不因统治者不够格而抱怨。"⑤ 在这篇葬礼演说中，伯里克利正是通过丑化斯巴达，美化雅典，以斯巴达为想象的"他者"来强化雅典人的"自我"认同，鼓舞雅典人同仇敌忾，继续为伟大的雅典战斗。

伊索克拉底的《泛希腊集会辞》是伊索克拉底于公元前390年至公

---

① 〔古希腊〕修昔底德：《伯罗奔尼撒战争史》，谢德风译，北京：商务印书馆1960年版，第130页。
② 〔古希腊〕修昔底德：《伯罗奔尼撒战争史》，谢德风译，北京：商务印书馆1960年版，第131页。
③ 〔古希腊〕修昔底德：《伯罗奔尼撒战争史》，谢德风译，北京：商务印书馆1960年版，第132页。
④ 〔古希腊〕修昔底德：《伯罗奔尼撒战争史》，谢德风译，北京：商务印书馆1960年版，第132页。
⑤ 〔古希腊〕修昔底德：《伯罗奔尼撒战争史》，谢德风译，北京：商务印书馆1960年版，第133页。

元前 380 年期间创作的一篇典礼演说词,是用于在古希腊奥林匹亚集会上发表。在此期间,希腊内争不断。面对雅典、科林斯和底比斯的反对力量,斯巴达试图与波斯结盟。波斯亦凭借公元前 387 年的《大王和约》(King's Peace)干涉希腊事务,破坏希腊城邦的利益。① 正是在这一背景下,伊索克拉底创作了这篇演说词,呼吁希腊城邦停止内讧,联合起来对波斯进行战争。这就伊索克拉底主张并宣扬的"泛希腊主义"②。其实,"泛希腊主义"在本质上就是以波斯为想象的"他者",重新建构希腊人的族群认同。我们知道,在经历伯罗奔尼撒战争和希腊城邦后期战争之后,希波战争期间得以强化的希腊人的族群认同在某种意义上已经荡然无存。希腊城邦之间的混战使得希腊人族群认同的内涵悄悄发生改变,城邦的利益以及城邦的自我认同取代了希腊人的认同。所以,伊索克拉底《泛希腊集会辞》是希腊城邦消除隔阂、再次以波斯为"他者"形象建构古希腊人认同的典范。伊索克拉底是如何塑造波斯的"他者"敌对形象呢?

一方面,树立希腊人与波斯人天生敌对的形象。他说:"我们对他们的敌视是这样深入我们的性格,使我们最爱一块儿消磨时间,听有关特洛伊战争和波斯战争的故事,因为通过这些故事我们可以知道他们闯下的祸事。人们会发现我们打蛮夷的战争激起了颂歌,我们打希腊人的战争引起了哀歌;我们在节日里高唱颂歌,我们在灾难中回忆哀歌。我认为荷马的诗获得了更大的名声,因为他曾经用高尚的风格赞美那些和蛮族作战的英雄。由于这个缘故,我们的祖先愿意在音乐比赛和青年教育中给他的艺术以光荣的地位,使我们一再听了他的诗句,得知我们对蛮夷怀抱的敌意,使我们在称赞那些攻打蛮夷的英雄的勇武的时候,很想干出同样的事业。"③

另一方面,伊索克拉底从性格、宗教、生活方式、军事纪律、政治制度等方面例数波斯的种种弊端,将他们描绘成一群胆小、女人气、不崇奉神灵、生活方式腐化堕落、毫无纪律感的乌合之众,缺乏应对战争

---

① 参见何珵:《伊索克拉底的〈泛希腊集会辞〉与泛希腊主义》,载《世界历史》2015 年第 4 期,第 126 页。
② 关于伊索克拉底《泛希腊集会辞》的"泛希腊主义"思想研究,参见何珵:《伊索克拉底的〈泛希腊集会辞〉与泛希腊主义》,载《世界历史》2015 年第 4 期,第 126—138 页。
③ 〔古希腊〕伊索克拉底:《泛希腊集会辞》,见罗念生编译:《希腊罗马散文选》,长沙:湖南人民出版社 1983 年版,第 91—92 页。

的勇气，其首领对部下傲慢无礼，而对他人奴颜婢膝。① 在描述波斯国王薛西斯的时候，伊索克拉底说："这家伙是这样傲慢，竟自认为征服希腊是一件小小的事情。他想留下一件不是人的力量所能造成的纪念物，不住地胡思乱想，直到他想出了一个脍炙人口的计划，并且强迫执行——他在赫勒斯滂搭浮桥，在亚陀斯挖运河，在陆上行舟，在海上过兵。"② 在谈到对波斯人的整体印象，伊索克拉底总结道："波斯人在各个地方都清清楚楚地表现出他们的软弱，因为他们在亚细亚沿岸吃了许多败仗；他们进入欧洲，又受到惩罚，他们当中有一些悲惨地送了死，有一些耻辱地逃了生；最后，他们在自己的宫墙下成为笑柄。……他们的人大多数是乌合之众，没有受过训练，没有冒过危险，没有勇气打仗，和我们的家奴比起来，他们倒是受过更好的卑躬屈膝的训练。甚至他们当中最有名望的人也从来不是为了追求平等，为了增进公益，或者为了对国家尽忠而生活，相反，他们的一生都是对某一些人傲慢无礼，对另一些人奴颜婢膝，这种人最败坏人类的品格。"③ 总之，伊索克拉底就是这样在想象建构甚至贬低塑造波斯敌对的"他者"形象的过程中，提出"泛希腊主义"，强化对希腊人族群认同的教育。

在雅典公民大会上政治演说和公民法庭上的诉讼演说中，每当演说者以"雅典人（hoi Athenaioi）"的开头问好时，或者以"雅典人"在演说过程中强调时，抑或以"雅典人"在演说最后总结陈词时，其实这是在强化雅典公民身份的认同，体现出作为雅典公民所拥有的参与政治决策和诉讼审判的权利，进而将雅典公民与外邦人、奴隶、妇女、儿童等非公民群体区别开来。在雅典，这种排他性反过来又有助于建立和维护男性公民共同体的稳固性。④ 这是古希腊演说与族群认同教育的又一体现。

---

① 参见何程：《伊索克拉底的〈泛希腊集会辞〉与泛希腊主义》，载《世界历史》2015年第4期，第130页。
② 〔古希腊〕伊索克拉底：《泛希腊集会辞》，见罗念生编译：《希腊罗马散文选》，长沙：湖南人民出版社1983年版，第68—69页。
③ 〔古希腊〕伊索克拉底：《泛希腊集会辞》，见罗念生编译：《希腊罗马散文选》，长沙：湖南人民出版社1983年版，第88—89页。
④ Thomas Habinek, *Ancient Rhetoric and Oratory*, Malden: Blackwell Publishing, 2005, p. 7.

第三节 伊索克拉底与古希腊演说教育

讨论演说与古希腊公民教育，除了作为公共生活的演说对公民承担社会教育功能之外，古希腊公民的修辞学教育也应当是其中的一部分。第三章已经探讨分析了古希腊智者对于修辞学教育的贡献：他们不仅发明了修辞学，而且编订修辞学课本，在古希腊城邦，尤其是雅典城邦收费授徒，传授演说的技艺。然而，对古希腊演说教育贡献最大的是古希腊著名的演说家和教育家伊索克拉底。在古希腊智者把修辞学传到希腊本土之后，使演说在古希腊发生根本性转变的正是伊索克拉底。伊索克拉底继承了高尔吉亚的风格，于公元前390年在雅典开办修辞学校，培养出一大批著名的演说家和政治领袖，为古希腊演说的发展与繁荣作出了进一步的贡献。

伊索克拉底生于公元前436年，卒于公元前338年。他出身于雅典一个中产阶级的家庭，父亲是双管乐器制造厂厂主，根据戴维斯（Davies）的说法应该是当时雅典富裕家庭之一。① 因此，伊索克拉底受过良好的教育，这其中就包括跟随高尔吉亚学习修辞学。但是伯罗奔尼撒战争期间，伊索克拉底父亲的工厂遭受破坏，家境开始没落，于是他开始为自己另谋出路。但是由于认为自己没有适合演说的优美嗓音和禀赋，所以伊索克拉底没有走上政治生涯的道路，而是约从公元前403年开始，替人代写诉讼演说词。大约在公元前390年左右，伊索克拉底开始放弃这一职业，转而在雅典设立了一所修辞学校，专门传授演说的技艺。在以后近半个世纪的时间内，伊索克拉底一直都是雅典最著名、最具影响力和最成功的具有政治野心的年轻人的教师。② 伊索克拉底演说学校的一门课程的费用是1000德拉克马，而当时工人一天的劳动所得也只不过是1德拉克马，因此他成为当时雅典最富裕的教师之一。综合起来，伊索克拉底对古希腊演说的贡献主要在以下几个方面：

首先，在对演说的认识上，他反对智者只将演说作为诡辩、玩弄诈术的伎俩，而是将演说视为传授各种知识和教育的有效手段。因此相对

---

① J. K. Davies, *Athenian Propertied Families* 600–300BC, Oxford: Oxford University Press, 1971, p. 246.

② Isocrates, *Antidosis* 224–226.

而言，他更注重演说的教育功能，特别强调道德的训练，要求学生行为正直。所以，在《驳智者》(Against the Sophists)中，伊索克拉底说："诸神赋予我们演说的能力——一种教化民众生活的力量；我们难道不应该尽我们所能来充分地使用它吗？"① 而且，伊索克拉底尤其重视政治演说，认为只有那些讨论重大问题的政治演说最能发挥演说才能，对听众最有益，因此理所当然是最崇高的演说。② 因此，对伊索克拉底而言，修辞学是最崇高的科学。他相信修辞学可以提供一般教育，而且通过修辞学训练，他可以成为政治家。在《易物》中，伊索克拉底将演说视为人类文明的基础。他说："我们能力大多数与动物没有什么差别。事实上在灵敏、力量和其他能力方面，我们还落后于很多动物。但是因为我们生有一种相互劝说和自我展示自己愿望的能力，我们不仅远离野兽一样的生活，而且还聚集到一起建立城市，设立法律，发明艺术，言语帮助我们获得我们发明设计的所有东西。因为是言语设定了关于正义和非正义、荣誉和耻辱的法律，因此如果没有这些，我们不可能一起生活。我们用言语拒绝邪恶的东西，颂扬好的东西，我们用言语教育无知的人，告知聪明的人。我们把说话的能力恰当地看作是智力的最好标识。真实的、合法的和正义的言语是一种善的、值得信任的灵魂的反映。我们用言语争执对抗，去探寻我们未知的东西。在公共议事上，我们一样使用说服个人时的论辩。我们称演说家为能够在一群人面前讲话的人，称圣人为他们当中说话最好的人。如果我必须对这一主题进行总结的话，我们会发现没有语言就没有智慧，语言是一切行动和思想的统帅，那些拥有最伟大智慧的人最会使用它。"③

其次，在演说的理论上，他最早将演说划分为选题（invention）、组织（arrangement）和风格（style）三个部分。在《驳智者》中，他说："我要说的是，如果一个人不是轻信那些轻易许诺的人，而是了解相关主题的人的话，那么从我们的演说和所作的演说词中掌握一种观念知识并非难事；但是你应该能为每一个主题选择相关的材料，并能熟练地组织安排，而且要在适当的时候正确地使用它们，用突出的思想来润色整篇

---

① Isocrates, *Against the Sophists* 13-14.
② 参见〔古希腊〕伊索克拉底：《泛希腊集会辞》，见罗念生编译：《希腊罗马散文选》，长沙：湖南人民出版社1983年版，第44页。
③ Isocrates, *Antidosis* 253.

演说词,并且能用有韵律的和音乐般的词语表达出来,这些都需要学习,而且似乎是一项体力兼脑力的工作。因此,除了具有必要的天生的能力之外,学生还应该学习演说词的形式并练习如何运用。对教师而言,他应该仔细熟悉这些情况以便在教授的时候不会有所遗漏,否则的话,他自己应该是一个可供模仿的范例。"① 在这一段中,伊索克拉底比较集中地讨论了演说中的选题、材料组织和演说词的润色即风格。

再次,在演说的教育上,伊索克拉底认为一个伟大的演说家必须具备三种素质,即天资、实践和教育。在《易物》中,伊索克拉底说:"我对他们说如果他们想精于演说或者处理事务或者任何工作的话,他们首先必须对他们所选择的事务具有一种天赋;其次他们必须接受训练并掌握某一主题的相关知识,无论是在哪个领域;最后他们必须熟练和练习运用这么技艺。"② 而且他还强调天资较实践和教育更为重要。他认为即使没有受过正式的教育,但是天资加实践练习可以塑造一个好的演说家,所以实践次之。相对而言,教育位居最后。他认为如果缺乏天资和实践训练,教育是徒劳无益的,因为一个人可以学习掌握所有的演说理论但他仍然无法面对听众。但是反过来,天资又可以通过教育和实践训练得到改善。所以天资、教育和实践构成伊索克拉底演说教育内容的核心的基础部分。

最后,在演说的教学方法上,他主要采取为学生提供模仿的范例,而事实上,这也成为他的主要活动。他在修改自己演说词作品的时候,与学生商议,征求学生的批评意见。而对学生创作的演说词作品,他会给予自己的意见,帮助他们改进。

当然,伊索克拉底在推动古希腊演说发展方面所作出的重要贡献还是公元前390年他在雅典创立的演说学校,培养了大批演说家和雅典政治精英。这正如欧贝尔所言:"尽管并非伊索克拉底或者其他修辞学家的所有学生都是雅典公民或者都从事政治生涯,但是合理猜测是公元前4世纪雅典许多职业政治领袖都作为智者的学生或者后来正规的修辞学校的学生强化过他们演说的技艺。"③ 其中最著名的一个就是提谟塞乌斯,

---

① Isocrates, *Against the Sophist* 16–18.
② Isocrates, *Antidosis* 187.
③ Josiah Ober, *Mass and Elite in Democratic Athens: Rhetoric, Ideology, and the Power of the People*, Princeton: Princeton Univerdity Press, 1989, p. 115.

他成为公元前4世纪中期一名重要的将军。所以,乔治·肯尼迪评价说:"永久性的影响是演说学校的创建。在未来的几个世纪,演说的后继者们不仅在雅典而且在全希腊繁盛起来,这一机构最终传到罗马,后来在拜占庭得以保存下来,并在文艺复兴时期的意大利再次重现。"①

一般而言,古希腊教育基本可以分为三个阶段:首先是从关于读写算术等基础教育开始。其实,对大多数古希腊人而言,他们只需要能满足日常生活需要的读写算术等基础教育即可。其次是在文学阅读方面的提升教育。这可能会涉及相应的语法。最后就是智者和演说家提供的修辞学教育。托马斯·哈比耐克(Thomas Habinek)称修辞学教育是古希腊教育的高级阶段。② 乔治·肯尼迪对于修辞学在古代教育中的核心地位给予充分的肯定。他指出,修辞学在古代教育中扮演中心的角色,这一点怎么说也不为过。……男孩已经学过读写,学过一些算术,在希腊的男孩还学过音乐和体操训练,当到14岁的时候,他们就会被送到修辞家的学校接受公共演说的理论学习和实践训练。③ 伊索克拉底对古希腊演说教育的贡献及其在古希腊演说教育中的地位由此可见一斑。

小　结

在伯里克利著名的葬礼演说中,伯里克利颂扬雅典是全希腊的学校,其意指所有希腊人可以从中受到教育。乔西亚·欧贝尔对此评论道:"无论如何,雅典城邦提供的教育都不局限于书面文化和大众文化产品。公民教育的一个主要部分是通过他的政治角色完成来完成。公民第一次正式的关于民主政府的经验是在自己的德莫里,当时,他会被带到德莫公民中间,他们投票授予他公民权。无论是在理论上还是实践上,德莫的政治组织是模仿城邦管理。对公民而言,德莫公民大会就是训练基地。在其他部门的任职可以给予公民更多的处理城邦不同事务的经验。……作为陪审员和公民大会成员的服务经验在公民的政治实践教育中具有第

---

① George A. Kennedy, *Classical Rhetoric and Its Christian and Secular Tradition from Ancient to Modern Times*, Chapel Hill: University of North Carolina Press, 1999, p. 42.
② Thomas Habinek, *Ancient Rhetoric and Oratory*, Malden: Blackwell Publishing, 2005, p. 60.
③ George A. Kennedy, *The Art of Persuasion in Greece*, Princeton: Princeton University Press, 1963, p. 7.

一重要的意义。"① 无疑演说在公民这一政治实践教育中扮演重要角色，发挥重要作用。

　　一方面政治领袖的演说对于城邦公民主流意识形态的教育发挥重要作用。尼戈·罗侯在分析雅典葬礼演说时指出，"如果意识形态可以定义为一个统一体，形成于一种真实与想象的关系之间，那么葬礼演说在公元前5—前4世纪当然已经担当城邦中一种不断上升的意识形态的功能。"② 罗侯所言甚是。其实，政治演说和诉讼演说也具有同样的效用。显然，在口述传统深厚的希腊，在没有报刊、广播、电视和网络等媒介的情况下，演说与雅典民主政治意识形态的宣传、教育有着直接的关系。在雅典民主政治的体制下，当政治领袖在公民大会、公民法庭、国葬典礼以及泛希腊运动会等公共场合发表演说的时候，其演说已经远远超出他们的个人行为，进而上升为一种公共社会行为，因而具有广泛的社会影响力。这正如欧贝尔所言："精英演说家对民众发表的演说具有超越演说家个人动机的社会功能。"③ 无疑这对雅典公民具有主流意识形态教育的作用。所以，P. 哈丁评价说："古代演说，就像古代戏剧一样，是一种大众媒介，成为雅典民主政治意识形态传播的重要手段和方式。"④

　　毋庸置疑，在雅典，民主政治已经成为城邦占统治地位的意识形态。但是，诚如罗伯特·达尔所言："如果假定统治的意识形态是个统一的和始终如一的信仰，它为政治体系中的每个人所接受，那是不现实的。"⑤ 雅典也同样如此。作为统治的意识形态，民主政治不可能为雅典所有公民接受，因此城邦中存在反民主政治的意识形态的声音也是自然而然的事情。但是，这种反民主的声音似乎很难通过正常的民主政治体制下的演说渠道表达出来，而主要是反映在古代希腊人的著作中。比如，伪色诺芬的《雅典政制》一直被视为雅典贵族反民主政治思想的代表之作。

---

　　① Josiah Ober, "Ability and Education: The Power of Persuasion", in Edwin Carawan (ed.), *The Attic Orators*, Oxford: Oxford University Press, 2007, pp. 275 – 276.
　　② Nicole Loraux, *The Invention of Athens: The Funeral Oration in the Classical City*, translated by Alan Sheridan, Massachusetts: Harvard University Press, 1986, p. 170.
　　③ Josiah Ober, *Mass and Elite in Democratic Athens: Rhetoric, Ideology, and the Power of the People*, Princeton: Princeton University Press, 1989, p. 45.
　　④ P. Harding, "Rhetoric and Politics in Fourth-Century Athens", in *Phoenix* 41 (1987), pp. 25 – 39.
　　⑤ 〔美〕罗伯特·达尔：《现代政治分析》，王沪宁、陈峰译，上海：上海译文出版社1987年版，第80页。

作者一开始就明确表态，反对民主政治。他说："现在，就所讨论的雅典人的政制而言，我不赞成他们目前的管理方式，因为在选择这一统治方式的时候，他们宁愿相信普通民众比高贵者做得更好；这是我不赞成它的原因。"① 显然，在作者看来，高贵之人要比普通民众更适合担当统治者。此外，像历史学家修昔底德、色诺芬和哲学家苏格拉底、柏拉图和亚里士多德也都被视为民主政治的批评者，他们的著作中都流露出对民主政治的批评。② 因此，针对各种反民主思想，城邦需要对统治的意识形态——民主政治不断地进行宣传和灌输，对民众进行意识形态的教育和巩固，其正常的途径就是通过政治领袖在各种公共场合发表演说，颂扬民主政治，阐释民主观念。当然，城邦民主政治意识形态的宣传、教育和巩固并非一蹴而就，它是一个持续不断的过程，而不是政治领袖某一次演说就可以完成的。

诚然，对于演说在城邦公民主流意识形态教育的实际效果，后人无法也不可能给出具体的评估。但是鉴于古代社会媒介的匮乏，作为古希腊城邦体制中一种经常的、正式的和制度化的东西，当演说者在公民大会、公民法庭、国葬典礼以及泛希腊运动会等公共场合发表演说的时候，演说对城邦公民主流意识形态教育上的作用不应低估。这正如米尔斯在分析德摩斯提尼的公民大会演说时所说："这种情感肯定在听众的心中激起回响和共鸣。因为公元前4世纪的雅典人不仅以他们的民主政治和人人平等的精神而自豪，而且还自信他们总是反对君主和僭主专制——不管是外邦的还是自生的——的胜利者。"③ 以雅典城邦为例，民主政治在雅典维持了近200年相对稳定的统治。其间，雅典虽然分别在公元前411和公元前404年经历了"四百人政治"和"三十僭主"的两次政变，但也只是昙花一现，旋即便为民主政治所取代。民主政治观念在雅典如此深入人心由此可见一斑，而这与政治领袖在公共场合发表的演说亦不无关系。此外，"三十僭主"统治时期制定的禁止传授演说术的法律至少可以从反面说明演说对民主政治意识形态的宣传和教育具有一定的效用。

---

① Pseudo-Xenophon, *The Constitution of the Athenians* 1.1.
② 参见晏绍祥：《从理想到暴政——古典时代希腊人的雅典民主观》，载《华东师范大学学报》2003年第6期，第49—56页。
③ R. D. Milns, "The Public Speeches of Demosthenes", in Ian Worthington (ed.), *Demosthenes: Statesman and Orator*, London: Routledge, 2000, pp. 217–218.

根据色诺芬的记载，苏格拉底的学生克里提阿斯成为"三十僭主"之后，就在法律里加入了"不许任何人讲授讲演术"一条，想对苏格拉底加以侮辱。① 对于"三十僭主"制定的这条法律，斯坦雷·威尔考克斯（Stanley Wilcox）评价说："三十僭主制定法律禁止传授演说术，这是因为他们清楚地认识到训练有素的演说家就是能唤醒民众的人，而被唤醒的民众就意味着是民主的复苏，当然这也就意味着寡头统治末日的来临。由于意识到演说是民主政治的生命血脉，所以僭主寡头们切断了它的源头——演说术教育。"② 因此，"三十僭主"统治时期制定的禁止传授演说术的法律至少可以从反面说明演说对公民民主政治意识形态的宣传和教育具有一定的效用。

另一方面政治领袖在公民大会、公民法庭和国葬典礼等场合的演说对公民具有伦理教育、情感教育和族群认同教育的作用。更为重要的是，政治演说之后的公民大会的决策和公民法庭的判决对城邦公民教育同样不可低估。所以欧贝尔说，在缺乏一个政府运营的正规教育体制的情况下，德莫通过公民大会和公民法庭承担了大部分向公民灌输社会价值观念的任务。……但是所有的公民都通过公民大会和法庭的公正的和错误的裁决受到好的或坏的教育，同时也通过城邦的法律接受教育。③ 正是在这层意义上，古希腊城邦公民大会和公民法庭的教育功能使得公正裁决变得更加重要。④ 这谈论的其实也是古希腊演说对公民的教育。当然，作为古希腊著名的演说家和教育家，伊索克拉底对古希腊演说教育作出了巨大的贡献，是他使得古希腊演说发生了根本性的转变，把演说从智者手中的诡辩转变成传授知识和教育培养合格政治家的工具，并对演说教育的方法、演说家的素质作了详细的探讨和研究，创立了自己一套演说教育方法，从而对古典修辞学教育产生深远的影响。

---

① 参见〔古希腊〕色诺芬：《回忆苏格拉底》，吴永泉译，北京：商务印书馆1984年版，第13页。

② Stanley Wilcox, "The Scope of Early Rhetorical Insruction", in *Harvard Studies in Classical Philology*, Vol. 53 (1942), pp. 121–155.

③ Josiah Ober, "Ability and Education: The Power of Persuasion", in Edwin Carawan (ed.), *The Attic Orators*, Oxford: Oxford University Press, 2007, p. 279.

④ Josiah Ober, "Ability and Education: The Power of Persuasion", in Edwin Carawan (ed.), *The Attic Orators*, Oxford: Oxford University Press, 2007, p. 279.

余 论 古希腊演说与中国先秦时期演说之异同

传统上，国外学界的主流观点认为演说源于古希腊，并将其完全视为一种西方社会特有的现象，从而否定中国、埃及、印度等古代东方文明的演说。詹姆斯·墨菲（James J. Murphy）就是其中的代表。他说："在古代世界中，演说是古希腊雅典城邦的一个显著特征和普遍现象。现存的证据表明，希腊人是古代世界试图分析人类相互交流方式的唯一的一个民族。而古代的非洲和亚洲都没有产生演说术。"① 我国学者杨炳乾也持有此种观点。在《演说学大纲》中，他充分肯定古希腊罗马的演说传统，但是却否定古代中国演说的存在，认为"演说在吾国毫无发展"。② 与墨菲等人的观点截然相反，罗伯特·奥利弗（Robert T. Oliver）不仅承认演说的普遍性，而且率先呼吁关注亚洲尤其是中国等非西方国家的演说。她说："没有演说的文明是不存在的。"③ 玛丽·加勒特（Mary Garrett）也同样认为，将演说描绘成西方独一无二的创造的看法是站不住脚的，古代中国人和西方人一样，构筑了劝说与争论的理论，写下了大量的书籍。④ 我国学者邵守义在《中国古代演说史》的序中说："这部专著问世的本身就打破了西方演说学界把演说视为西方独有的论调……雄辩地说明了我国古代虽然没有亚里士多德等那样系统地研究演说理论的著述，但在一些大教育家、哲学家、文学家的著述中，对演说

---

① James J. Murphy, "The Origins and Early Development of Rhetoric", in James J. Murphy (ed.), *A Synoptic History of Classical Rhetoric*, New York: Hermagoras Press, 1983, p. 3.
② 参见杨炳乾：《演说学大纲·序》（影印本），上海：上海书店1946年版。
③ Robert T. Oliver, *Communication and Culture in Ancient India and China*, Syracuse: Syracuse University Press, 1971, p. 261.
④ Mary Garrett, "Classical Chinese Conceptions of Argumentation and Persuasion", in *Argumentation and Advocacy* 29 (1993a), pp. 105–115.

之道的论述也是非常丰富的，而且精辟之处往往有胜于西方；雄辩地说明了，我国古代演说事业不仅源远流长，历久不衰，而且形成了独特的风格与理论体系。"① 所以吕行（Xing Lu）指出，"对非西方文化中演说传统的无知和否定导致一种错误的认识，即演说是西方社会唯一的发明。"② 总之，随着国外学者对古代中国文化研究的深入，越来越多的学者不仅承认古代中国演说的存在，而且还把演说作为人类文明共有的现象。

的确，尽管东西方社会文化传统有很大差异，但是东方人和西方人一样，用口头语言符号表示和交流的能力是他们的一个显著特征。显然，作为一种说服的人类口头语言交流方式，演说是人类文明发展共有的产物。以雅典城邦为代表的古希腊演说的繁荣发达为中外学者所普遍接受和认可。无独有偶，几乎在同一个时期的中国，春秋时期的邓析、子产、晏子等"行人"和战国时期的苏秦、张仪、唐雎等"纵横家"奔走于列国之间，唇舌巧言，以"一言之辩，强于九鼎之言；三寸之舌，胜过百万之兵"，从而促进了中国先秦时期演说的繁荣与发达。"在古典中国（公元前6世纪中期至公元前3世纪晚期），正如在卡尔·亚斯贝斯（Karl Jaspers）所谓的'轴心时代'的其他古代国家一样，在其文明发展的过程中存在大量熟练使用话语起着重要作用的证据。"③ 试问：为什么演说会在古希腊和古代中国两个不同的地方同时兴起？它们诞生的社会环境有何异同？在不同的社会环境中，它们各自的发展路径又有何差异？如果"演说是从自由政治制度中自然成长起来，而且在自由国家和民众政府下能够得到最好的繁荣发展"④的话，那么如何理解中国先秦时期演说的盛行和发达？笔者试图对处于人类"轴心文明"时期的古希腊与中国先秦时期的演说进行比较。简单地说，比较古希腊与中国先秦时

---

① 邵守义：《中国古代演说史·序》，见宋嗣廉、黄毓文：《中国古代演说史》，长春：东北师范大学出版社1991年版，第2页。

② Xing Lu, *Rhetoric in Ancient China*, *Fifth to Third Century B. C. E.*: *A Comparison with Classical Greek Rhetoric*, South Carolina: University of South Carolina Press, 1998, p. 1.

③ George Q. Xu, "The Use of Eloquence: The Confucian Perspective", in Carol S. Lipson & Roberta A. Binkley (eds.), *Rhetoric Before and Beyond the Greeks*, Albany: State University of New York Press, 2004, p. 115.

④ Harry Caplan, Richard Leo Enos, Mark James, Harold Barrett, Lois Agnew, Edward P. J. Corbett, "The Classical Tradition: Rhetoric and Oratory", in *Rhetoric Society Quarterly*, Vol. 27, No. 2 (Spring, 1997), p. 32.

期演说的原因主要有以下三点：

第一，古希腊与中国先秦时期演说几乎同时出现，并兴盛起来。这是两者在时间上的共时性。

第二，中国先秦时期演说的发展独立于古希腊演说。这表明演说可以在不同文明中产生而彼此没有联系。因此对其进行比较有助于理解人类"轴心时代"文明的共性。

第三，古希腊文明和中国文明对周边的国家都产生巨大的影响。古希腊文明影响了罗马和后来的西方国家，中国文明影响朝鲜、日本和东南亚，因此古希腊与中国先秦时期演说对后世文明的影响也就不言而喻。

故此，笔者最后比较一下古希腊与中国先秦时期演说之异同，以期引起学者的关注，同时亦希冀有助于加深对古希腊演说的理解。

一、古希腊演说与中国先秦演说之同

1. 演说的概念

我们知道，在古希腊和西方，演说被定义为一种"说服的功能"。尽管汉语"演说"一词并非此意，① 但是学者研究表明，中国古汉语中的"言""辞""谏""说""名"和"辩"相当于古希腊的 rhetorike。在《尚书》中，"言"是政治演说的一种形式，它可以有消极和积极两方面的影响。"辞"最初出现的《尚书》中，是言的同义语，但是有雄辩和语言修饰的引申意思。"谏"最初出现在《左传》中，是指一种下级对上级的说服和建议活动。"说"用于描述演说实践。"名"和"辩"用于将语言、说服和辩论进行概念化和理论化。② 显然，古代中国人和希腊人拥有某种相似的演说概念，即作为改变他人态度和行为的说服功能。这也就是说，古希腊与中国先秦时期的演说都一种注重口头说服的话语。正是在对演说概念相同理解的前提下，比较古希腊与中国先秦时期的演说也才变得切实可行，比较也才有意义。

---

① 汉语"演说"一词最早见于《尚书·洪范》《九畴·疏》中的记载。"自初一曰五行，至威用六极，皆是禹所次第而叙之，下文更将此九类而演说之"。《北史·熊安生传》中有"公正于是问所疑，安生皆为一一演说，咸就其根本"的记述。这里的"演说"是根据原意加以敷衍阐释、发挥的意思。

② Xing Lu, *Rhetoric in Ancient China*, *Fifth to Third Century B. C. E.*：*A Comparison with Classical Greek Rhetoric*, South Carolina：University of South Carolina Press, 1998, pp. 72–80.

2. 演说兴起的政治背景

罗伯特·奥利弗指出，演说可以是普遍存在的，正如哲学或者宗教是普遍存在的一样。但是不同文化背景下的演说又各不相同，与它们自身的文化和社会有着密切的关系。① 的确，国内外学者通常认为古希腊演说兴起于叙拉古民主政治的建立，后在民主城邦雅典得到充分的发展。对于中国先秦时期演说的兴起和发展，国内外学者们大多认为春秋战国时期诸侯争霸，列国之间常年的兼并战争促使纵横之士的产生，游说演说盛行。比如宋嗣廉指出："如果说春秋时期'行人'或孔孟之徒游说于诸侯是在'兴灭国，继绝世'或'存小国之礼'的形势下出现的；那么战国时代的纵横家则是在'礼堕而修耕战'的环境下产生的。……时代的需要，君主的招纳，'遂使游说权谋之徒，见于贵俗。'……然而纵横家的出现最根本的原因，还是与战国时期由于铁器的普遍使用而引起的土地买卖，城市发达和商业兴起有密切关系。"② 我们说，尽管古希腊与中国先秦时期演说兴起的社会文化背景有所差异，但是重要的是学者的这些解释并没有关注到古希腊与中国先秦时期演说兴盛所具有的共同的政治背景。一方面，城邦林立，没有出现统一政权。中国春秋战国时期，周王室政权名存实亡，地方诸侯各自为政。小国林立，日知先生称之为城邦。③ 众所周知，公元前8世纪至前2世纪，希腊处于城邦时代，各城邦独立发展。另一方面，城邦政治的民主色彩浓厚。如前所言，中国春秋战国时期，周王室衰微，各地诸侯权力兴起，地方诸侯政权得以充分自我发展，其中"国人会议"和"诸大夫会议"与"王"一道构成统治核心。因此，春秋战国时期各诸侯国的统治具有明显的民主色彩。日知评价指出："春秋列国继西周时代之后，本质上仍是城市国家或城邦。城邦政治制度所具有的特点，春秋各邦基本上都具备。"④ 相比之下，古希腊民主自由之风正兴。以雅典为代表的民主政权自不必说，即

---

① Robert T. Oliver, *Communication and Culture in Ancient India and China*, Syracuse: Syracuse University Press, 1971, p. 7.
② 宋嗣廉、黄毓文：《中国古代演说史》，长春：东北师范大学出版社1991年版，第39—41页。
③ 日知：《从〈春秋〉"称人"之例再论亚洲古代民主政治》，载《历史研究》1981年第3期，第3页。
④ 日知：《从〈春秋〉"称人"之例再论亚洲古代民主政治》，载《历史研究》1981年第3期，第3页。

便像斯巴达的寡头政权也充分体现了其统治的民主性和自由性。① 这正如哈里·卡普兰（Harry Caplan）所说："演说是从自由政治制度中自然成长起来，而且在自由国家和民众政府下能够得到最好的繁荣发展。"②

3. 演说的技巧

鉴于古希腊与中国先秦时期对演说的口头说服功能的认可，所以古希腊与中国先秦时期演说的技巧也大体相当。在《从汉的角度思考》（*Thinking from the Han*）一书中，戴维德·豪尔（David L. Hall）和罗格·阿迈斯（Roger T. Ames）认为，演说是古代中国一种享有特权的交流方式。为此他们提出三点证明：第一，整个历史上，中国人更倾向于沿着情感和美德这条线进行辩论，而不是运用客观逻辑进行辩论；第二，古典中国文本当中有修辞语言的使用，包括类比；第三，中国人的表达方式通常具有比喻上的作用。我们所谓的比喻、意象和概念在古代中国也同样大量存在。③ 其实，豪尔和阿迈斯对中国古代演说技巧的评述也同样适用于古希腊演说。无论是在公民大会还是在公民法庭上，为了说服民众赞同和支持自己，演说家往往运用理性推理、情感诉求、比喻或类比等各种不同的演说技巧。因为他们演说的目的是说服，而不是探求某种真理。所以吕行认为，古希腊与中国先秦时期的演说家在演说时同样注重逻辑推理、对听众的心理情感和演说家本人的道德品质的运用。④ 因此就演说技巧而言，古希腊与中国先秦时期的演说并无二致。

4. 演说家辈出

古希腊与中国先秦时期是演说盛行的时代，同时也是演说家辈出的时代。古代希腊由于当时政争剧烈，雄辩术——演说——在雅典得到发展，产生了许多著名的演说家。在雅典，政治领袖首先必须是演说家，具有雄辩的演说才能，比如像梭伦、克里斯提尼、地米斯托克利、伯里

---

① 参见晏绍祥：《古典斯巴达政治制度中的民主因素》，载《世界历史》2008 年第 1 期，第 4—16 页。

② Harry Caplan, Richard Leo Enos, Mark James, Harold Barrett, Lois Agnew, Edward P. J. Corbett, "The Classical Tradition: Rhetoric and Oratory", in *Rhetoric Society Quarterly*, Vol. 27, No. 2 (Spring, 1997), p. 32.

③ David L. Hall & Roger T. Ames, *Thinking from the Han: Self, Truth, and Transcendence in Chinese and Western Culture*, Albany: State University of New York Press, 1998, pp. 135 – 139.

④ Xing Lu, *Rhetoric in Ancient China, Fifth to Third Century B. C. E.: A Comparison with Classical Greek Rhetoric*, South Carolina: University of South Carolina Press, 1998, p. 293.

克利、克里昂等。以吕西阿斯、伊索克拉底、德摩斯提尼、埃斯基涅斯、安提丰和安多基德斯等为代表的"阿提卡十大演说家"则是古希腊演说繁荣的见证。同样，根据记载，公元前13世纪我国第一个演说家盘庚为迁都至殷发表了三篇激动人心的演说，比伊索克拉底在公元前380年号召全希腊城邦联合起来讨伐波斯的演说词要早900多年。相比古希腊"阿提卡十大演说家"的出现，中国百家争鸣、纵横游说的春秋战国时期出现了著名的演说家孔子、孟子、墨子、苏秦、张仪、曹刿、叔向、触龙、邹忌、蔺相如和商鞅等。其中苏秦的合纵、张仪的连横、曹刿的论战、叔向的贺贫、触龙的说赵太后、邹忌的讽齐王纳谏、蔺相如的斥秦王等在民间广为传颂。奥利弗进一步对中国先秦时期的演说家作了区分，将其分为三类，以迎合社会不同的需求。一种是"说书人"，一种是职业说客（辩士），一种是纵横家。① 古希腊和中国先秦时期产生的一大批著名的演说家成为今天人类文明的宝贵财富。

二、古希腊演说与中国先秦演说之异

1. 演说家与听众的关系

在古希腊，演说家是作为一个提议者，他所说的信息既是演说家本人的也是听众的。不仅如此，听众是交流当中的积极参与者和合作者，他们的反应是衡量演说家演说成功与否的标准——要么投票赞成演说家的演说，要么投票否决演说家的演说，或者直接将演说者驱赶下台。因此在古希腊，演说家与听众的关系类似于舞台上的演员与台下观众的关系。在中国先秦时期，演说家与听众之间是老师与学生、教与学的关系。② 与此同时，古希腊和中国先秦时期的演说家的演说对象具有明显的差异。前者的演说对象是公民群体，而后者的演说对象是以国王为首的少数宫廷贵族。古希腊演说家的演说，无论是公民大会的提议演说，还是公民法庭的诉讼演说，抑或城邦的典礼演说、战场上的战争演说等，古希腊演说家所面对的都是一个公民群体。相反，中国先秦时期的演说家演说时所面对的则是以王为首的少数宫廷贵族，如触龙的说赵太后、

---

① Robert T. Oliver, *Communication and Culture in Ancient India and China*, Syracuse: Syracuse University Press, 1971, p. 84.

② Robert T. Oliver, *Communication and Culture in Ancient India and China*, Syracuse: Syracuse University Press, 1971, p. 267.

邹忌的讽齐王纳谏、蔺相如的斥秦王等。

2. 演说的理论研究

一般认为，尽管荷马时代演说占有重要的地位，是贵族领袖必须掌握的一门技能，但是伴随古希腊演说在雅典的兴盛，专门研究演说理论的学问产生——修辞学诞生了。古希腊智者最早开始演习演说理论，编撰修辞学课本。古希腊修辞学之父克拉克斯和提西阿斯提出了演说的"可能性"原则。至亚里士多德时，他总结前人的演说方法，编撰《修辞学》，在修辞学（演说术）的定义、演说词的撰写、演说的技巧等方面对古希腊演说作了全面的总结和研究，从而使修辞学成为一门独立的学科，即 rhetorike。

在中国先秦时期，《尚书》不仅记载了大量的演说实践活动及其内容，而且在演说理论上也有建树。《洪范》篇中所说"五事"，表面上看好像是说对统治者言行的要求，实际上强调的是统治者讲话的规范做法，即"貌恭""言从""视明""听聪""睿智"及其客观效果，学者称之为中国演说理论的萌芽。① 尽管孔子、老子、孟子等先秦诸子不仅有关于演说的零星论述，而且还有荀子的《非相》、韩非的《说难》《问辩》以及墨子的《小取》等关于演说专门的系统论述。如《墨子·小取》一开头就说："夫辩者，将以明是非之分，审治乱之纪，明同异之处，察名实之理，处利害，决嫌疑，焉模略万物之然，论求群言之比。"这里谈了论辩的作用与方法，着重于谈口语"辩"的作用与方法。但是还没有出现像亚里士多德的《修辞学》那样将演说和演说术作为一门学问系统地加以研究的著作。这也就是说，古希腊演说理论的研究比较成熟，建立了自身的一套体系，成为一门独立的学问。而中国先秦时期演说理论的研究尚处于零星阶段，未成体系，主要依附于哲学等学科之中，未成为一门独立的学问。所以胡曙中说："从研究体系上来说，古希腊的修辞学较中国古代修辞学更具有独立性。"②

3. 演说的教育

国外学者普遍认为古希腊有着系统的演说理论和演说教育的传统。

---

① 参见皇甫涛：《〈尚书〉是我国第一部演说词集》，载《北华大学学报（社会科学版）》1987年第4期，第86页。

② 胡曙中：《英汉修辞比较研究》，上海：上海外语教育出版社1993年版，第91页。

一般认为西西里的克拉克斯和提西阿斯是最早编撰演说术课本的人,开始研究演说理论。不仅如此,他们还收费收徒,传授演说的技能。后来伊索克拉底在雅典开办修辞学校,培养出大批演说家和政治领袖。相比较而言,中国先秦时期演说虽然盛行,但是由于演说研究没有形成一门独立的学问,有关演说的理论只是零星地散见于学者的著作中。因此,专门、系统的演说教育在中国先秦时期并不存在。

4. 演说的遗产

作为一门独立的学科,古希腊修辞学通过古罗马人,经过中世纪、近代一直传承下来。从古至今,修辞一直是西方人必修的科目之一。与此同时,古希腊社会演说之风的盛行也成为今天西方社会公共场所的一景。这是古希腊演说留给古罗马乃至后世西方社会的一种宝贵遗产。与古希腊演说对后世西方文明的影响相比,中国先秦时期的演说仅昙花一现,成为过眼云烟。除了少量对演说理论零星描写的著作和一些演说家的演说词流传下来之外,中国先秦时期发达的演说并没有给后人留下更多的遗产。因为"秦王朝封建专制主义国家的建立,也标志着'游说者之秋'的结束,中国古代演说由全社会活动,转入了宫廷议对以及知识界的讲学、议政"①。以口头说服为目的的演说从此失去了其赖以生存的政治环境。再加上先秦时期演说理论研究自身的先天不足,没有自成体系,成为一门独立的学问,所以先秦时期的演说没有对后世产生更多的影响。

综上所述,公元前 8 至公元前 3 世纪,作为"一种能在任何一个问题上找出可能的说服方式功能"的艺术,演说几乎在古希腊和中国先秦同时兴盛:古希腊产生了著名的"阿提卡十大演说家",中国先秦出现了邓析、子产等"行人"和苏秦、张仪等"纵横家",他们也被称为雄辩的演说家。古希腊和中国先秦的演说家活跃于当时各自社会的政治舞台,唇舌巧言,促进了当时社会政治发展和演说繁荣。通过对古希腊与中国先秦时期演说的比较,一方面揭示出两者在演说的概念、演说兴起的政治背景、演说技巧和演说家人才辈出方面有着诸多共同之处,比如口述传统和政治的民主是古希腊与中国先秦演说兴盛的根本原因,古希

---

① 宋嗣廉:《汉代的宫廷议对:中国古代演说形式之一》,载《北华大学学报(社会科学版)》1987 年第 4 期,第 70 页。

腊与中国先秦的演说家在演说的时候都注重从逻辑推理到情感打动的说服技巧。另一方面古希腊与中国先秦在演说的理论研究、演说教育、演说的对象和演说的遗产等方面又有诸多差异，呈现出迥乎不同的现象。通过比较两者之间的异同，我们发现演说与政治的关系是人类文明的"轴心时代"一个共有的现象，从而进一步揭示出"轴心时代"人类文明发展中的共性与个性、相似与差异。当今人类文明之间的交往也应该更多强调彼此之间的共性，而不是突出甚至是夸大差异，从而导致不同文明之间的相互敌视和对抗，不利于人类文明和平共处、共同发展，更不利于人类命运共同体的构建。

参考文献

中文译著、论著、论文

[01]〔古希腊〕阿里斯托芬：《阿里斯托芬喜剧六种》，罗念生译，上海：上海人民出版社2004年版。

[02]〔古希腊〕柏拉图：《柏拉图对话集——苏格拉底的最后日子》，余灵灵、罗灵平译，上海：上海三联书店1997年版。

[03]〔古希腊〕荷马：《伊利亚特》，罗念生、王焕生译，北京：人民文学出版社1997年版。

[04]〔古希腊〕荷马：《奥德赛》，王焕生译，北京：人民文学出版社1997年版。

[05]〔古希腊〕赫西阿德：《神谱》，张竹明、蒋平译，北京：商务印书馆1991年版。

[06]〔古希腊〕普鲁塔克：《希腊罗马名人传》，黄宏煦主编，北京：商务印书馆1990年版。

[07]〔古希腊〕色诺芬：《回忆苏格拉底》，吴永泉译，北京：商务印书馆1984年版。

[08]〔古希腊〕色诺芬：《长征记》，崔金戎译，北京：商务印书馆1985年版。

[09]〔古希腊〕色诺芬：《居鲁士的教育》，沈默译，北京：华夏出版社2007年版。

[10]〔古希腊〕希罗多德：《历史》，王以铸译，北京：商务印书馆1959年版。

[11]〔古希腊〕修昔底德：《伯罗奔尼撒战争史》，谢德风译，北京：商务印书馆1960年版。

[12]〔古希腊〕亚里士多德:《修辞学》,罗念生译,北京:生活·读书·新知三联书店1991年版。

[13]〔古希腊〕亚里士多德:《尼各马科伦理学》,苗力田译,北京:中国社会科学出版社1999年版。

[14]〔古希腊〕亚里士多德:《雅典政制》,日知、力野译,北京:商务印书馆1959年版。

[15]〔古希腊〕亚里士多德:《政治学》,吴寿彭译,北京:商务印书馆1965年版。

[16]〔古希腊〕亚里士多德:《亚里士多德全集·卷十·残篇》,苗力田主编,北京:中国人民大学出版社1997年版。

[17]〔古希腊〕亚里士多德:《亚里士多德全集·卷一·辩谬篇》,苗力田主编,北京:中国人民大学出版社1990年版。

[18]〔英〕以赛亚·伯林:《自由论》,胡传胜译,南京:译林出版社2003年版。

[19]〔德〕策勒尔:《古希腊哲学史纲》,翁绍军译,贺仁麟校,济南:山东人民出版社1992年版。

[20]〔美〕罗伯特·达尔:《现代政治分析》,王沪宁、陈峰译,上海:上海译文出版社1987年版。

[21]〔加拿大〕高辛勇:《修辞学与文学阅读》,北京:北京大学出版社1997年版。

[22]〔英〕柯费尔德:《智者运动》,刘开会、徐名驹译,刘开会、张琴校,兰州:兰州大学出版社1996年版。

[23]〔美〕肯尼斯·米格诺:《政治学》,龚人译,沈阳:辽宁教育出版社1998年版。

[24]〔美〕吉尔伯特·默雷:《古希腊文学史》,孙席珍、蒋炳贤、郭智石译,上海:上海译文出版社1988年版。

[25]〔法〕让·韦尔南:《希腊思想的起源》,秦海鹰译,北京:生活·读书·新知三联书店1996年版。

[26]胡曙中:《英汉修辞比较研究》,上海:上海外语教育出版社1993年版。

[27]李尚君:《演说舞台上的雅典民主——德摩斯提尼的演说表演与民众的政治认知》,北京:北京大学出版社2015年版。

[28] 李天祐:《古代希腊史》,兰州:兰州大学出版社1991年版。

[29] 刘家和主编:《世界上古史》,长春:吉林人民出版社1980年版。

[30] 罗念生编译:《希腊罗马散文选》,长沙:湖南人民出版社1983年版。

[31] 宋嗣廉、黄毓文:《中国古代演说史》,长春:东北师范大学出版社1991年版。

[32] 王易:《修辞学通诠》,上海:神州国光社1930年版。

[33] 吴于廑、齐世荣主编:《世界史 古代史编》(上卷),北京:高等教育出版社1994年版。

[34] 晏绍祥:《古典历史研究发展史》,武汉:华中师范大学出版社1999年版。

[35] 杨炳乾:《演说学大纲·序》(影印本),上海:上海书店1946年版。

[36] 张广智、黄洋、赵立行:《世界文化史 古代卷》,杭州:浙江人民出版社1999年版。

[37] 周作人:《关于卢奇安》,《知堂书话》下,钟叔河编,长沙:岳麓书社1986年版。

[38] 周作人:《北大的支路》,《苦竹杂记》,邯郸:河北教育出版社2002年版。

[39] 何珵:《伊索克拉底的〈泛希腊集会辞〉与泛希腊主义》,载《世界历史》2015年第4期。

[40] 黄洋:《雅典民主政治新论》,载《世界历史》1994年第1期。

[41] 黄洋:《民主政治诞生2500周年?——当代西方雅典民主政治研究》,载《历史研究》2002年第6期。

[42] 蒋保:《演说与雅典民主政治》,载《历史研究》2006年第6期。

[43] 蒋保:《古希腊修辞学起源探析》,载《历史教学》2007年第10期。

[44] 蒋保:《雅典演说的政治功用》,载《江西社会科学》2008年第9期。

[45] 蒋保:《20世纪中后期国外学者对古希腊演说研究述评》,载

《古代文明》2008 年第 4 期。

[46] 蒋保：《民众的统治抑或奴隶主贵族阶级的寡头统治？——雅典民主政治新论》，载《安徽史学》2009 年第 3 期。

[47] 蒋保：《智者与古希腊演说》，载《安阳师范学院学报》2010 年第 3 期。

[48] 蒋保：《古代雅典司法诉讼中的演说技巧》，载《历史教学问题》2010 年第 4 期。

[49] 蒋保：《论〈奥德赛〉的和平结局》，载《古代文明》2013 年第 1 期。

[50] 蒋保：《愤怒，还是怜悯？——〈伊利亚特〉主题新论》，载《学海》2013 年第 5 期。

[51] 蒋保：《论荷马的"怜悯"》，载《学海》2016 年第 5 期。

[52] 李尚君：《表演文化与雅典民主政治——以政治演说为考察对象》，载《世界历史》2009 年第 5 期。

[53] 李尚君：《德摩斯提尼的修辞策略与雅典民主政治角色的塑造》，载《历史研究》2011 年第 4 期。

[54] 日知：《从〈春秋〉"称人"之例再论亚洲古代民主政治》，载《历史研究》1981 年第 3 期。

[55] 徐晓旭：《马其顿帝国主义中的希腊认同》，载《世界历史》2008 年第 4 期。

[56] 徐晓旭：《古代希腊民族认同中的各别主义与泛希腊主义》，载《华中师范大学学报（人文社会科学版）》2008 年第 4 期。

[57] 晏绍祥：《从理想到暴政——古典时代希腊人的雅典民主观》，载《华东师范大学学报》2003 年第 6 期。

[58] 晏绍祥：《演说家与希腊城邦政治》，载《历史研究》2006 年第 6 期。

[59] 晏绍祥：《古典斯巴达政治制度中的民主因素》，载《世界历史》2008 年第 1 期。

[60] 杨巨平、王志超：《试论演说家与雅典民主政治的互动》，载《世界历史》2007 年第 4 期。

古典文献

[01] Aeschines 1, *Against Timarchus*, The Loeb Classical Library.

[02] Aeschines 2, *On the Embassy*, The Loeb Classical Library.

[03] Aeschines 3, *Against Ctesiphon*, The Loeb Classical Library.

[04] Andocides 1, *On the Mysteries*, The Loeb Classical Library.

[05] Antiphon 1, *Prosecution of the Stepmother for Posisoning*, The Loeb Classical Library.

[06] Antiphon 5, *On the Murder of Herodes*, The Loeb Classical Library.

[07] Aristophanes, *Acharnians*, The Loeb Classical Library.

[08] Aristophanes, *Ecclesiazusae*, The Loeb Classical Library.

[09] Cicero, *Brutus*, The Loeb Classical Library.

[10] Cicero, *De Oratore*, The Loeb Classical Library.

[11] Demosthenes 3, *Olynthiac III*, The Loeb Classical Library.

[12] Demosthenes 4, *Philippic I*, The Loeb Classical Library.

[13] Demosthenes 5, *On the Peace*, The Loeb Classical Library.

[14] Demosthenes 6, *Philippic II*, The Loeb Classical Library.

[15] Demosthenes 8, *On the Chersonese*, The Loeb Classical Library.

[16] Demosthenes 13, *On the Organization*, The Loeb Classical Library.

[17] Demosthenes 15, *For the Liberty of the Rhodians*, The Loeb Classical Library.

[18] Demosthenes 18, *De Corona*, The Loeb Classical Library.

[19] Demosthenes 19, *De Falsa Legationo*, The Loeb Classical Library.

[20] Demosthenes 21, *Against Meidias*, The Loeb Classical Library.

[21] Demosthenes 24, *Against Timocrates*, The Loeb Classical Library.

[22] Demosthenes 36, *For Phormio*, The Loeb Classical Library.

[23] Demosthenes. 38, *Against Panteanetus*, The Loeb Classical Library.

[24] Demosthenes 40, *Against Boeotus II*, The Loeb Classical Library.

[25] Demosthenes 54, *Against Conon*, The Loeb Classical Library.

[26] Demosthenes 55, *Against Callicles*, The Loeb Classical Library.

[27] Demosthenes 56, *Against Dionysodorus*, The Loeb Classical Library.

[28] Demosthenes 58, *Against Theocrines*, The Loeb Classical Library.

[29] Euripides, *Suppliant Women*, The Loeb Classical Library.

[30] Hyperides 6, *Funeral Oration*, The Loeb Classical Library.

[31] Isaeus 9, *On the Estate of Astyphilus*, The Loeb Classical Library.

[32] Isaeus 10, *On the Estate of Nicostratus*, The Loeb Classical Library.

[33] Isocrates 4, *Panegyricus*, The Loeb Classical Library.

[34] Isocrates 17, *Trapeziticus (Speech Pertaining to the Banker)*, The Loeb Classical Library.

[35] Isocrates, *Antidosis*, The Loeb Classical Library.

[36] Diogenes Laertius 8, *Lives of Eminent Philosophers*, The Loeb Classical Library.

[37] Lucian, *Herodotus*, The Loeb Classical Library.

[38] Lycurgus 1, *Against Leocrates*, The Loeb Classical Library.

[39] Lysias 1, *On tne Death Eratosthenes*, The Loeb Classical Library.

[40] Lysias 2, *Funeral Speech*, The Loeb Classical Library.

[41] Lysias 3, *Against Simon*, The Loeb Classical Library.

[42] Lysias 7, *Concerning the Sekos*, The Loeb Classical Library.

[43] Lysias 12, *Against Eratosthenes*, The Loeb Classical Library.

[44] Lysias 19, *On the Property of Aristophanes*, The Loeb Classical Library.

[45] Lysias 21, *On the Charge of Accepting Bribes*, The Loeb Classical Library.

[46] Lysias 25, *On the Charge of Overthrowing Democracy*, The Loeb Classical Library.

[47] Plato, *Gorgias*, The Loeb Classical Library.

[48] Plato, *Phaedru*, The Loeb Classical Library.

[49] Plato, *Meno*, The Loeb Classical Library.

[50] Plato, *Protagras*, The Loeb Classical Library.

[51] Plato, *Hippias Major*, The Loeb Classical Library.

[52] Plato, *Hippias Minor*, The Loeb Classical Library.

[53] Plutarch, *Life of Demosthenes*, The Loeb Classical Library.

[54] Quintilian, *Institutio oratoria*, The Loeb Classical Library.

[55] Didorus Siculus 12.53, The Loeb Classical Library.

[56] Pseudo-Xenophon, *The Constitution of the Athenians*, The Loeb Classical Library.

[57] Xenophon, *Hellenica*, The Loeb Classical Library.

英文现代论著、论文

[01] Carawan, Edwin. *The Attic Orators*, Oxford: Oxford University Press, 2007.

[02] Cartledge, Paul; Millett, Paul & Reden, Sitta von. *Kosmos: Essays in Order, Conflict and Community in Classical Athens*, Cambridge: Cambridge University, 1998.

[03] Cartledge, Paul; Millett, Paul; Todd, Stephen. *Nomos: Essays in Athenian Law, Politics and Society*, Cambridge: Cambridge University Press, 1990.

[04] Christ, Matthew R. *The Litigious Athenian*, Baltimore & London: The John Hopkins University Press, 1998.

[05] Clark, Donald Lemen. *Rhetoric in Greco-Roman Education*, New York: Columbia University Press, 1957.

[06] Cohen, David. *Law, Violence, and Community in Classical Athens*, Cambridge: Cambridge University Press, 1995.

[07] Cole, Thomas. *The Origins of Rhetoric in Ancient Greece*, London: Johns Hopkins University Press, 1991.

[08] Davies, J. K. *Athenian Propertied Families* 600 – 300BC, Oxford: Oxford University Press, 1971.

[09] Farrar, Cynthia. *The Origins of Democratic Thinking: The Invention of Politics in Classical Athens*, Cambridge: Cambridge University Press, 1988.

[10] Finley, M. I. *Politics in the Ancient World*, Cambridge: Cambridge University Press, 1983.

[11] Finley, M. I. *Democracy Ancient and Modern*, London: The Hogarth Press, 1985.

[12] Gagarin, Michael; Cohen, David (eds.). *The Cambridge Companion to Ancient Greek Law*, Cambridge: Cambridge University Press, 2005.

[13] Goldhill, Simon; Osborne, Robin (eds.). *Performance Culture and Athenian Democracy*, Cambridge: Cambridge University Press, 1999.

[14] Guthrie, W. K. C. *The Sophists*, Cambridge: Cambridge University Press, 1971.

[15] Habinek, Thomas. *Ancient Rhetoric and Oratory*, Malden: Blackwell Publishing, 2005.

[16] Hall, David L.; Ames, Roger T. *Thinking from the Han: Self, Truth, and Transcendence in Chinese and Western Culture*, Albany: State University of New York Press, 1998.

[17] Hansen, Mogens Herman. *The Athenian Assembly in the Age of Demosthenes*, Oxford: Blackwell, 1987.

[18] Hansen, Mogens Herman. *The Athenian Democracy in the Age of Demosthenes: Structure, Principles and Ideology*, Oxford: Blackwell, 1991.

[19] Hanson, Victor Davis. *The Western Way of War: Infantry Battle in Classical Greece*, New York: Oxford University Press, 1990.

[20] Harding, H. F. *The Speeches of Thucydides*, Lawrence: Coronado Press, 1973.

[21] Jaeger, Werner. *Paideia: The Ideals of Greek Culture* (vol. 1), translated by Gilbert Highet, Oxford: Basil Blackwell, 1946.

[22] Johnstone, Christopher Lyle (ed.). *Theory, Text, Context: Issues in Greek Rhetoric and Oratory*, Albany: State University of New York Press, 1996.

[23] Johnstone, Steven. *Disputes and Democracy: The Consequences of Litigation in Ancient Athens*, Austin: University of Texas Press, 1999.

[24] Keegan, John. *The Mask of Command*, New York: New York University Press, 1988.

[25] Kennedy, George A. *The Art of Persuasion in Greece*, Princeton: Princeton University Press, 1963.

[26] Kennedy, George A. *A New History of Classical Rhetoric*, Princeton: Princeton University Press, 1994.

[27] Kennedy, George A. *Classical Rhetoric and Its Christian and Secular Tradition from Ancient to Modern Times*, second edition, Chapel Hill: The University of North Carolina Press, 1999.

[28] Kennedy, George A. *Comparative Rhetoric*, Ithaca: Cornell University Press, 1968.

[29] Konstan, David. *Pity Transformed*, London: Duckworth, 2001.

[30] Laix, Roger Alain de. *Probouleusis at Athens: A Study of Political*

Decision-Making, Berkeley: University of California Press, 1973.

[31] Lipson, Carol S. ; Binkley, Roberta A. *Rhetoric Before and Beyond the Greeks*, Albany: State University of New York Press, 2004.

[32] Loraus, Nicole, *The Invention of Athens: The Funeral Oration in the Classical City*, translated by Alan Sheridan, Massachusetts: Harvard University Press, 1986.

[33] Lu, Xing. *Rhetoric in Ancient China, Fifth to Third Century B. C. E. : A Comparison with Classical Greek Rhetoric*, South Carolina: University of South Carolina Press, 1998.

[34] MacDowell, Douglas M. *The Law in Classical Athens*, New York: Cornell University Press, 1978.

[35] Montiglio, Silva. *Silence in the Land of Logos*, Princeton: Princeton University Press, 2000.

[36] Murphy, J. J. *A Synoptic History of Classical Rhetoric*, Davis: Hermagoras Press, 1983.

[37] Ober, Josiah. *Mass and Elite in Democratic Athens: Rhetoric, Ideology and the Power of the People*, Princeton: Princeton University Press, 1989.

[38] Ober, Josiah. *The Athenian Revolution: Essays on Ancient Greek Democracy and Political Theory*, Princeton: Princeton University Press, 1996.

[39] Ober, Josiah; Hedrick, Charles (eds.). *Dēmokratia: A Conversation on Democracies, Ancient and Modern*, Princeton: Princeton University Press, 1996.

[40] Oliver, Robert T. *Communication and Culture in Ancient India and China*, Syracuse: Syracuse University Press, 1971.

[41] Pernot, Laurent. *Rhetoric in Antiquity*, translated by W. E. Higgins, Washington D. C. : The Catholic University of America Press, 2005.

[42] Poulakos, Takis. ; Depew, David. *Isocrates and Civic Education*, Austin: University of Texas Press, 2004.

[43] Pritchett, W. K. *Essays in Greek History*, Amsterdam: Brill, 1994.

[44] Pritchett, W. K. *Ancient Greek Battle Speeches and A Palfrey*, Amsterdam: J. C. Gieben Publisher, 2002.

[45] Rhodes, P. J. *The Athenian Boule*, Oxford: Clarendon, 1972.

[46] Roberts, Jennifer Tolbert. *Athens on Trial: The Antidemocratic Tradition in Western Thought*, Princeton: Princeton University Press, 1994.

[47] Romilly, Jscqueline de. *The Great Sophists in Periclean Athens*, translated by Janet Lloyd, Oxford: Oxford University Press, 1992.

[48] Rutherford, Ian. *Pindar's Paeans: A Reading of the Fragments with a Survey of the Genre*, Oxford: Oxford University Press, 2001.

[49] Sinclair, R. K. *Democracy and Participation in Athens*, Cambridge: Cambridge University Press, 1988.

[50] Stadter, Philip A. *The Speeches in Thucydides*, Chapel Hill: the University of North Carolina Press, 1973.

[51] Swartz, Omar. *The Rise of Rhetoric and Its Intersections with Contemporary Critical Thought*, Oxford: Westview Press, 1998.

[52] Thomas, Rosalind. *Literacy and Orality in Ancient Greece*, Cambridge: Cambridge University Press, 1992.

[53] Todd, Stephen. *The Shape of Athenian Law*, Oxford: Oxford University Press, 1993.

[54] Too, Yun Lee (ed.). *Education in Greek and Roman Antiquity*, Boston: Brill, 2001.

[55] Usher, Stephen. *Greek Oratory: Tradition and Originality*, Oxford: Oxford University Press, 1999.

[56] Vickers, Brian. *In Defence of Rhetoric*, Oxford: Clarendon Press, 1988.

[57] Woodman, A. J. *Rhetoric in Classical History: Four Studies*, London: Croom Helm Ltd, 1988.

[58] Worthington, Ian (ed.). *Persuasion: Greek Rhetoric in Action*, London: Routledge, 1994.

[59] Worthington, Ian (ed.). *Demosthenes: Statesman and Orator*, London: Routledge, 2000.

[60] Worthington, Ian (ed.). *A Companion to Greek Rhetoric*, Oxford: Blackwell Publishing, 2007.

[61] Yellin, Keith. *Battle Exhortation: The Rhetoric of Combat Leadership*, Columbia: the University of South Carolina Press, 2013.

[62] Yunis, Harvey. *Taming Democracy: Models of Political Rhetoric in Classical Athens*, London: Cornell University Press, 1996.

[63] Anson, Edward. "The General's Pre-Battle Exhortation in Graeco-Roman Warfare", *Greece & Rome*, Vol. 57 (Oct. 2010), pp. 304 – 318.

[64] Bliese, John R. E. "Rhetoric Goes to War: The Doctrine of Ancient and Medieval Military Manuals", *Rhetoric Society Quarterly* 24 (1994), pp. 105 – 130.

[65] Cairns, Douglas L. "Hubris, Dishonour, and Thinking Big", *The Journal of Hellenic Studies*, Vol. 116 (1996), pp. 1 – 32.

[66] Caplan, Harry; Leo Enos, Richard; James, Mark; Barrett, Harold; Agnew, Lois; Corbett, Edward P. J. "The Classical Tradition: Rhetoric and Oratory", *Rhetoric Society Quarterly*, Vol. 27, No. 2 (Spring, 1997), pp. 7 – 38.

[67] Carey, C. "Nomos in Attic Rhetoric and Oratory", *The Journal of Hellenic Studies*, Vol. 116 (1996), pp. 33 – 46.

[68] Christ, Matthew R. "Liturgy Avoidance and Antidosis in Classical Athens", *Transactions of the American Philological Association*, Vol. 120 (1990), 147 – 169.

[69] Clark, Michael. "Did Thucydides Invent the Battle Exhortation?", *Historia: Zeitschrift für Alte Geschichte*, Bd. 44, H. 3 (3rd Qtr., 1995), pp. 375 – 376.

[70] Ehrhardt, C. T. H. R. "Speeches before Battle?", *Historia: Zeitschrift für Alte Geschichte*, Bd. 44, H. 1 (1st Qtr., 1995), pp. 120 – 121.

[71] Finley, M. I. "Athenian Demagogue", *Past and Present*, Vol. 21, No. 2 (1962), pp. 3 – 24.

[72] Fisher, N. R. E. "Hybris and Dishonour: I", *Greece & Rome*, 2nd Ser., Vol. 23, No. 2 (Oct., 1976), pp. 177 – 193.

[73] Fisher, N. R. E. "Hybris and Dishonour: II", *Greece & Rome*, 2nd Ser., Vol. 26, No. 1 (Apr., 1979), pp. 32 – 47.

[74] Fulkerson, Laurel. "Metameleia and Friends: Remorse and Repentance in Fifth-and-Fourth-Century Athenian Oratory", *Phoenix*, Vol. 58, No. 3/4 (Autumn-Winter, 2004), pp. 241 – 259.

［75］ Garrett, Mary. "Classical Chinese Conceptions of Argumentation and Persuasion", *Argumentation and Advocacy* 29 (1993a), pp. 105 – 115.

［76］ Hansen, Mogens Herman. "The Athenian 'Politicians', 403 – 322 B. C.", *Greek, Roman, and Byzantine Studies* 24 (1983), pp. 33 – 55.

［77］ Hansen, Mogens Herman. "Rhetores and Strategoi in Fourth-Century Athens", *Greek, Roman, and Byzantine Studies* 24 (1983), pp. 151 – 180.

［78］ Hansen, Mogens Herman. "The Battle Exhortation in Ancient Historiography: Fact or Fiction?", *Historia: Zeitschrift für Alte Geschichte*, Bd. 42, H. 2 (1993). pp. 165 – 166.

［79］ Harding, P. "Rhetoric and Politics in Fourth-century Athens", *Phoenix* 41 (1987), pp. 25 – 39.

［80］ Hinks, D. A. G. "Tisas and Corax and the Invention of Rhetoric", *The Classical Quarterly*, Vol. 34, No. 1/2 (Jan.-Apr., 1940), pp. 61 – 69.

［81］ Hunter, Virginia. "Gossip and the Politics of Reputation in Classical Athens", *Phoenix* 44 (1990), pp. 299 – 352.

［82］ Jensen, Vernon. "Teaching East Asian Rhetoric", *Rhetoric Society Quarterly*, Vol. 17, No. 2 (Spring, 1987), pp. 135 – 149.

［83］ Liu, Yameng. "To Capture the Essence of Chinese Rhetoric: Anatomy of a Paradigm in Comparative Rhetoric", *Rhetoric Review*, Vol. 14, No. 2 (Spring, 1996), pp. 318 – 335.

［84］ MacDowell, Douglas. "Hybris in Athens", *Greece & Rome*, 2nd Ser., Vol. 23, No. 1 (Apr., 1976), pp. 14 – 31.

［85］ Matalene, Carolyn. "Contrastive Rhetoric: An American Writing Teacher in China", *College English*, Vol. 47, No. 8 (Dec., 1985), pp. 789 – 808.

［86］ Mitchell, Lynette G.; Rhodes, P. J. "Friends and Enemies in Athenian Politics", *Greece & Rome*, 2nd Scr., Vol. 43, No. 1 (Apr., 1996), pp. 11 – 30.

［87］ Pearson, Lionel. "Party Politics and Free Speech in Democratic Athens", *Greece & Rome*, Vol. 7, No. 19 (Oct., 1937), pp. 41 – 50.

［88］ Rihll, T. E. "Teaching and Learning in Classical Athens", *Greece & Rome*, Vol. 50, No. 2 (Oct., 2003), pp. 168 – 190.

[89] Schiappa, Edward. "Did Plato Coin Rhetoric", *The American Journal of Philology*, Vol. 111, No. 4 (Winter 1990), pp. 457 – 470.

[90] Walcot, P. "The Funeral Speech: a Study of Values", *Greece & Rome*, 2nd Ser., Vol. 20, No. 2 (Oct., 1973), pp. 111 – 121.

[91] Westgate, Ruth. "The Greek House and the Ideology of Citizenship", *World Archaeology*, Vol. 39, No. 2 (Jun., 2007), pp. 229 – 245.

[92] Zoido, Juan Carlos Iglesias. "The Battle Exhortation in Ancient Rhetoric", *Rhetorica: A Journal of the History of Rhetoric*, Vol. 25, No. 2 (Spring 2007), pp. 141 – 158.

古希腊人名、地名中英文对照

A

Acarnania　阿开纳尼亚
Achaeans/Achaians　阿开奥斯人
Achilleus　阿基琉斯
Acurnenus　阿库美诺斯
Adeimantuses　安第曼图塞斯
Aegeus　埃勾斯
Aegina　厄基那
Aeschines　埃斯基涅斯
Aetolians　埃陀利亚人
Agamemnon　阿伽门农
Agathon　阿伽同
Agesander　阿哲桑达
Alcibiades　亚西比德
Alcinous　阿尔基诺奥斯
Alexander　亚历山大
Ambracia　安布剌喀亚
Amphipolis　安菲波利斯
Andocides　安多基德斯
Andron　安德朗
Androtion　安得罗森
Antimoerus　安提莫路斯
Antinous　安提诺奥斯

Antiphon　安提丰
Anytus　安尼图斯
Apollo　阿波罗
Apollodorus　阿波罗多洛斯
Archidamus　阿基达马斯
Ardettos　阿得忒斯
Arginus　阿吉纽斯
Argos　阿尔戈斯
Ariphon　阿里普隆
Aristides　阿里斯提德
Aristogiton　阿里斯托斋吞
Aristophanes　阿里斯托芬
Aristotle　亚里士多德
Athena　雅典娜
Athenians　雅典人
Athens　雅典
Attica　阿提卡

B

Bdelycleon　布得吕克勒翁
Boeotians　彼奥提亚人
Boeotus　伯埃图斯
Bosporus　博斯普鲁斯
Brasidas　伯拉西达
Byzantium　拜占庭

C

Cadmus　卡德摩斯
Callias　卡利阿斯
Callicles　卡里克利斯
Cardia　卡狄亚
Cecrops　西克罗普斯

Cerameis　塞拉美斯
Chaeronea　喀罗尼亚
Charmides　卡尔米德斯
Chersonese　刻索尼萨斯
Chios　开俄斯
Chryses　克律塞斯
Cicero　西塞罗
Cimon　西蒙
Cleisthenes　克里斯提尼
Cleon　克里昂
Cnemus　纳莫斯
Colchians　科尔启斯人
Corax　克拉克斯
Corinth　科林斯
Critias　克里提阿斯
Cronus　克罗诺斯
Ctesiphon　克提斯丰
Cumae　库迈

D

Danaans　达纳俄斯人
Dareius　大瑞乌斯
Delium　第力安
Demades　戴马狄斯
Demosthenes　德摩斯提尼（雅典演说家）
Demosthenes　德摩斯提尼（雅典将军）
Dicaeopolis　狄卡奥波利斯
Diodoros　迪奥多罗斯
Diodorus Siculus　狄奥多鲁斯·希库路斯
Diodotus　戴奥多都斯
Dionysodorus　狄奥尼索多鲁斯
Dionysus　狄奥尼索斯

Diopithes　狄奥皮希斯
Dorians　多里斯人

E

Echinus　厄卡诺斯
Egestaeans　厄基斯泰人
Elis　厄利斯
Empedocles　恩培多克勒
Ephialtes　厄菲阿尔特
Ephorus　埃弗鲁斯
Epichares　埃皮卡瑞斯
Erasinides　艾拉西尼底斯
Eretria　埃列特里亚
Eryximachus　厄里科希马库斯
Euboea　优卑亚
Euboeans　优卑亚人
Eudicus　欧狄库斯
Eumaeus　欧迈奥斯
Euripides　欧里庇得斯
Eurymachus　欧律马科斯
Euryptolemos　欧里托莱墨斯
Euxitheos　埃乌克希奥斯

G

Glaucon　格劳孔
Gorgias　高尔吉亚
Gylippus　吉利普斯

H

Halicarnassus　哈利卡尔那索斯
Halitherses　哈利特尔塞斯

Harmodius　哈摩狄乌斯
Harmokydes　哈尔摩库戴斯
Hector　赫克托耳
Hegesippus　海吉斯普斯
Hera　赫拉
Heracles　赫剌克勒斯
Heraeum　赫拉乌姆
Hermocrates　赫摩克拉底
Hermogenes　海尔莫盖尼斯
Herodotus　希罗多德
Hesiod　赫西阿德
Hippias　希庇亚
Hippocrates　希波克拉底（柏拉图对话集中苏格拉底的学生）
Hippocrates　希波克拉底（雅典将军）
Hippodamus　希波达马斯
Hipponicus　希波尼库斯
Homer　荷马
Hyperides　许佩理德斯

I

Ino　伊诺
Ionia　爱奥尼亚
Ionians　爱奥尼亚人
Isaeus　伊萨乌斯
Isocrates　伊索克拉底

K

Kallixenos　卡利克赛诺斯
Konnon　科侬

L

Lacedaemonians　拉凯戴孟人

Laertius　第欧根尼·拉尔修
Lecythus　勒西修斯
Leocritus　勒奥克里托斯
Leogoras　莱奥戈拉斯
Leontini　林地尼
Leosthenes　莱奥斯提尼斯
Leucas　琉卡斯
Lucian　卢奇安（琉善）
Lykon　吕孔
Lykourgos　吕库尔戈斯
Lycians　吕西亚人
Lysias　吕西阿斯

M

Mrdonius　马尔多纽斯
Macedonia　马其顿
Mantinea　门丁尼亚
Mantitheus　曼提修乌斯
Marathon　马拉松
Megacles　麦加克勒斯
Megara　麦加拉
Meidias　美狄阿斯
Melesippus　密利西佩斯
Meletus　墨勒图斯
Mende　门德
Menekles　迈奈克勒斯
Menelaos　墨涅拉奥斯
Mentor　门托儿
Miltiades　米尔提亚戴斯
Muses　缪斯
Myronides　迈隆尼德
Myrrhine　密里尼

Mytilene　密提林
Mytilenians　密提林人

N

Naupactus　瑙帕克托斯
Nestor　涅斯托尔
Nicias　尼西阿斯

O

Odysseus　奥德修斯
Oenophyta　恩诺斐塔
Oreus　俄瑞乌斯
Orpheus　奥福斯

P

Paches　帕撤斯
Paris　帕里斯
Parolus　帕拉卢斯
Paros　帕洛司
Pasio　帕希奥
Patroklos　帕特罗克勒斯
Pausanias　波桑尼阿斯
Peiraeus　皮雷埃福斯
Peisistratus　庇西特拉图
Peloponnesians　伯罗奔尼撒人
Pericles　伯里克利
Persia　波斯
Persians　波斯人
Phaeacians　费埃克斯人
Phaedrus　费德诺
Phidipides　披迪披戴斯

Philip　腓力
Philippides　腓力庇底斯
Philistides　腓力提得斯
Philocleon　菲洛克勒翁
Philomelus　菲洛麦路斯
Phocis　弗息斯
Phocians　弗息斯人
Phoenicia　腓尼基
Phoinix　福尼克斯
Phormio　佛米奥（雅典银行家）
Phormio　福密俄（雅典将军）
Plataea　普拉提亚
Plato　柏拉图
Plemmyrium　普利姆密里昂
Plutarch　普鲁塔克
Pnyx　普奈克斯山
Polemarkos　波莱马科斯
Polybius　波里比乌斯
Porthmus　波耳忒摩斯
Potidaea　波提狄亚
Praxagora　普拉克萨戈拉
Priam　普里阿摩斯
Prodicus　普罗狄科
Protagoras　普罗塔戈拉
Pylos　派娄斯

Q

Quintilian　昆提良

R

Ramphias　拉姆斐亚斯
Rhium　赖昂姆

S

Salaethus　萨利修斯
Salamis　萨拉米
Sicily　西西里
Simonides　西摩尼得斯
Socrates　苏格拉底
Solon　梭伦
Sopaeus　塞帕埃乌斯
Sparta　斯巴达
Speusippus　斯伯乌希普斯
Strepsiades　斯特拉西阿得斯
Syracuse　叙拉古

T

Telemachos　特勒马科斯
Tenians　铁诺斯人
Thairamanes　泰拉麦奈斯
Thebans　底比斯人
Themistocles　地米斯托克力
Theodoros　泰奥多罗斯
Theopompus　塞奥庞普斯
Thermopylae　温泉关
Theseus　提秀斯
Thessalians　帖撒利亚人
Thrace　色雷斯
Thrasyboulos　色拉绪布卢斯
Thrasymachus　茨拉序马科斯
Thrasyllus　塞拉苏洛斯
Thucydides　修昔底德
Thurii　图里
Timokrates　提摩克拉提斯

Timotheus 提摩塞乌斯
Tisias 提西阿斯
Troy 特洛伊
Trojans 特洛伊人

X

Xanthippus 克桑提波司
Xenophon 色诺芬
Xerxes 薛西斯

Z

Zeno 芝诺
Zeus 宙斯

后　记

　　提及古希腊情结,还要从我与世界古代史的缘分说起。经过在安徽大学四年历史本科专业的学习,1994 年我被分配到淮北煤炭师范学院(2010 年更名为淮北煤炭师范大学)历史系工作,负责讲授世界上古史课程。经过一年的精心备课、撰写教案、课前试讲之后,1995 年我开始独立讲授世界古代史课程,一讲就是三年。后来,为了精进学问提升自己,我选择继续深造。因为之前的教学积淀,我选择世界史专业世界上古中古史方向继续学习。一直到今天,我依然还给历史专业大一新生讲授世界古代史课程。不得不说,我与世界古代史的缘分匪浅。

　　1998 年,我进入复旦大学历史系,攻读世界史专业硕士学位,师从黄洋先生,正式开始对古希腊史的学习和研究,自此便与古希腊史结下了不解之缘。2002 年,也就是硕士毕业一年之后,我又继续跟随黄洋先生学习古希腊史,一直到 2005 年博士毕业。在复旦大学读书期间,恩师对我的影响无处不在,其中两方面影响最为深远:其一,学术研究中的问题意识。黄老师开设的研究生课程教学特色非常鲜明。一般而言,每次课(两个课时)讲授一个专题,从问题的提出、论证和结论三个方面逐层展开。因此老师的一次研究生课程基本上就是一篇学术研究论文,我们从中收获颇多,受益匪浅。时至今日印象最深的还是那句每每让我陷入恐慌的"你到底要解决什么问题"的质问。我在硕士期间撰写发表的文章《重新解读希罗多德的〈历史〉》和硕士、博士学位论文《演说术与雅典民主政治》就是问题意识启发下的研究成果。其二,古希腊语的学习。由于专业的关系,古希腊语是我无法绕开的一块"硬骨头"。攻读硕士学位期间,我跟随黄洋先生学习了怀尔丁(L. A. Wilding)主编的古希腊语教材《希腊语入门》(*Greek for Beginners*)和阿伯特(Abbott)、曼斯菲尔德(Mansfield)主编的古希腊语语法配套教材《古希腊语语法初级读本》（*Primer of Greek Grammar*）。博士期间，我继续跟随黄洋先生学习古希腊语，主要学习"古典教师希腊语课程联合会"（the Joint Association of Classical Teacher's Greek Course）编写的《希腊语阅读》（*Reading Greek*）。就这样，我的古希腊语算是入了门。语言的学习和问题意识的自觉，让我对古希腊史研究产生了浓厚的兴趣，也为本书的形成奠定了基础。

2005年博士毕业后，我到徐州师范大学（2011年更名为江苏师范大学）历史文化与旅游学院工作至今。在承担世界古代史的教学任务的同时，得以继续从事自己钟爱的古希腊语学习和古希腊史研究，先后在《历史研究》《世界历史》等历史学专业期刊发表学术论文。工作期间，我先后两次获得赴美高校访学机会，得以向国外古希腊史专家学习，拓宽学术视野。2011年我获学校资助赴美国弗吉尼亚大学进行为期三个月的语言培训。期间，旁听了古典系古希腊宗教研究专家约翰·迈尔克森（Jon Milkson）教授、荷马史诗研究专家珍妮·克莱（Jenny Clay）教授的课程，获益良多。2014年至2015年，在国家留学基金委资助下，受美国著名古典学家大卫·康斯坦（David Konstan）教授的邀请，我赴美国纽约大学古典系访学，从事"古希腊城邦文明中的怜悯"的研究工作，同时跟随本杰明·萨蒙斯（Benjamin Sammons）博士学习安妮·格罗顿（Anne H. Groton）主编的《古希腊语入门教程》（*A Beginning Course in Classical Greek*）。境外访学的经历，更加夯实了我的研究工作基础。

《古希腊演说研究》一书是国家社科基金后期资助项目成果。该书是在博士学位论文《演说术与雅典民主政治》基础上的拓展之作。由于研究对象发生变化，所以研究内容与结构也作了相应的调整和修改，增加了新拓展的研究成果。比如："从演说看古希腊城邦政治决策中的情感因素""演说与古希腊城邦公民伦理、情感和族群认同教育""演说与古希腊战争激励""古希腊演说与中国先秦时期演说之异同"等。

本书付梓之际，首先要感谢恩师黄洋教授，是先生把我带入了古典学（Classics）这一高贵的学术殿堂，并且不断地给予关心、鼓励和帮助，使我能够不忘初心，砥砺前行。感谢首都师范大学晏绍祥教授为书稿的写作提供了大量的英文资料。感谢中国人民大学徐晓旭教授为书稿的修改和完善提供了宝贵的建议。感谢江苏师范大学岑红教授、娄峥嵘教授、张秋生教授、张文德教授等对本书写作出版的鼎力支持。感谢中央编译出版社苗永姝编审在新冠疫情特殊时期为书稿出版所付出的辛勤劳动。鉴于本人精力和水平有限,书中不免存在诸多未尽之处,敬请诸君见谅,不吝赐教。

蒋 保
2020 年 3 月于江苏师范大学